100

ㅣ 한국장로교총회창립 100주년기념 표준주석 ㅣ

요한복음

김문경 지음
대한예수교장로회총회교육자원부 편

한국장로교출판사

발간사

본 주석서는 대한예수교장로회총회의 신앙과 신학 이념을 따라 평신도와 신학생, 목회자와 신학 교수들이 성경을 바르게 이해하도록 도움을 주는 데 그 목적이 있다.

대한예수교장로회 교단은 1934년 희년에 즈음하여 성경전서 주석의 간행을 총회에서 결의한 바 있다. 그리하여 1937년부터 총회표준주석(1937년, 『욥기』, 『시편』, 『잠언』, 『전도서』, 『아가』; 1939년, 『로마서』, 『고린도전·후서』, 『갈라디아서』)이 간행되기 시작하였다. 그러나 제2차 세계대전의 발발과 일제강점기의 한국교회 탄압으로 주석 발간 사업은 일시 중단되었다. 1945년, 해방은 되었으나 38선으로 남북이 분열되고, 1950년 6·25한국전쟁의 비극을 겪어야 했다. 1953년, 휴전된 후 총회표준주석 사업이 재개되어 1954~1957년(1954년, 『이사야』; 1955년, 『요한복음』; 1956년, 『창세기』; 1957년, 『레위기』, 『민수기』)에 출판이 있었으나, 1959년에 교단의 분열로 오늘에 이르기까지 총회표준주석 사업은 불가한 형편이었다.

대한예수교장로회 제90회기(2005) 총회는 총회창립 100주년(2012)기념 사업의 일환으로 교단 신학의 정체성 확립과 한국장로교회의 신학적 표준을 제시할 총회표준주석을 출판하기로 결의하고, 총회 산하 신구약성경 신학자들에게 집필을 위촉하게 되었다.

2005년 12월 한국장로교총회창립 100주년기념 표준주석편찬위원회가 조직된 후 집필 원칙을 정하고 집필자를 선정하여, 그 원칙에 충실할 것을 서약하게 하였다. 지난 7년 동안 집필자들의 깊은 기도와 연구의 산고 끝에 이제 그 실체가 드러나 장로교 총회표준주석이 출판되었다. 편찬위원회는 수차례 모임을 갖고 50여 명에 이르는 많은 집필자들을 격려하고 집필 목적과 방향 제시를 수시로 하여 주석서의 통일성과 진정성을 유지하게 하였다. 집필된 원고가 제출된 경우, 검독위원회가 총회의 신학과 신앙에 맞는 주석을 출판하기 위해 내용을 수정 또는 추가할 것을 요청하기도 하였다.

이 주석서가 빛을 보기까지 집필자는 물론이고, 총회교육자원부와 한국장로교출판사의 수고가 있었고, 전국 교회들의 기도 지원이 있었다. 무엇보다도 출판비 및 연구비 전액을 이름 없이 지원해 준 교회가 있었다. 이에 독자 여러분과 함께 하나님께 찬양을 드리며, 이 일에 헌신하신 분들께 감사를 드린다.

유사 이래 성경보다 더 긴 세월 동안 연구되고 읽혀진 책은 없다. 그렇기 때문에 해석 방법도 시대와 지역에 따라 다양하게 나타났다. 에스라 시대까지 거슬러 올라가서 사용된 미드라쉬(Midrash) 주해 방법부터 시작하여 중세의 종교개혁자들과 현대 비평주의자들의 해석 방법 등 수많은 해석학적 이해가 있어 왔고, 여러 언어로 번역되어 하나님의 말씀인 성경은 읽혀졌다. 그러나 하나님의 말씀은 (해석자들이나 번역자들에게) 매이지 않는다(딤후 2:9). 성경 주석가와 번역자들은 자기 시대와 문화 속에서 어떤 전제(presupposition)를 갖고 성경을 읽기 때문에 언제나 해석의 한계가 있음을 인정할 수밖에 없다. 그런 의미에서 본 주석서도 예외는 아닐 것이다. 그럼에도 불구하고 본서는 그 한계를 최소화시키기 위해 다양한 신학적 입장, 다른 해석들, 교회사적 해석들, 지리적 상황을 포함하려고 노력했다.

우리의 전제는 신구약성경 66권이 하나님의 영감으로 특별 계시된 말씀이라는 대한예수교장로회의 신앙고백을 준거(準據)로 했다. 그러므로 본서는 집필자 자신의 신앙고백과 신학도 내포되었지만, 그보다 총회의 신앙과 신학의 표준적 입장에서 성경을 주석한 것이다. 즉, 사도신경, 웨스트민스터신앙고백서, 장로교신앙고백을 따르는 개혁주의 신학과 신앙 전통을 따른 것이다.

집필을 하는 데 있어서 학문적 깊이를 외면할 수는 없으나 목회자나 평신도가 성경을 이해하는 데 도움을 주기 위해 설교를 위한 묵상을 삽입하기도 하였다. 그러나 각 권의 기록자, 기록 연대, 문학적 특징, 책의 목적 등을 설명하는 개론적 연구를 할 때에는 그것이 학문적 연구에 꼭 필요하다고 여겨지는 경우에 한하여 최근 많은 성경학자들이 사용하는 비평적 방법도 가설(假說)로는 소개하였으나 결론은 따르지 않았다. 그것이 교회의 신앙적 지도를 위한 적절한 방법은 아니기 때문이다.

영감으로 된 하나님의 말씀인 성경의 해석은 성령의 조명이 가장 중요한 조건이다. 따라서 본서의 집필자들은 종교개혁자들이 채택했던 문법적, 역사적, 신학적 원리를 주된 해석 방법으로 채택하고, 기도하면서 하나님의 계시된 말씀의 원의를 알기 쉽게 해석하려고 힘썼다. 외래어 사용은 가급적 줄이되 히브리어나 헬라어와 같은 원어를 반드시 읽어야 할 경우에는 음역화해서 누구나 원어의 발음으로 읽게 했다. 각주(脚註)도 가급적 줄이되 문장 뒤에 참고로 넣었다. 또한 각 절이 아닌 단락별로 주해를 하여 전체적 파악을 도왔다.

주석 앞에는 대한성서공회가 출판한 개역개정 성경(4판)을 단락별로 제시

했다. 히브리어 성경은 BHS(Biblia Hebraica Stuttgartensia)를, 헬라어 성경은 United Bible Societies가 출판한 The Greek New Testament(4^{th}ed)를 각각 원문으로 채택하여 사용하였다. 특히 개역개정 성경의 번역에 대한 문제가 있다는 의견을 총회가 받아들여 본 편찬위원회에 수정 의뢰를 하였고, 집필자들이 원문을 바로 번역하여 대한성서공회에 제시함으로 수시 교정 제도를 따라 수정하도록 했다.

우리의 생명이시며 찬양의 대상이 되신 우리 주 예수 그리스도를 계시하시고, 하나님의 공의와 사랑을 그의 십자가를 통하여 실현시켜 우리를 구원하신 하나님의 깊은 뜻을 알게 해 주는 신구약성경을 더 많은 사람들이 더 깊이, 더 분명하게 이해하고, 믿게 하기 위하여 대한예수교장로회총회 창립 100주년을 기하여 한국 교회와 세계 교회 앞에 겸손한 자세로 이 주석을 내어놓는다.

"내가 온 것은 양으로 생명을 얻게 하고 더 풍성히 얻게 하려는 것이라" (요 10 : 10b).

Soli Deo Gloria!

한국장로교총회창립 100주년기념

표준주석편찬위원회

위원장 이 종 윤

추천사 1

할렐루야! 2012년은 대한예수교장로회(통합)총회가 창립 100주년을 맞이하는 해입니다. 총회가 창립된 이후 1세기가 지난 지금까지 우리 한국 교회를 세계가 주목할 만큼 눈부시게 성장할 수 있도록 도와주신 에벤에셀의 하나님께 모든 찬송과 영광과 감사를 드립니다.

이와 같은 한국 교회의 놀라운 부흥 가운데서도 마음 한구석에 늘 안타까움이 자리하고 있었는데, 그것은 바로 우리 한국 교회만의 권위 있는 주석이 없다는 사실이었습니다. 현재 목회현장에서 사용되는 우리말 주석들은 대부분 오래되었거나 현대의 한국 교회 상황에 맞지 않는 서구 교회의 해석, 또는 성서학 전문가들의 주석이 아닌 짜깁기식 주석이 대다수를 차지합니다.

이러한 현실 가운데 이번 총회창립 100주년기념사업의 일환으로 본 교단에서 『한국장로교총회창립 100주년기념 표준주석』을 출간하기로 결의하고, 주석서를 출간하게 된 것은 대단히 자랑스럽고 의미 있는 일이 아닐 수 없습니다.

이번 『표준주석』의 출판으로 한국 교회는 이전보다 더욱 '개혁주의 신학과 신앙 전통'을 따르는 성경 해석의 기초를 확립하게 될 것이며, 많은 목회자들이 이 주석서를 통해 하나님의 말씀에 중심을 둔 목회를 실천할 수 있을 것으로 기대합니다. 더 나아가 이 『표준주석』은 한국 교회의 신앙을 더욱 견고히 하는 성경 해석의 표본이 될 것입니다.

아무쪼록 이번 『표준주석』 출간을 계기로 우리 한국 교회가 당면한 갖가지 위기를 극복하고 더욱 하나님 말씀으로 충만하여, 평화통일은 물론 주님의 지상명령인 땅끝까지 복음을 전하는 사명을 보다 잘 감당하는 교회로 거듭나게 되기를 기대하며, 한국의 모든 교회와 성도님들께 자랑스럽게 이 주석서를 추천하는 바입니다. 샬롬!

장로회신학대학교
전 총장 장 영 일

추천사 2

『한국장로교총회창립 100주년기념 표준주석』의 발간을 축하합니다. 한국 교회 역사에서 중요한 자리를 차지하고 있는『총회표준주석』은 한국 교회에 큰 영향을 끼친 박윤선 박사님께서 박형룡 박사님을 도와『표준주석』의 고린도후서 주석 집필에 참여하면서 평생을 주석 집필에 헌신하게 했던 뜻깊은 주석이었습니다.

그러나 그동안 중단되었던 표준주석 사업을 재개함에 있어 편집위원장 이종윤 목사님이 밝힌 대로 성경이 성령으로 영감된 정확 무오한 하나님의 말씀이라는 분명한 신앙고백 위에 집필토록 하였다는 편집 원칙을 통해『표준주석』의 맥을 잇고자 하는 의지를 보여 줍니다.

이런 맥락에서 비평적 성서연구가 교회의 신앙적 지도에 적합하지 않다는 인식을 가지고 전통적인 개혁주의 해석 방법을 채택할 뿐만 아니라 복음적이고 목회적인 관심을 드러낸 점도 환영할 만한 일입니다. 또한 성경 자체에 대한 전문적인 지식뿐만 아니라 한국 교회와 성도를 체험적으로 알고 있는 성경학자들이 오랜 기도와 연구 끝에 발간하였다는 점도 높이 사고 싶습니다.

아무쪼록 본서가 많은 이들에게 풍성하고 깊이 있는 신학적 성찰을 제공하는 귀한 책이 되길 소망합니다.

합동신학대학원대학교
전 총장 성 주 진

요한복음
차 례

요한복음

서론

A. 개론
B. 구조

| 요한복음 |

서론

A. 개론

1. 저술연대

요한복음의 기록 시기의 설정은 주후 70년 예루살렘의 멸망이 전제가 되어 있는 "만일 그를 이대로 두면 모든 사람이 그를 믿을 것이요 그리고 로마인들이 와서 우리 땅과 민족을 빼앗아 가리라 하니"라는 요한복음 11 : 48에서 파악될 수 있다. 2세기 전반기의 기독교문서들, 예를 들어 안디옥의 이그나티우스, 서머나의 폴리갑, 바나바서, 헤르마스의 목자서 등이 요한복음을 알고 있었는가에 대하여 확실한 증명이 어려워 계속 연구되고 있다. 아마도 저스틴(100-165년경)이 요한복음을 알고 있었을 것으로 추정한다(비교. 변증서 61 : 4이하, 요 3 : 3, 5). 요한복음을 받아들이는 첫 번째보다 확실한 증언은 2세기 전반기에 작성된 것으로 추정되는 발렌틴의 제자인 헤라클레온의 주석서이다. 또 사본전승과 관련하여 요한복음의 기록 시기를 추정할 수 있다(비교. P^{52}, P^{90}, P^{66}) 예를 들어 주후 125년경에 기록된 파피루스 P^{52}의 경우 요한복음 18 : 31~33, 37~38의 본문 내용을 보유한다. 따라서 요한복음 본문이 수용되는 역사나 사본전승에서 볼 때 복음서의 형성이 주후 90~110년경에 이루어졌을 것으로 추정된다.

2. 기록자

신약성경의 네 번째 복음서는 "이 일들을 증언하고 이 일들을 기록한 제자가 이 사람이라 우리는 그의 증언이 참된 줄 아노라"(21 : 24)고 언급하므로 '예수 그리스도가 사랑하셨던 제자'에 의해 복음서가 기록되어졌음을 밝힌다(21 : 24). 소위 이 '애제자'가 요한복음의 중요 구절마다 여러 번 등장하고 특별히 예수 그리스도의 곁에서 시몬 베드로를 포함한 다른 제자들보다도 예수 그리스도를 더 잘 이해했던 것으로 요한복음에서 강조된다(13 : 23 ; 19 : 26 ; 20 : 2 ; 21 : 7, 20) 요한복음 21 : 2에 근거하여 이미 2세기에 소위 '애제자'의 모습에서 예수의 부활 이후 성령 강림 이전에 열두 명의 제자 무리에 속했었던 세배대의 아들 요한을 발견하려는 시도가 있었다. 세배대의 아들과 '애제자'가 동일한 인물이라는 주장은 기독교 초기의 증언인 '요한에 따른 복음서'라는 복음서의 제목에서도 나타난다. 예수의 '애제자'인 세배대의 아들 요한이 네 번째 복음서를 기록하였다.

네 번째 복음서인 요한복음은 예수 그리스도의 지상 사역 역사의 전 과정과 개별적인 사건들의 보고에서 공관복음서들과 다른 차이점을 드러낸다. 특히 신학적으로 숙고된 독특한 용어를 사용하므로 독자적인 언어 세계를 추정하게 한다. 요한복음의 기록 배후에 세배대의 아들 요한의 증언에 기초하여 예수의 복음을 전해 받고 그 복음을 후대에 전한 교회 공동체가 있었을 것으로 추정된다.

3. 수신자

요한복음서의 기록 장소 문제는 누가 기록하였는가라는 문제와 긴밀하게 관련된다. 기록자가 누구인가라는 질문에 대한 여러 답변은 장소 문제에서도 그대로 나타나 여러 다양한 견해들이 제시되고 있다. 오늘날 기록 장소와 관련하여 대체로 세배대의 아들 요한의 증언에 기초한 소위 '요한' 교회 공동체나 '요한' 학파의 존재를 거론한다. 그들이 예수 그리스도 복음과 그 증언을 고유하게 소위 '요한'적인 방식으로 신학적으로 숙고하고 해석했을 것으로 추정한다. 이 '교회 공동체'의 중심에 예수의 부활과 죽음 이전 역사적 예수 그리스도의 제자였던 세배대의 아들 요한이 큰 영향력을 지닌 교사로 활동했을 것으로 추정한다. 예수 그리스도의 구원 사건에 대한 권위 있는 해석자, 공동체의 교사인 세배대의 아들 요한이 애제자로 복음서에 표현되었을 것이다. 기록 장소의 문제는 기록자 문제와 함께 요한복음의 전체 이해와 긴밀하게 연결되며 다음과 같은 여러 견해가 제시되고 있다.

1) 에베소 가설

소아시아 기록 가설은 옛 교회 전승이 증언한다. 교부 이레네우스는 "요한은 아시아의 에베소에 머무는 동안에 그 복음서를 형성했다."(이단에 반박하여. 3.1.2)고 언급한다. 여기서 에베소 지역의 교회들 전체를 수신 대상으로 한 복음서로[1] 요한복음을 이해할 수 있다. 세 개의 요한서신, 요한신학의 영향사(Aloger, Montanisten), 바울 신학과의 밀접한 관계가 소아시아 기록설을 지지한다. 유대적인 관습에 대한 설명(요 2 : 6 ; 11 : 55 ; 18 : 20, 28b ; 19 : 40b), 유대인들과 사마리아인들의 관계(요 4 : 9) 복음서에 전제되고 있는

1) A. J. Köstenberger, *Encountering John*, 1999. 김광모 역, 『요한복음 총론』, 2005, 11.

유대인들과의 논쟁은 팔레스틴 지역이나 시리아보다는 소아시아에 있는 중요한 유대공동체들을 상기시킨다.

2) 알렉산드리아 가설

로고스(요 1 : 1, 18)에 대한 언급과 관련하여 요한복음과 필로와의 관계를 주목하며 요한복음이 알렉산드리아에서 유래했을 것으로 추정하기도 한다. 요한복음과 바나바 서신, 디오그네투스(Diognetus)에게 보내진 서신 등과의 유사성, 이집트 영지주의자들이 요한복음을 사용하는 것, 제2에거톤과 파피루스 P^{52} 등이 초기에 이집트에서 유포되고 있는 것들을 지적하며 알렉산드리아 가설을 주장한다.[2] 1세기 전후에 알렉산드리아 지역에 많은 유대인들과 사마리아인들이 거주하였고 이들 중 예수의 복음을 믿는 자들의 분파가 요한복음의 수신 대상이었을 것으로 추정한다(참조. 요 8 : 58 이하; 10 : 29-30 ; 16 : 2).

3) 시리아 가설

요한복음을 영지주의적 흐름의 영역에서 해석하는 학자들은 대부분 시리아를 그 기록 장소로 생각한다. 시리아 지역과 관련된 만다교 문헌, 솔로몬의 시와 안디옥의 이그나티우스의 편지들과의 유사한 내용들, 유대교와 세례 요한 추종자들과의 긴장들이 시리아 기록 가설의 증언으로 제시되었다.[3] 이집트에서 발견된 나그함마디 문서인 '진리의 복음'도 솔로몬의 시나 요한복음과의 관련성이 함께 제기되었다.

---

2) W. H. Brownlee, *Whither the Gospel according to John?* 189-190.

3) W. G. Kümmel, *Einleitung in das Neue Testament*, 12 Aufl. 1983, 박익수 역, 『신약정경개론』, 1988, 250.

4) 팔레스틴 가설

쿰란, 사마리아 종교, 다양한 여러 유대교 분파들, 유대교 회당과 교회의 관계를 근거로 팔레스틴을 요한복음의 기록 장소로 주장한다.[4] 팔레스틴 지역 안에서 범위를 좁혀 요단강 동쪽 지역, 아그립바 Ⅱ세의 왕국 남쪽 부분 특히 요단강 북동쪽의 가울라니(Gaulanitis)와 바다내(Batanaa) 지역을 요한복음의 기록장소로 추정하기도 한다. 그 지역에서 유대인들이 지배하는 환경에서 소수로 살았고 그리스어를 말하는 주로 유대 기독교적인 공동체가 요한복음의 기록과 관련된 것으로 주장하기도 한다. 이러한 주장에 따르면 유대 공회에서 아직 벗어나지 않았고 야브네 지역에서 결정된 기독교 박해와 관련지을 수도 있는 요한복음 9 : 22 ; 12 : 42 ; 16 : 2에서 증언하는 공회의 결정으로 인해 '요한' 교회 공동체가 고통을 받았던 것으로 추정한다.

5) 다중 장소 가설(팔레스틴–시리아–에베소)

요한복음의 기록장소로 팔레스틴, 시리아, 에베소 지역을 함께 연결 짓기도 한다. 이 주장은 요한복음서에 기록된 말씀 전승은 예루살렘에서 유래하였고, 그 말씀이 시리아(수리아) 안디옥에 전달되어 그 지역과 관련된 여러 문서들, 시리아 교회의 예전, 바울 및 이그나티우스 같은 그 지역 출신의 선교사들과 지도자들에게 영향을 끼쳤다. 그 말씀 전승은 안디옥에서 에베소로 전달되어 에베소에서 "문학적인 최종 작업이 요한에게로 귀결되는 요한복음서와 서신들이 마무리되었다."[5]고 파악한다. 팔레스틴 지역에 뿌리를 둔 요한의 증언을 통한 예수의 말씀에 관한 전승이 시리아적인 영향의 중개를 통하여 고정되고 다듬어져 소아시아 에베소 지역에 전달되고 그곳에서

4) J. L. Martyn, *History of the Johannine Community*, 151–175.

5) T. W. Manson, *The Fourth Gospel*, 320.

정착된 것으로 주장되기도 한다.[6)]

4. 저술배경

모든 사람이 하나님의 아들 예수 그리스도를 구주로 영접하여 그를 믿음으로 구원에 이르도록 하기 위하여 요한복음이 기록되었다(요 19 : 35 ; 20 : 31). 유대인, 사마리아인, 헬라인을 포함하여 온 세상 모든 인류가 "길이요 진리요 생명이신"(요 14 : 6) 예수를 믿어 참된 생명을 얻고 생명의 풍성함에 이르도록(요 3 : 16 ; 10 : 10) 하기 위해 복음서가 기록되었다.

B. 구조

I 서두(1 : 1–1 : 51)

A. 선재(先在)와 성육신(成肉身)(1 : 1–18)
  1. 하나님의 계시인 말씀(1 : 1–5)
  2. 세례 요한의 파송과 그 의미(1 : 6–8)
  3. 말씀과 인간의 역사(1 : 9–13)
  4. 말씀의 성육신과 교회의 찬양(1 : 14–18)
B. 공생애 준비(1 : 19–51)
  1. 세례 요한의 증언(1 : 19–34)
    1) 세례 요한의 간접 증언(1 : 19–28)
    2) 세례 요한의 직접 증언(1 : 29–34)

6) R. Schnackenburg, *Das Johannesevangelium*, I. Teil. 7. Aufl. 1992, 134.

2. 첫 제자들(1 : 35–51)

1) 요한의 두 제자(1 : 35–39)

2) 시몬 베드로(1 : 40–42)

3) 빌립과 나다나엘(1 : 43–50)

4) 예수 그리스도의 계시 말씀 : 인자(1 : 51)

Ⅱ. 갈릴리, 예루살렘, 사마리아, 갈릴리, 요단에서 예수 그리스도의 사역(2 : 1–12 : 50)

A. 갈릴리, 예루살렘, 사마리아, 갈릴리에서 예수 그리스도의 사역의 시작(2 : 1–4 : 54)

1. 갈릴리 가나의 결혼잔치 : 첫 번째 이적(2 : 1–12, 표적 2 : 11)
2. 예루살렘에서 성전 청결(2 : 13–22, 표적 2 : 18)
3. 사람의 속을 아시는 예수(2 : 23–25, 표적 2 : 23)
4. 예수와 바리새인 유대인 지도자 니고데모(3 : 1–21, 표적 3 : 2)
5. 예수와 유대 땅 애논의 세례 요한(3 : 22–36)
6. 예수와 사마리아의 여인, 사마리아 선교(4 : 1–42)
7. 예수의 증언 : 요약 보고(4 : 43–45)
8. 왕의 신하의 아들의 치유 : 두 번째 이적(4 : 46–54, 표적 4 : 48, 54)

B. 예루살렘, 갈릴리, 감람산, 예루살렘, 요단에서 예수 그리스도의 사역 및 유대인들과 논쟁(5 : 1–10 : 42)

1. 베데스다 연못에서 안식일 치유 및 유대인들과 논쟁 : 세 번째 이적(5 : 1–18)
2. 생명의 수여자, 심판자인 아들의 전권 설교(5 : 19–30)
3. 아들에 대한 여러 증언(5 : 31–47)
4. 갈릴리에서 오천 명의 식사, 가버나움 회당에서 생명의 떡 말씀 : 네

번째 이적(6 : 1–15, 표적 6 : 2, 14)

5. 바다 위를 걸으심 : 다섯 번째 이적(6 : 16–21)
6. 하늘에서 내려오는 '생명의 떡' 설교(6 : 22–59 ; 첫 번째 "나는 ……이다" 말씀, 6 : 35, 48, 51, 표적 6 : 26, 30)
7. 제자들의 배교와 베드로의 신앙고백(6 : 60–71)
8. 초막절에 형제들, 유대인들과 논쟁(7 : 1–13)
9. 초막절 중간에 유대인들, 무리들과 논쟁(7 : 14–24)
10. 초막절 중간에 유대인들의 음모와 논쟁(7 : 25–36)
11. 초막절 끝 날에 '생수의 강' 설교와 예수 체포의 실패(7 : 37–52)
12. 예수 그리스도와 간음한 여인(7 : 53–8 : 11 ; 후대의 본문, 비교. 5 : 4)
13. 예수는 '세상의 빛'(8 : 12–30 ; 두 번째 "나는 ……이다" 말씀, 8 : 12)
14. 예수의 신적 기원, 내가 가는 곳(8 : 21–30)
15. 참 자유와 진리(8 : 31–36)
16. 아브라함의 자녀와 마귀의 자녀(8 : 37–47)
17. 예수와 아브라함(8 : 48–59)
18. 안식일에 시각장애인의 치유 : 여섯 번째 이적(9 : 1–7)
19. 눈을 뜬 자와 유대인들(9 : 8–34, 표적 9 : 16)
20. 눈을 뜬 자와 예수(9 : 35–41)
21. 선한목자 말씀 및 유대인들과 논쟁(10 : 1–21 ; 세 번째 "나는 ……이다" 말씀, 10 : 9 ; 네 번째 "나는 ……이다" 말씀, 10 : 11, 14)
22. 수전절에 유대인들과 논쟁(10 : 22–39)
23. 요단강 저편, 요한이 세례 주던 곳에서 믿는 자들을 얻음(10 : 40–42)

C. 예루살렘에서 예수 그리스도의 마지막 공식적 사역(11 : 1–12 : 50)

1. 나사로의 부활 : 일곱 번째 이적(11 : 1–44 ; 다섯 번째 "나는 ……이다" 말씀, '부활, 생명', 11 : 25)

2. 공의회의 사형 결정(11 : 45–53, 표적 11 : 47)
3. 예수의 피신과 유월절 준비(11 : 54–57)
4. 기름 부음을 받으심(12 : 1–8)
5. 나사로를 죽이려 함(12 : 9–11)
6. 예루살렘 입성(12 : 12–19, 표적 12 : 18)
7. 들림과 수난의 영광 예고(12 : 20–36a)
8. 예수 그리스도의 공생애 마감(12 : 36b–50, 표적 12 : 37)

Ⅲ. 제자들을 향한 고별설교와 기도(13 : 1–17 : 26)

A. 고별설교(13 : 1–16 : 33)
1. 세족식(13 : 1–20)
2. 애제자와 배신자(13 : 21–30)
3. 첫 번째 고별설교(13 : 31–14 : 31)
1) 새 계명과 베드로의 부인 예고(13 : 31–38)
2) 내가 곧 길, 진리, 생명이다(14 : 1–24 ; 여섯 번째 "나는 ……이다" 말씀, '길, 진리, 생명', 14 : 6)
3) 보혜사(14 : 25–31 ; 첫 번째 보혜사 말씀, 14 : 6 이하; 두 번째 보혜사 말씀, 14 : 26)
4. 고별설교(포도나무 비유와 사랑의 계명, 15 : 1–16 : 4a; 일곱 번째 "나는 ……이다" 말씀, '참 포도나무', 15 : 1, 5 ; 세 번째 보혜사 말씀, 15 : 26 이하)
5. 고별설교(제자들을 향한 위로, 16 : 4b–33 ; 네 번째 보혜사 말씀, 16 : 7–11 ; 다섯 번째 보혜사 말씀, 16 : 13–15)

B. 대제사장 기도(17 : 1–26)

Ⅳ. 수난과 죽음(18 : 1–19 : 42)

A. 소송(18 : 1–19 : 16)

1. 예수의 체포(18 : 1–11)
2. 안나스 앞에서 심문과 베드로의 부인(18 : 12–27)
3. 빌라도 앞에서 첫 번째 심문(18 : 28–38a, 제1장면 '밖' 18 : 29–32, 제2장면 '안' 18 : 33–38a)
4. 유월절 사면(18 : 38b–40, 제3장면 '밖')
5. 채찍을 맞음과 조롱 받으심(19 : 1–3, 제4장면 '안')
6. "보라 이 사람이다"(Ecce homo 19 : 4–7, 제5장면 '밖')
7. 빌라도 앞에서 두 번째 심문(19 : 8–11, 제6장면 '안')
8. 사형 선고(19 : 12–16, 제7장면 '밖')

B. 예수의 십자가 죽음과 매장(19 : 17–42)

1. 십자가 죽음(19 : 17–22)
2. 옷을 나눔(19 : 23–24)
3. 십자가 아래에서 여인들과 애제자(19 : 25–27)
4. 죽음(19 : 28–30)
5. 예수의 뚫린 옆구리(19 : 31–37)
6. 매장(19 : 38–42)

Ⅴ. 부활(20 : 1–21 : 25)

A. 빈 무덤의 증언(20 : 1–10)

1. 빈 무덤의 발견(20 : 1–2)
2. 무덤을 향한 경주(20 : 3–10)

B. 부활현현(20 : 11–31)

1. 마리아 막달라에게 나타나심(20 : 11-18)
2. 도마가 없을 때 제자들에게 나타나심(20 : 19-23)
3. 도마가 있을 때 제자들에게 나타나심(20 : 24-29)
4. 첫 번째 요한복음의 결론과 기록목적(20 : 30-31, 에필로그, 표적 20 : 30)

C. **확장된 부활사화**(21 : 1-25)

1. 디베랴 바닷가에서 제자들에게 나타나심(21 : 1-14, 갈릴리 현현)
2. 베드로를 향한 목양 위탁과 운명(21 : 15-19)
3. 애제자의 운명(21 : 20-23)
4. 두 번째 요한복음의 결론과 '애제자'의 증언(21 : 24-25, 에필로그)

제 I 부

서두

요한복음 1 : 1-1 : 51

A. 선재(先在)와 성육신(成肉身)(1 : 1-18)
B. 공생애 준비(1 : 19-51)

| 요한복음 1 : 1–1 : 51 |

서두

A. 선재(先在)와 성육신(成肉身)(1 : 1–18)

요한복음 서문인 1 : 1~18은 내용상 1~5, 6~8, 9~13, 14~18절의 네 부분으로 나누어질 수 있다. 사슬처럼 연결된 특징적인 단어들과 반복된 지시대명사의 사용으로 서문의 시작 부분인 1 : 1~5는 하나의 통일체를 형성한다. 세 문장으로 이루어진 1절은 '말씀'을 연결고리로 사슬처럼 구성되었으며 고리 연결은 4~5절에서 '생명', '빛', '어두움'으로 이어진다. 1 : 1~5의 내용을 통일시키는 데 지시대명사가 기여한다. 2절에 '그가'(οὗτος), 3a절 '그로 말미암아'(δι' αὐτου), 3b절 '그가 없이는'(χωρὶς αὐτοῦ), 4a절 '그 안에'(ἐν αὐτῷ)는 1절의 '말씀'(ὁ λόγος)을 가리킨다. 2절은 앞 문장 1절을 요약한다. 3a절과 3b절는 부정적으로 서로 병행되며, 이로써 '말씀'을 통한 창조를 강조한다. 1~5절은 모든 것을 창조하신 하나님이신 '말씀'(ὁ λόγος)과 어둠 가운데 빛나는 생명이신 '말씀'의 '빛'에 관해 언급된다. 6~8절은 산문체로 서술된다. 내용의 중심에 빛에 관하여 증언하기 위해 온 세례 요한이 등장한다. 이 단락은 '빛'(φῶς)을 중심으로 앞 문장(4b, 5a절)과, 뒤따르는 문장(9a절)을 연결한다. 9절은 1 : 1~8을 요약하고, 이 요약과 함께 새로운 단락을 시작한다. 9절의 '빛'(φῶς)은 8절 및 4~5절과 연결된다. 9절의 '세상에 오심'이라는 주제가 10절을 예비한다. 1 : 9~13은 단어의 반복과 문장의 대조로 관련된다. 반복되는 단어는 '세상'(9c절–εἰς τὸν κόσμον, 10a절–ἐν τῷ κόσμῳ, 10c절–ὁ κόσμος), '자신의'(11a절–τὰ ἴδια, 11b절–οἱ ἴδιοι), '영접하다'(11b절–παρέλαβον, 12a절–ἔλαβον)이다. 9c절 '세상에 와서'(ἐρχόμενον εἰς τὸν κόσμον)와 11a절 '자기 땅에 오매'(εἰς τὰ ἴδια ἦλθε), 10c절 '세상이 그를 알지 못하였고'(καὶ ὁ κόσμος αὐτὸν οὐκ ἔγνω)와 11b절 '자기 백성이 영접하지 아니하였으나'(καὶ οἱ ἴδιοι αὐτὸν οὐ παρέλαβον)의 문장이 병행과 대조를 이룬다. 13절의 '이는'(οἳ)으로 시작하는 관계문장은 '오직 하나님께로부터 난 자들'(13b절–ἐκ θεοῦ ἐγεννήθησαν)인 12c절의 '하나님의 자녀'(τέκνα θεοῦ)를 말하며, 그들은 '혈통'(οὐκ ἐξ αἱμάτων), '육정'(οὐδὲ ἐκ θελήματος σαρκός), '사람의 뜻'(οὐδὲ ἐκ θελήματος ἀνδρός)으로 나지 않은 자들로 13절에서 각기 부정적으로 기술된다. 사중적(四重的)인 증인에 대한 언급이 내용상 1 : 14~18을 연결시킨다. 14절에서 교회 공동체가 '말씀'의 성육신에 대해 증언하며 찬양한다. 15절에서 세례 요한이 빛으로 오신 '말씀'에 대해 신앙고백적으로 증언한다. 16~17절에서 교회 공동체가 신앙고백적으로 증언하며 찬양한다. 18절에서 보이지 않는 하나님이 자기 자신을 증언한다. 14a절에서 다시 '말씀'에 대해서, 그러나 이번에는 1abc절과 비교하여 '우리 가운데' 계시는 '말씀'의 성육신에 관해 언급한다. 여기서 '세상에 오신 '말씀'의 주제가 절정을 이룬다(비교. 5a, 10a절). 14cde절에서 '말씀'의 성육신에 대한 교회 공동체의 반응인 교회 공동체의 찬양이 '우리'–형태로 기술된다. 15절에서 세례 요한이 다시 주체로 등장하며, 이는 6~8절과 관련된다. 6~8절은 요한의 파송을 강조하고, 15절은 위탁된 파송의 수행을 언급한다. 15a절에서는 '증언하다'(μαρτυρεῖ)가 현재형으로 기술되고 15c-f절에서는 직접적인 신앙고백이 진술된다. 16절에서 다시 '우리' 형태가 등장한다. 17절은 단어 '은혜'(ἡ χάρις)에 의해 16절에 연결된다. 18a절과 18d절은 대조적으로 병행되고 있다. 18bc절은 18d절의 동사 '나타내셨느니라'의 3인칭 주어 '저'(ἐκεῖνος)에 대한 부연설명이다. '저'(ἐκεῖνος)는 우리말 개역성경에 번역되지 않았다. 18d절은 내용적으로 1~2절과 연결된다. 1 : 1~18은 긴밀히 연결된 한 단락(Inklusion)을 이루는 요한복음의 서문이다.

1. 하나님의 계시인 말씀(1 : 1–5)

> 1태초에 말씀이 계시니라 이 말씀이 하나님과 함께 계셨으니 이 말씀은
> 곧 하나님이시니라 2그가 태초에 하나님과 함께 계셨고 3만물이 그로 말
> 미암아 지은 바 되었으니 지은 것이 하나도 그가 없이는 된 것이 없느니
> 라 4그 안에 생명이 있었으니 이 생명은 사람들의 빛이라 5빛이 어둠에
> 비치되 어둠이 깨닫지 못하더라

[1 : 1~5] 1 : 1~5은 요한복음 서문의 첫 단락으로 '말씀'(ὁ λόγος)과 하나님, 우주, 인류의 관계를 설명한다. 전면에 '말씀'이 등장한다. 어휘상으로 '말씀'은 말하는 것, 사고하는 것을 의미한다. 일반적으로 성서에서 '말씀'은 말하는 것과 관련하여 '계시하시는 하나님의 말씀'을 뜻한다. 이 '말씀'에는 하나님의 위탁, 그리스도를 통한 하나님의 계시 그리고 하나님이 보내신 사자(使者)들의 말씀이 모두 포함된다. 그러나 이 단락에서 주제가 되고 있는 것은 특별히 인격화된 '말씀'이다. 역사적인 시간에 '육체'가 되시고, 그 존재가 세계 창조 이전 시기까지, 하나님의 영원으로까지 소급할 수 있는 예수 그리스도가 '말씀'으로 표현되고 있다. 하나님이 보내신 사자(使者), 그 자신이 바로 '말씀'이셨고, 그 '말씀' 자체가 바로 하나님 자신의 계시였다. 이 단락에서 시간이

나 내재적 삼위일체론에 관한 어떤 형이상학적인 숙고도 발견되지 않는다.

1절 하나님과 함께 계셨던 말씀의 선재(先在)에 관해 언급한다. 1절 '태초에' 라는 표현은 시간의 개념이나 시간의 문제에 관한 어떤 고찰도 담고 있지 않다. 창조 이전의 시기와 인간이 접근할 수 없는 하나님의 영역을 말할 뿐이다. 여기서 강조된 것은 창세기 1 : 1에서 말하는 하나님의 창조가 아니라, 인격화 되신 '말씀'의 선재(先在)이다(비교. 빌 2 : 6 ; 골 1 : 15 ; 히 1 : 3). "태초에 말씀이 계시니라 이 말씀이 하나님과 함께 계셨으니 이 말씀은 곧 하나님이시니라"에서 "…… 계시니라"는 존재의 표현으로, "…… 계셨으니"는 관계의 표현으로, "……이시니라"는 형용어로 이해되며 헬라어 본문에서는 같은 단어가 삼중으로 표현된다(ἦν). "하나님과 함께 계셨으니……"는 18절의 "아버지 품속에 있는……"는 표현과 맞물려 1~18절 전체 서문의 구성을 밀도 있게 한다. "이 말씀은 곧 하나님이시니라"는 '말씀'과 '하나님'이 하나임을 드러낸다(비교. 요 14 : 28 ; 17 : 3 ; 20 : 17).

2절 1절을 요약하면서 아버지와 '말씀'의 관계를 다시 강조한다.

3절 창조의 중개자로서 '말씀'과 우주의 관계를 말한다. 2세기 이후로 이 구절은 세계의 창조와 관련하여 이해되었다. 세계가 '어떻게' 창조되었는가에 대해서는 상세히 설명되지 않았다. 오히려 "만물이 그로 말미암아 지은 바 되었으니……"라는 사실만이 부각된다. '만물'은 모든 창조물들과 우주, 창조의 전체를 의미한다(비교. 롬 11 : 36 ; 고전 8 : 6 ; 골 1 : 16). '만물'(πάντα)은 9~10절에 언급되는 인간 세상(ὁ κόσμος)보다 더 포괄적이고 광범위한 개념이다. 창조의 모든 영역은 그 생성에 있어서 '말씀'의 은혜를 입고 있다. 3절 전반부에서 긍정적으로 표현된 이 진술은 3절 후반부 "지은 것이 하나도 그가 없이는 된 것이 없느니라"로 부정적으로 반복되어 강조된다. 요한복음 서문에서 '만물'의 창조자는 하나님이시며, '만물'은 말씀을 통하여 존재한다(비교. 고전 8 : 6 ; 빌 2 : 6,11 ; 롬 11 : 36 ; 골 1 : 16 ; 히 1 : 2). '말씀'으로 '말미암아'(διά)라는 표현에서 '말씀'의 중개 역할이 드러난다. 헬라 철학과 후대의 신학이 관심을 가졌던 창조 시에 '말씀'의 역할에 대한 사변적인 강조는 없다.

4절 생명인 '말씀'이 갖는 신적인 본질과 인간 세계와의 관계를 기술한다. '말씀' 안에 하나님께서 주시는 참되며 영원한 생명이 있었다(요 1:9; 6:57; 요일 1:2). 하나님이신 '말씀' 안에서만 사람들이 하나님께서 주시는 참되며 영원한 생명을 향유할 수 있다. 이 '생명'이 사람들을 위한 '빛'이셨다. '말씀'이 사람들에게 하나님께서 주시는 영원한 생명을 비추시고 조명하신다.

5절 빛이신 '말씀'과 인간 세계와의 만남이 기술된다. '말씀'은 언제나 인간 세계를 비춘다. 그에 반해 '말씀'을 영접하지 않고 '말씀'을 믿지 않는 인간 세계는 어둡다. 동사의 현재형 '비추다'(φαίνει)는 '말씀'이 갖는 빛의 능력이 여러 세대를 거쳐서 현재에까지(요일 2:8) 지속적으로 영향력을 끼침을 말한다. '어두움'은 눈이 멀어 악에 빠지게 된 인간 세계를 가리킨다(비교. 요 8:12, 14; 12:40, 46; 요일 2:11; 3:10). '깨닫지 못하더라'(οὐ καταλαμβάνειν)의 의미는 10절의 '알지 못하였고……'(οὐκ ἔγνω), 11절의 '영접하지 아니하였으나……'(οὐ παρέλαβον), 12:36의 '빛을 믿으라'(πιστεύετε εἰς τὸ φῶς)와 관련하여 '깨닫지 못하였다'로 이해될 수 있다. '빛'과 '어둠'이 대조적으로 기술된다(비교. 요 3:19; 8:12; 11:9 이하; 12:35, 46; 요일 1:6 이하; 2:8-11). 빛이 비추임에도 불구하고 어둠은 빛을 깨닫지 못하였고, 인정하지 않았고, 영접하지 않았다.

2. 세례 요한의 파송과 그 의미(1:6-8)

6하나님께로부터 보내심을 받은 사람이 있으니 그의 이름은 요한이라
7그가 증언하러 왔으니 곧 빛에 대하여 증언하고 모든 사람이 자기로
말미암아 믿게 하려 함이라 8그는 이 빛이 아니요 이 빛에 대하여 증언
하러 온 자라

[1 : 6–8] 1 : 6~8은 세례 요한의 파송과 그 의미에 대해 진술한다.

6절 세례 요한이 하나님으로 부터 보냄을 받았음을 일반 역사의 한 사건을 서술하듯 기술한다. "하나님께로부터 보내심을 받은 사람이 있으니 그의 이름은 요한이라"에서 '있으니'(ἐγένετο)는 1절에 나오는 "태초에 말씀이 계시니라"의 '계시니라'(ἦν)와 구별되며 역사의 한 시점에 요한이 등장하고 있음을 말한다(비교. 막 1 : 4 ; 눅 1 : 5).

7절 세례 요한의 파송의 의미가 기술된다. 그는 '증언하는 자'이다(비교. 요 1 : 15, 19–28, 30–31, 35 이하 ; 3 : 28 ; 5 : 33, 36). 세 문장으로 구성된 7절에서 후반부의 두 목적 문장 "곧 빛에 대하여 증언하고 모든 사람이 자기로 말미암아 믿게 하려 함이라"는 첫 문장 "그가 증언하러 왔으니"에 종속된다. "곧 빛에 대하여 증언하고"는 사람들에게 생명을 주는 빛에 대한 증언의 내용을, "모든 사람이 자기로 말미암아 믿게 하려 함이라"는 사람들이 빛에 대한 믿음을 갖게 하려는 증언의 목적을 기술한다. 빛이신 '말씀'으로 말미암아 모든 사람들이 믿음에 이르게 된다.

8절 세례 요한과 빛이신 '말씀'의 관계가 언급된다. 세례 요한은 '빛'이 아니다. '말씀' 자신이 '빛'이시다(비교. 요 3 : 19 ; 8 : 12 ; 9 : 5). 세례 요한의 기능은 '빛'에 대한 증언일 뿐이다. 8절의 배후에는 세례 요한을 과대평가하는 것에 대항하려는 변증적인 관심이 놓여 있다.

3. 말씀과 인간의 역사(1 : 9–13)

> 9참 빛 곧 세상에 와서 각 사람에게 비추는 빛이 있었나니 10그가 세상에
> 계셨으며 세상은 그로 말미암아 지은 바 되었으되 세상이 그를 알지 못
> 하였고 11자기 땅에 오매 자기 백성이 영접하지 아니하였으나 12영접하
> 는 자 곧 그 이름을 믿는 자들에게는 하나님의 자녀가 되는 권세를 주셨

으니 [13]이는 혈통으로나 육정으로나 사람의 뜻으로 나지 아니하고 오직 하나님께로부터 난 자들이니라

[1:9–13] 1:9~13은 '말씀'이 인간 세계와 갖는 역사화 된 관계를 진술한다.

9절 세상에 오신 '빛'에 관해 말한다. "참 빛 곧 세상에 와서 각 사람에게 비추는 빛이 있었나니"에서 '빛이 있었나니'(ἦν)는 4절 전반부의 '……생명이 있었으니'(ἦν)에 연결된다. '참'이라는 표현은 사실이 아니며 공허한 것과 반대되는 사실로 하나님의 유일한 '빛'을 설명한다. '……각 사람에게 비추는 빛'은 4절의 뒷부분과 5절의 앞부분을 상기시킨다. '말씀'은 모든 사람들에게 하나님의 영원한 생명을 주는 참된 빛이다. '말씀'이 생명의 능력을 가지므로(4절 후반부, 9절 후반부), '말씀'의 비추는 능력이 하나님으로 부터 오므로, '말씀'은 '참 빛'이다. 세례 요한이 빛에 대한 증언자로 역사의 무대에 등장하는 앞 단락 6~8절과 대조하여, 9절에서 '빛' 자신이 역사 가운데 오심을 설명한다. 이로서 9절은 6~8절을 요약하면서 뒤잇는 10절 이하에 속하고, 나아가 14절에 나오는 '말씀'의 성육신을 준비한다.

10절 '말씀'이 전체 인간 세계와 갖는 역사적 관계를 언급한다. '말씀'이 세상에 의해 거부된다. '세상'(ὁ κόσμος)은 다양한 의미로 기술된다. "그가 세상에 계셨으며……"에서 세상은 생활의 공간을 말한다. "세상은 그로 말미암아 지은 바 되었으되……"에서 세상은 단순히 피조물인 세계이다. "세상이 그를 알지 못하였고……"에서 세상은 인간의 세상, 인류를 말한다. 여기에 구원과 비 구원을 결정짓게 하는 '말씀'에 응답하는 사람들의 행동과 태도가 함께 포함된다. 이 인간의 세상이 창조의 한 부분(비교. 3절)으로 '말씀'이 오실 때 응답할 수 있다(비교. 요 3:19 이하) '말씀'이 세상에 계셔서, 사람들이 다가갈 수 있도록, 가까이 계셔서 '말씀'에 참여하는 자가 구원을 받을 수 있도록 하셨으나, 세상은 '말씀'을 인정하지 않았다(비교. 5, 11절)

11절 인간 세상이 '말씀'을 거부했다는 10절의 내용을 되풀이하여 강조한다. 세상과 사람들은 '자기 땅'(τὰ ἴδια), '자기 백성'(οἱ ἴδιοι)으로 지칭된다. 그들이 창조 시에 '말씀'에 소속되었으므로 '자기 땅'(비교. 요 8 : 44)이다(3절, 10절). '말씀'이 모든 사람들을 위한 '빛'이기 때문에 그들은 '자기 백성'이다(4, 9절). 좁은 의미에서 '자기 땅'은 하나님 자신의 백성 '이스라엘'을, '자기 백성'은 하나님께 반대하는 세상의 상징적 대표자들로서 '유대인들'을 말할 수 있다(비교. 출 19 : 5).

12절 긍정적으로 진술한다. "영접하는 자 곧 그 이름을 믿는 자들에게는 하나님의 자녀가 되는 권세를 주셨으니……"(비교. 요 3 : 32 이하)는 믿음의 깨달음, 하나님께로 부터 오신 '말씀'의 영접을 언급한다. 하나님의 자녀가 되는 가능성은 사람의 힘으로가 아니라, '말씀'에 의해서 주어진다. 하나님의 자녀가 되는 전제조건은 '믿음'이다. '말씀'을 영접하는 것은 그의 이름을 '믿는 것'이다(비교. 요 2 : 23 ; 5 : 43).

13절 12절에 잇대어 하나님의 자녀가 되는 것이 초자연적인 하나님의 능력에 기원을 두고 있음을 설명한다. 자연적인 출산의 동기들이 "혈통으로나 육정으로나 사람의 뜻으로 나지 아니하고"로 세 번 부정되면서 '하나님의 자녀가 되는 것'을 설명한다. 믿는 자들은 하나님으로 부터 난 자들이다. 예수께서 그리스도이신 것을 믿는 자가 하나님으로 부터 난 자이다.

4. 말씀의 성육신과 교회의 찬양(1 : 14-18)

> 14말씀이 육신이 되어 우리 가운데 거하시매 우리가 그의 영광을 보니
> 아버지의 독생자의 영광이요 은혜와 진리가 충만하더라 15요한이 그에
> 대하여 증언하여 외쳐 이르되 내가 전에 말하기를 내 뒤에 오시는 이가
> 나보다 앞선 것은 나보다 먼저 계심이라 한 것이 이 사람을 가리킴이라
> 하니라 16우리가 다 그의 충만한 데서 받으니 은혜 위에 은혜러라 17율법

은 모세로 말미암아 주어진 것이요 은혜와 진리는 예수 그리스도로 말미암아 온 것이라 [18]본래 하나님을 본 사람이 없으되 아버지 품 속에 있는 독생하신 하나님이 나타내셨느니라

[1 : 14–18] 14~18절은 '말씀'의 성육신과 공동체의 '말씀'에 대한 찬양을 언급한다.

14절 하나님이신 '말씀'의 성육신을 말한다. 사람들의 거부에 직면하여 세상에서 사람들에게 접근하는 통로를 열어주기 위해 '말씀' 자신이 사람이 되셨다. "말씀이 육신이 '되어(ἐγένετο)'……"라는 표현은 '말씀'이 육신으로 변경되었음을 밝히고(비교. 1, 4, 9, 10절의 h=n), 가현설에 반대한다. "우리 가운데 거하시매……"에서 '거하시매'(ἐσκήνωσεν)는 장막 안에 거주함을 뜻한다. 하나님의 영광을 만나는 새로운 장소인 장막, 성전이 '말씀'이시다. '말씀'이 '육신'(σάρξ)이 되심으로 창조자이며, 계시자이신 '말씀'과 사람과의 만남이 가능하게 되었다. "우리가 그의 영광을 보니……"에서 '그의 영광'은 공동체 자신이 경험한 '말씀'의 지상사역, '표적'을 의미할 수 있다(비교. 요 1 : 50 이하; 2 : 11 ; 11 : 40). 구약성서에서 하나님의 영광이 성전에 나타나시는 하나님의 임재, 현존과 연결되듯이(비교. 출 24 : 15–16 ; 40 : 34 ; 왕상 8 : 10–11), '말씀'의 영광이 예수의 성육신 가운데 가시적으로 드러났다. 그의 영광을 보는 '우리'는 성육신하신 '말씀'의 영광에 대해 증언하는 교회이다(비교. 요일 1 : 1). "아버지의 독생자의 영광이요"에서 '독생자'는 하나님 아버지로부터 온 그 어느 것과도 비할 수 없는 유일하신 분이심을 말한다(비교. 요 3 : 16–18 ; 6 : 46 ; 7 : 29 ; 9 : 16 ; 16 : 27 ; 요일 4 : 9). "은혜와 진리가 충만하더라"는 표현은 '독생자'와 관련된다. 성육신하신 '말씀'은 그 자체로 은혜의 충만함을 지니신다. 그 은혜의 충만함에 대해 믿는 자들 모두가 환호하면서 감사한다(비교. 16절). '진리'는 하나님의 실재이다.

15절 다시 세례 요한의 증언이 언급된다(비교. 6-8절). 세례 요한은 '말씀'의 선재를 강조한다. 세례 요한의 뒤에 오시는 이가 세례 요한 보다 앞선 것은 그가 실제로 세례 요한 이전에 계셨기 때문이다.

16절 '말씀'이 갖는 은혜와 진리의 충만함이 믿는 자들에게 흘러가고 있음이 고백된다. '충만함'(πλήρωμα)은 믿는 자들에게 선사되는 하나님의 구원의 은혜의 충만함이다. "은혜위에 은혜러라"(χάριν ἀντὶ χάριτος)에서 우리말 개역성경이 번역한 '…… 위에(ἀντί)'는 은혜가 결코 끊이지 않는 은혜의 물결, 흐름임을 표현한다.

17절 육신이 되신 '말씀'과 함께 이 땅에 오신 하나님의 은혜와 진리의 현실을 말한다. "율법은 모세로 말미암아 주어진 것이요"라는 표현과 "은혜와 진리는 예수 그리스도로 말미암아 온 것이라"는 표현은 서로 대립적이지 않다. 모세는 하나님의 부르심 가운데서 이스라엘 백성에게 율법을 수여하였고, 예수 그리스도는 그를 믿는 자들에게 은혜와 진리를 선사하신다. 율법이 모세에 의해 다만 '주어졌다면', 은혜와 진리는 예수 그리스도를 통하여 '왔고', 그로서 종말론적인 구원의 사건이 강조된다.

18절 이 땅에 오신 하나님의 아들의 완전한 위엄과 계시의 능력을 설명한다. "본래 하나님을 본 사람이 없으되"라는 부정적인 진술은 기독교 계시의 절대성을 강조한다(비교. 요 5 : 37 ; 6 : 46 ; 요일 4 : 12, 20). 유일하신 하나님의 아들을 통하여서만 하나님이 계시된다(비교. 1 : 3, 31). 예수 그리스도 안에서 하나님의 아들의 계시 활동이 '나타내셨느니라'(ἐξηγήσατο)로 표현된다. 이 단어(ἐξηγεῖσθαι)는 원래 '설명하다', '해석하다'라는 의미를 지니며, 여기서 특별히 '하나님의 것들이 계시되도록 하다'를 뜻한다. "아버지 품속에 있는 독생하신 하나님"은 1절의 "이 말씀이 하나님과 함께 계셨으니……"와 맞물리며 1 : 1~18 전체 구성의 처음과 끝이 일치되게 마감한다. 사람이 그 자신의 힘으로 하나님께 나아갈 수 없으므로, 하나님께서 보내시는 아들의 모습으로 오시는 하나님 자신을 통하여 하나님께 나아갈 수 있다. 요한복음 본문

전체가 세상에 오신 하나님, 예수 그리스도의 자기 계시를 증언한다.

B. 공생애 준비(1 : 19–51)

[1 : 19–51] 1 : 19~51은 세례 요한의 증언(μαρτυρία–1 : 7, 19 ; μαρτυρέω–1 : 7, 8, 15, 32, 34)과 예수 그리스도(Ἰησοῦς Χριστός–1 : 17, 29, 36, 37, 38, 42, 43, 45, 47, 48, 50)의 계시로 앞 단락 1 : 1~18과 연결된다. 모든 사람이 믿게 하기 위하여 '빛'에 대하여(1 : 7), 자신 보다 '뒤에 오시나 앞서서 먼저 계신' 예수 그리스도(1 : 15, 30)에 대하여 증언하러 온 세례 요한의 증언을 통해 사람들이 예수를 만나고 그를 믿게(1 : 7, 12, 50) 된다. 자신이 메시야임을 부정하는 세례 요한은 예수 그리스도를 '너희 가운데 알지 못하는 한 사람'(1 : 10, 26 ; 비교. 1 : 5, 11), '하나님의 어린 양'(1 : 29, 36), '나보다 앞서서 먼저 계신 이'(1 : 30), '성령으로 세례를 베푸는 이'(1 : 33), '하나님의 아들'(1 : 34 ; 비교. 1 : 18, 49)로 증언한다(1 : 19–34). 이를 통해 세례 요한의 두 제자, 그 두 제자 중 하나인 안드레, 베드로, 빌립, 나다나엘이 예수 그리스도를 보고(1 : 18, 29, 34, 36, 46, 50, 51) 만난다(1 : 41, 43, 45). 요한의 두 제자는 '랍비'로(선생, 1 : 38), 안드레는 '메시야'(그리스도, 1 : 41)로, 빌립은 '모세가 율법에 기록하였고 여러 선지자가 기록한 그 이'(1 : 45)로 나다나엘은 '랍비, 하나님의 아들, 이스라엘의 임금'(1 : 49)으로 예수를 이해한다. 자기 땅에 오신 로고스 자신이 믿는 자들 가운데 거하시며(1 : 14, 39), 이스라엘에 자신을 드러내시고(1 : 31, 49), 본래 하나님을 볼 수 없었던 자들에게 독생 하신 '하나님의 아들'을 보고, 믿고, 알게 하시므로, '인자'(人子)로서 직접적인 자기 계시를 통해 하나님의 자녀가 되는 권세 곧 '하늘이 열리는' 구원을 세상에 가져온다(1 : 12, 18, 33, 51). 요한복음의 서두인 1 : 19~51은 "예수는 누구인가?"에 대한 이해를 체계적으로 잘 드러내므로 요한복음 전

체에서 구체적으로 소개될 예수 그리스도의 공생애를 준비한다.

1. 세례 요한의 증언(1 : 19–34)

1 : 19~51의 첫 단락인 1 : 19~34에서 세례 요한이 예수 그리스도를 증언한다. 1 : 1~18의 서문에서 세례 요한은 자신에 대해서는 부정적으로, 예수 그리스도에 대해서는 긍정적으로 증언하므로 말씀이신 그리스도(ὁ λόγος)와 자신 및 사람들과의 관계를 분명히 하였다(1 : 8, 15). 1 : 19~34에서 세례 요한은 "예수는 누구인가?"를 두 가지 관점에서 구체적으로 증언한다. 1 : 19~28은 1 : 6~8에 연결되어 예수 그리스도에 대한 세례 요한의 간접 증언을 언급한다. 세례 요한은 그리스도도(20절) 엘리야도(21절) 선지자도(21절) 아니며, "주의 길을 곧게 하라고 광야에서 외치는 자의 소리"일 뿐이다(23절) 세례 요한은 자신의 신분을 분명하게 밝히므로 그리스도이신 예수를 간접적으로 증언한다. 이어서 1 : 29~34에서 1 : 15에 연결되는 예수 그리스도에 대한 세례 요한의 직접 증언이 등장한다. 예수는 세례 요한 자신도 알지 못했고 하나님이 그 안에서 자신을 스스로 계시(啓示)하신 '하나님의 어린 양'(29절)이며 '성령으로 세례를 베푸는'(33절) '하나님의 아들'(34절)이다. 1 : 19~34은 세례 요한을 단지 증언자로, 예수를 빛, 그리스도, 하나님의 아들로 밝힌다. 서문 1 : 1~18과 1 : 35 이하부터 21장까지 전체 내용을 앞과 뒤로 연결하면서 1 : 19~34은 요한복음의 주요 주제인 그리스도인 예수께 대한 신앙과 불신앙의 문제를 개진(開陳)한다. 아울러 성령으로 세례를 베푸는 예수 그리스도 대한 하나님의 자기 계시는 세례 받은 자들의 공동체인 교회가 성령으로 인도됨을 미리 예고하고 있다(32-33절; 3 : 5-8, 34 ; 4 : 23-24 ; 6 : 63 ; 7 : 39 ; 14-16장; 20 : 22).

1) 세례 요한의 간접 증언(1 : 19-28)

19유대인들이 예루살렘에서 제사장들과 레위인들을 요한에게 보내어 네
가 누구냐 물을 때에 요한의 증언이 이러하니라 20요한이 드러내어 말하
고 숨기지 아니하니 드러내어 하는 말이 나는 그리스도가 아니라 한대
21또 묻되 그러면 누구냐 네가 엘리야냐 이르되 나는 아니라 또 묻되 네
가 그 선지자냐 대답하되 아니라 22또 말하되 누구냐 우리를 보낸 이들
에게 대답하게 하라 너는 네게 대하여 무엇이라 하느냐 23이르되 나는 선
지자 이사야의 말과 같이 주의 길을 곧게 하라고 광야에서 외치는 자의
소리로라 하니라 24그들은 바리새인들이 보낸 자라 25또 물어 이르되 네
가 만일 그리스도도 아니요 엘리야도 아니요 그 선지자도 아닐진대 어찌
하여 세례를 베푸느냐 26요한이 대답하되 나는 물로 세례를 베풀거니와
너희 가운데 너희가 알지 못하는 한 사람이 섰으니 27곧 내 뒤에 오시는
그이라 나는 그의 신발끈을 풀기도 감당하지 못하겠노라 하더라 28이 일
은 요한이 세례 베풀던 곳 요단 강 건너편 베다니에서 일어난 일이니라

[1 : 19–28] 1 : 19~28은 세례 요한이 누구인지를 묻는 제사장들과 레위인들의 질문 및 그에 대한 세례 요한의 답변이 나오는 19~24절과 세례 요한의 활동의 의미가 설명되는 25~28절로 구분된다.

19절 예루살렘에서 온 유대인들은 세례 요한에게 사절단을 파견한다. 제사장들과 레위인들로 구성된 이 사절단은 유대교의 예배의식을 주관하는 대표자들이다. '제사장들과 레위인들'(ἱερεῖς καὶ Λευίτας)의 결합은 요한복음에서 이 곳에서만 사용된다. 이들이 파견된 이유는 세례 요한이 누구인지를 묻기 위함이다. "네가 누구냐?"라는 질문은 일차적으로 25절의 "어찌하여 세례를 베푸느냐?"라는 질문에 상응한다. 이 질문의 배후에 이미 예수께서 메시야이시고 계시된 하나님의 아들이시라는 암시를 읽을 수 있다. 이 내용은 요한복음에 논쟁적으로 반복하여 설명된다. 예배의식을 주관하는 대표자들로서 제사장들과 레위인들의 언급은 "예수께서 메시야 곧 그리스도이시다."라는

주장이 유대교의 예전전통과 관련하여 합법적이며 유효한가 하는 질문과 연결되고 있다.

20절 "네가 누구냐?"라는 질문에 세례 요한은 "나는 그리스도가 아니라."고 답변한다. 이 대답은 원문에서 '공식적으로 고백하다, 증언하다'라는 의미를 갖는 동사 '호몰로게오'(ὁμολογέω)를 사용하므로 예수께 대한 세례 요한의 간접적이고 부정적으로 표현된 신앙고백을 표현한다. "요한이 드러내어 말하고 숨기지 아니하였다."라는 한글역 성경의 헬라어 원문을 직역하면 "요한이 고백하여 증언하고 부정하지 않았다."로 번역할 수 있다. "나는 ……아니다."라는 대답은 요한복음에서 "나는 ……이다."(ἐγώ εἰμί……)로 되풀이되는 예수 자신의 자기 계시 말씀을 준비한다. 여기서 절대적으로 사용된 "나는 ……이다." 말씀과의 대비를 생각할 수 있다(요 8 : 24, 28, 58 ; 13 : 19 ; 18 : 6). 세례 요한의 추종자들이 세례 요한을 메시야로 추대하려는 움직임이 있었을 것이며 그로 인해 세례 요한의 공동체와 요한 교회 공동체 사이의 논쟁적인 상황도 추정할 수 있다.

21절 "세례 요한이 누구인가?"에 대한 질문은 19절의 "네가 누구냐?"라는 단순한 형태로 부터 두 가지 관점에서 "네가 엘리야냐?" 와 "네가 그 선지자냐?"라는 구체적인 형태로 다시 던져진다. 이 두 질문 각각에 대해 세례 요한은 분명하게 "나는 아니라.", "아니라."고 답변한다. 세례 요한이 다시 살아온 선지자인 엘리야의 모습으로 등장하는 공관복음서의 보도(막 9 : 11-13 ; 마 11 : 12-14 ; 17 : 10-13 ; 눅 1 : 14-17 : 76)와 달리 여기서 세례 요한은 자신이 다시 살아난 '엘리야'임을 분명하게 부정한다. 다시 오는 엘리야가 그때까지 세상에 알려지지 않는 메시야(요 7 : 27)에게 기름을 붓고 모든 사람들에게 메시야를 알릴 것을 기대 했던 세례 요한의 추종자들 중에 세례 요한에게서 다시 살아난 예언자 엘리야의 모습을 발견하려는 시도가 있었을 것이다(참조. 저스틴의 '대화'-8 : 4 ; 49 : 1 ; 110 : 1). 예수께 세례를 베풂으로 세례 요한은 메시야를 이스라엘에 나타내려 하나(1 : 31) 그 세례의 주체가

'나를 보내어 물로 세례를 베풀라 하신 그이' 곧 하나님이심을 분명하게 밝힌다(1 : 33). 하나님 자신이 메시야를 계시하신다(비교. 1 : 18). 나아가 세례 요한은 이스라엘 백성이 기대한 '그 선지자'도 아님을 밝힌다. 세례 요한의 추종자들은 자신의 스승인 세례 요한에게서 모세와 같은 한 예언자의 모습을 발견하려고도 했을 것이다(비교. 신 18 : 15-18). 이러한 시도는 말라기 3 : 1 이하에서 종말이 임하기 전에 메시야의 길을 예비하는 하나님의 사자(使者, ἄγγελος)에 대한 표상에서 기대되어진 것으로 파악된다. 세례 요한은 자신이 기대된 '그 선지자'도 아니라고 대답한다.

22절 지금까지의 질문에 대해 부정하는 세례 요한의 대답에서 유대인들이 파송한 제사장들과 레위인들로 구성된 사절단은 세례 요한 자신의 자기 정체성에 대해 더 강렬한 의문을 갖는다. 그들은 자신들의 질문이 자신을 파송한 자들의 질문임을 상기시키며, 세례 요한자신의 자기 정체성에 대해 만족할 만한 답변을 요구한다.

23절 세례 요한은 이사야 40 : 3의 인용으로 자기가 누구인지를 대답한다. 그의 과제는 '주의 길을 곧게 하는 것'이다. 그는 '광야에서 외치는 자의 소리'로 계시자(啓示者), 즉 오실 주(主)를 위해 증언하는 역할만을 수행한다. 공관복음서와는 달리 구약성서 인용 자체가 현재화되어 세례 요한의 답변의 일부가 되고 있다(마 3 : 3 ; 막 1 : 3 ; 눅 3 : 4 ; 비교. 요 6 : 31, 45 ; 10 : 34 ; 12 : 13 ; 13 : 18 ; 15 : 25).

24절 19절에서 세례 요한이 누구인지를 질문하는, 제사장들과 레위인들은 예루살렘에서 온 유대인들이 보낸 사람들로 설명되었다. 세례 요한의 자기 이해에 대한 23절에서의 구체적인 답변 이후, 24절에서 이 사절단을 파견한 또는 이 사절단의 파송을 유대지도층에게 의뢰한 유대인들이 바리새인들임을 밝힌다. 이로써 세례 요한에게 질문한 제사장들과 레위인들이 유대교 예전의 대표자들일 뿐만 아니라, 전체 유대교의 대표자임을 드러낸다. 이들은 13~17장까지의 고별사화를 제외한 5~20장까지 예수의 공생애 전체 맥락

에서 불신앙의 대표자들로 등장한다.[1)]

25절 1 : 19~24에서 유대인들의 사절단들과 세례 요한의 문답은 "네가 누구냐?"(19절), "네가 엘리야냐?"(21절), "네가 그 선지자냐?"(21절), "너는 네게 대하여 무엇이라 하느냐?"(22절)라는 유대인들 측의 질문과 "나는 그리스도가 아니라.", "나는 아니라.", "아니라.", "주의 길을 곧게 하라고 광야에서 외치는 자의 소리로라."라는 세례 요한의 답변으로 구성되었다. 세례 요한은 자신이 구원을 중개하는 메시야가 아니고 다만 그에 대한 증언자임을 분명하게 밝혔다. 메시야가 아닌 세례 요한이 왜 사람들에게 세례를 베푸는가? 이제 세례 요한이 행하는 세례 활동의 의미가 설명된다.

26~27절 세례 요한은 자신이 베푸는 세례가 물세례임을 밝히므로, "나는 너희에게 '물'로 세례를 베풀었거니와 그는 너희에게 '성령'으로 세례를 베푸시리라."고 기록하는 마가복음 1 : 8같이 암시적으로 물세례와 성령세례를 구분한다. 마가복음 1 : 4과 누가복음 3 : 3에 언급되는 '죄 사함을 얻게 하는 회개의 세례'라는 요한 세례에 대한 설명이 요한복음에서 생략되고 있다. 성령세례를 베푸시는 예수는 '너희 가운데 너희가 알지 못하는 한 사람'으로 요한의 '뒤에 오시는 그이'로, 요한이 '그의 신발 끈을 풀기도 감당하지 못할' 분으로 은유적으로 설명된다. 이와 같이 예수께서 전면에 등장하지 않고 은유적으로 표현되는 독특한 소개는 세례 요한에 관한 공관복음서의 병행구절과 비교할 때 더 잘 드러난다. '잘 알려지지 않은 그리스도'에 관한 주제는 31절

---

1) 김문경, 『요한신학』. 7.6 유대인들 147-152쪽. 요한복음서에서 기술되는 유대인들은 세 가지 측면에서 파악될 수 있다. ① 중성적인 의미로, 백성들의 무리로서 유대인들-1 : 19 ; 11 : 19, 31, 33, 36 ; 12 : 9 ; 13 : 33 ; 18 : 12, 14, 20, 31, 35, 38 ; 19 : 12, 20, 21, 31, 종교적인 예전과 관련된 표시로서 유대인들-2 : 6, 13 ; 4 : 9 ; 5 : 1 ; 6 : 4 ; 7 : 2 ; 11 : 55 ; 19 : 40, 42, 대화의 상대자로서 유대인들-2 : 18, 21 ; 7 : 15, 35 ; 8 : 22, 57 ; 10 : 24 ; 11 : 36, ② 긍정적인 의미로, 종교적인 칭호로서 유대인들-4 : 22 ; 18 : 33, 39 ; 19 : 3, 14, 19, 21, 예수를 옹호하는 자들로서 유대인들-3 : 1 ; 8 : 30, 31 ; 11 : 45 ; 12 : 11 ; 19 : 38, 39, 예수께 대한 칭호로서-4 : 9, ③ 부정적인 의미로, 예수의 대적자들로 불신앙의 대표자들로서 유대인들-5 : 10, 15, 18 ; 6 : 41 ; 7 : 1, 13 ; 8 : 44, 48, 52, 57 ; 9 : 18, 22 ; 10 : 31, 33 ; 11 : 8, 54 ; 18 : 36 ; 19 : 7, 14, 38 ; 20 : 19, 예수의 자기 계시 앞에서 분열된 그룹으로서 유대인들-6 : 52 ; 7 : 11 ; 10 : 19-21.

과 33절에 언급되는 세례 요한의 그리스도 증언에서 다시 등장한다. 하나님만이 예수께서 그리스도임을 세상에 알릴 수 있다. 요한복음의 주된 내용 중 하나인 예수 그리스도 안에서 보이지 않는 하나님의 자기 계시가 강조되고 있다.

28절 요한복음 1 : 6~8과 연결되어 세례 요한이 예수 그리스도를 간접적으로 증언하는 첫 장면이 '요한이 세례 베풀던 곳 요단 강 건너편 베다니'라는 구체적 장소의 언급으로 막을 내린다. 세례 요한이 활동한 베다니는 요단강의 건너 편 여리고의 동쪽에 위치하며 엘리야가 땅에서 들림 받은 장소이기도 하다(비교. 왕하 2장). 베다니는 '나루터' 또는 '가난한 자의 집'이라는 뜻을 가지며 예루살렘 근방의 베다니(11 : 1 ; 12 : 1)와는 다른 장소이다.

2) 세례 요한의 직접 증언(1 : 29-34)

29이튿날 요한이 예수께서 자기에게 나아오심을 보고 이르되 보라 세상
죄를 지고 가는 하나님의 어린 양이로다 30내가 전에 말하기를 내 뒤에
오는 사람이 있는데 나보다 앞선 것은 그가 나보다 먼저 계심이라 한 것
이 이 사람을 가리킴이라 31나도 그를 알지 못하였으나 내가 와서 물로
세례를 베푸는 것은 그를 이스라엘에 나타내려 함이라 하니라 32요한이
또 증언하여 이르되 내가 보매 성령이 비둘기 같이 하늘로부터 내려와서
그의 위에 머물렀더라 33나도 그를 알지 못하였으나 나를 보내어 물로 세
례를 베풀라 하신 그이가 나에게 말씀하시되 성령이 내려서 누구 위에든
지 머무는 것을 보거든 그가 곧 성령으로 세례를 베푸는 이인 줄 알라 하
셨기에 34내가 보고 그가 하나님의 아들이심을 증언하였노라 하니라

29절 세례 요한이 예수 그리스도에 대해 직접적으로 증언하는 29~34절은 '이튿날'이라는 구체적인 시간을 알리는 부사와 함께 시작된다. 1 : 19~51에

서 언급된 예수 그리스도가 누구인가에 대해 체계적으로 전개된 첫 내용이 29절에서 세례 요한의 입을 통해 '세상 죄를 지고 가는 하나님의 어린 양'으로 선포된다(비교. 36절). 이로써 세례 요한은 제자들보다 앞서서 예수 그리스도를 증언하는 첫 번째 주요 증인으로 '주의 길을 예비하는' 자신의 과업을 잘 수행하고 있다. '하나님의 어린 양'이라는 칭호의 배경으로 구약의 '유월절 전승'과 이사야 53장의 '하나님의 고난 받는 종에 대한 노래'를 언급할 수 있다. '유월절 전승'을 배경으로 보는 것은 요한복음 18：28과 19：36에 따르면 구약 유대교의 예전에 따라 유월절 양들이 성전에서 도살될 때 예수께서 죽음을 당하시는 것으로 보고 출애굽기 12：46에 근거하여 예수의 죽음을 '참된 유월절의 양'의 죽음으로 특징짓기 때문이다. 이사야 53장에 의하면 '하나님의 고난 받는 종'은 도수장으로 끌려가는 어린양의 모습을 지니며(사 53：7) 그의 과제는 많은 사람들의 죄를 대신 담당하는 것이다(사 53：6). '유월절 전승'과 '하나님의 고난 받는 종에 대한 노래'를 배경으로 하는 '하나님의 어린양'의 칭호를 예수께 돌린 것은 예수의 구원사역이 십자가 위에서 죽음을 당하므로 낮아지는 모습을 취하였다는 것에 초점을 둔다. '하나님의 어린양'으로 오신 예수께서 '세상 죄를 진다'는 표현에서 죄의 일반적인 보편성이 전제된다. 예수는 그리스도로서 구약에서 예언하는 선택된 백성인 이스라엘만을 위하는 구원자가 아니라, '온 세상'의 구원자이시다. '세상 죄를 지고 가는 하나님의 어린양'으로서 예수께서 세례 요한의 증언을 통해 선포되므로 세례가 기독교인들에게 죄의 권세로부터 분리되어 성령을 지니신 분이시며, '성령으로 세례를 베푸는 이'(33절)인 예수의 생명과 구원의 능력에 참여하게 되는 사건임을 밝혀 준다(요 3：5). 고난 받는 '하나님의 어린양'으로서 예수께 대한 이해가 복음서의 첫 부분에 등장하므로 복음서가 종결되는 십자가 위에서의 죽음이 수미상관으로 예고되고 전체 구성과 내용을 암시하며 알리는 복선(伏線)을 형성한다.

30절 27절에서 세례 요한이 이미 언급한 '곧 내 뒤에 오시는 그이'로서 예수께 대한 증언을 구체적으로 설명한다. 예수는 세례 요한보다 먼저 이미 하나님의 창조의 때에 하나님과 함께 계셨던 선재하신 '말씀'이다(요 1 : 1). 요한복음 1 : 15의 말씀이 그대로 반복되고 있다.

31절 26절에서 '너희 가운데 너희가 알지 못하는 한 사람'으로 '잘 알려지지 않은 그리스도'에 관한 주제가 31절에서 '세례 요한도 알지 못하는 사람'으로 다시 등장한다. 세례 요한은 메시야가 아니라 '알려지지 않은 이 사람, 그리스도 메시야'를 계시하는 역할을 맡는 증인이다. 세례 요한이 베푸는 물세례는 사람들을 구원에 이르게 하지 못하고 '알려지지 않은 그리스도'를 미리 알리고 준비시키는 기능만을 담당한다. "그를 이스라엘에 나타내려 함이라."에서 '나타내다, 알리다'의 의미를 지니는 동사가 수동태로 사용된다(φανερωθῇ). 이 수동태의 사용으로 그리스도를 '나타내는' 주체가 하나님임을 밝힌다. 사람이 아니라 하나님 자신이 예수 그리스도로 자신을 사람들에게 알리신다.

32절 예수 그리스도인 하나님의 자기 계시를 요한이 증언 할 수 있었던 것은 성령이 예수께 임하는 것을 보므로 비롯되고 있다. 세례 요한은 예수께 성령이 비둘기같이 임하였던 사실을 증언한다. 성령과 함께 하는 예수께서 그리스도이시며 세상을 구원하실 메시야이시다.

33절 사람들이 그리스도를 알지 못하였다는 내용이 26절에서 '너희 가운데 너희가 알지 못하는 한 사람'으로 언급되며, 31절에서 세례 요한 자신도 '나도 그를 알지 못하는 분'으로 소개한다. 다시 한 번 33절에서 세례 요한은 '나도 그를 알지 못하였음'을 되풀이하여 강조한다. 1 : 5, 10에 이어 요한복음에 자주 등장하는 무지와 몰이해, 오해의 모티브가 다시 발견된다. 예수께서 그리스도이심을 계시하신 이가 바로 하나님 자신임을 다시 강조하는 표현이다. 나아가 예수의 성령세례와 세례 요한의 물세례를 구별하며 그 상호관계를 밝힌다.[2] 세례 요한의 물세례는 잠정적이며 예수의 성령 세례를 예비

---

2) 요한복음에서는 예수께서 세례를 받으시는 것이 언급되지 않으며, 예수께서 세례를 받으셨다는 것만을 보도한다. 그 보도는 공관복음서와 비교하여 세 가지 특징을 지닌다. ① 하늘이 열리는 것을 기록하지 않는다.

하며 예수께서 그리스도이심을 알리는 기능만을 한다. 물세례를 베푸는 세례 요한에게 중요한 것은 세례 요한에게 계시되는 것으로 그에게 수동적으로 계시되는 그 것을 알리는 일이다. "성령이 내려서 누구 위에든지 머무는 것을 보거든 그가 곧 성령으로 세례를 베푸는 이인 줄 알라" 세례 요한은 다만 계시 사건의 증언자일 뿐이다. 그는 예수께서 성령을 받으신 이시고 성령과 함께 하시는 이로 성령으로 세례를 베푸시는 이임을 증언한다. 성령은 계시자이신 예수 그리스도에게만 수여된다. 성령이 그 위에 임하신 성령과 함께하는 이로서 예수의 등장, 그의 사역과 그의 말씀이 성령의 능력으로 일어나는 사건이 된다. 종말적으로 성령과 함께 하시는 분으로서 예수는 세례 요한의 뒤에 오시는 이로, 세례 요한 앞서서 이미 하나님과 함께 선재(先在)하신 분(비교. 요 1 : 1)이며, 언제나 하나님이 그 안에서 자신을 드러내시는(비교. 요 1 : 18) 하나님이시다(비교. 요 10 : 30, 38). 이 성령 사건에 믿는 자들이 함께 관련되고, 특히 요한 교회는 그리스도인으로서 생활의 기초이자 원동력이 되는 성령의 능력 아래 살아간다(7 : 39 ; 14–17장 ; 20 : 21–22).

34절 예수께 대한 세례 요한의 직접 증언인 29~34절은 예수를 '하나님의 어린 양'으로 선포하는 것으로 시작하여(29절) '하나님의 아들'로 고백하는 신앙고백으로 끝맺는다(34절). '하나님의 아들'로서 예수께 대한 칭호는 요한복음의 중심 내용인 그리스도에 대한 이해를 담고 있다. '하나님의 아들' 칭호는 요한복음의 기록 목적을 밝히는 20 : 31에서 다시 언급된다. "오직 이것을 기록함은 너희로 예수께서 하나님의 아들 그리스도이심을 믿게 하려 함이요 또 너희로 믿고 그 이름을 힘입어 생명을 얻게 하려 함이니라" 세례 요한의

묵시적인 주제로서 하늘의 열림은(계 4–5장) 어린 양이 일곱 인으로 책을 열 수 있는 심판자로 임명되는 것을 의미한다. 이 표현의 생략은 종말론적인 사건이 이미 시작했다는 것을 가리킨다. 29절에서 예수는 세상의 죄를 지고 가는 하나님의 어린 양으로 묘사된다. ② 하늘의 음성이 없다. 오히려 마태복음에서 "이 사람은 ……이다."(οὗτός ἐστιν)라는 음성이 세례 요한의 고백으로 나타난다(34절–"그가 하나님의 아들이시다."/οὗτός ἐστιν ὁ υἱὸς τοῦ θεοῦ) 공관복음서와 달리 계시 사건을 보고(Vision 32,34절) 듣는(Audition 33절) 체험이 세례 요한을 위해 일어난다(비교. 막 1 : 10–11 병행구절). ③ 성령의 강림은 마가의 본문에서처럼 예수에게 집중되지 않고(막 1 : 10) 요한복음에서 세례 요한에게 알려 주는, 인식의 표시로 기여한다(33절).

입을 통해 증언되기 시작하는 '하나님의 아들'에 대한 신앙고백이 이제 첫 제자들을 부르시는 것으로 시작하여 제자들을 세상으로 파송하는 것에 이르기까지 예수의 지상 사역 전체를 포괄적으로 연결시킨다(요 1 : 49 ; 11 : 4, 27 ; 20 : 31).

2. 첫 제자들(1 : 35–51)

[1 : 35–51] 1 : 35~51은 예수가 누구신가에 대해 확장된 증언이다. '또 이튿날'이라는 장소의 언급과 함께(1 : 29 ; 2 : 1) 세례 요한의 증언이 앞 단락 1 : 19~34과 연결고리가 된다(1 : 7). 세례 요한의 두 제자가 그의 증언을 들으므로 예수의 첫 제자가 된다(1 : 35–39). 다시 그들 중의 하나인 안드레를 통해, 그의 형제 시몬 베드로에게 예수가 소개된다(1 : 40–42). 이어서 안드레 및 베드로와 한 동네 사람인 빌립을 통해 나다나엘에게 예수 그리스도가 전파된다(1 : 43–46). 나다나엘에게 예수 그리스도 자신이 인자로 오신 그리스도임을 계시하신다(1 : 47–51). 세례 요한의 처음 증거를 통해 예수 그리스도를 믿는 사람들이 확장되면서 세례 요한은 무대에서 사라지고 예수 자신에게 초점이 집중된다. '제자'라는 새로운 주제의 시작과 함께 예수께서 제자들을 부르시고 만나는 사건으로 준비되는 예수의 공생애와 교회의 처음 시작을 이 단락에서 읽을 수 있다. 기독교인의 생활에서 제자도를 강조하는 공관복음서나 믿음을 더 강조하는 바울서신 및 히브리서와 달리 요한복음 1 : 35~51은 예수의 처음 제자 소명을 언급하면서 제자도를 강조하고 또 믿음의 주제를 발전시키는 특징을 지닌다. '믿는다'와 연결되는 '보다'(1 : 36, 38, 39, 42, 46, 47, 48, 50, 51)라는 주제가 앞 단락 1 : 29–34(참조. 1 : 14, 18) 및 전체 요한복음을 관통하는 주요 연결고리가 된다. 하늘과 땅을 소통케 하는 통로로 하나님과 사람 사이의 중보자인 예수 그리스도의 자기 계시를 통해 이 땅의 사람들이 하늘을 보고 열리는 하늘의 체험이 가능하게 된다(1 :

51 ; 참조. 1 : 18).

1) 요한의 두 제자(1 : 35-39)

> [35]또 이튿날 요한이 자기 제자 중 두 사람과 함께 섰다가 [36]예수께서 거
> 니심을 보고 말하되 보라 하나님의 어린 양이로다 [37]두 제자가 그의 말
> 을 듣고 예수를 따르거늘 [38]예수께서 돌이켜 그 따르는 것을 보시고 물
> 어 이르시되 무엇을 구하느냐 이르되 랍비여 어디 계시오니이까 하니
> (랍비는 번역하면 선생이라) [39]예수께서 이르시되 와서 보라 그러므로 그
> 들이 가서 계신 데를 보고 그날 함께 거하니 때가 열 시쯤 되었더라

35절 '또 이튿날'이라는 시간 부사를 통해 사건의 역사성이 확보되며 구성적으로 앞 단락 29절과 뒤 단락 43절이 연결된다. 요한의 두 제자에 대한 언급은 모든 사람을 향한 요한의 증언에도(1 : 7, 29-34) 불구하고 그의 제자들 중에서도 일부만이 예수의 제자가 되었음을 시사한다(1 : 11-12).

36절 요한은 자신에게 나아오셨던(1 : 29) 예수께서 세상 가운데 거니심을 주목하여 보고 예수께서 하나님의 어린 양이심을 다시 증언하므로 '외치는 자의 소리'(1 : 23)로 자신의 사명을 감당한다.

37절 예수 그리스도에 대한 요한의 선포를 이미 알고 있었던(1 : 29-34) 요한의 두 제자는 요한의 반복된 증언을 듣고 곧 바로 예수를 따른다. 그들의 행동은 예수 그리스도 복음을 '듣고'(ἀκούω) 즉시 '따르는'(ἀκολουθέω) 제자도의 전형적인 모범이다.

38절 요한의 두 제자의 행동에 주목한 예수께서 먼저(비교. 20 : 16) 그들을 향해 "무엇을 구하느냐?"고 질문하신다. 예수께 오는 자들의 의도와 동기를 묻는 이 질문은 요한복음에서 예수의 첫 번째 말씀이다. 예수께서 메시야를 '찾아 헤매는 사람들'을 향해 자신을 계시한다(마 6 : 33 ; 7 : 7 ; 눅 11 : 9 ;

12 : 31). 예수를 '찾는 자들'이 요한복음에서 긍정적으로(6 : 24, 26 ; 7 : 34, 36 ; 13 : 33) 또는 부정적으로 등장한다(7 : 11 ; 8 : 21 ; 11 : 56 ; 18 : 4, 7, 8). 요한의 두 제자는 예수를 자신들의 스승으로 '랍비'로 고백하여 호칭하면서 그의 거처를 묻는 것으로 예수의 질문에 답변한다. 예수께서 머무는 곳에 그들이 함께 하기를 원하기 때문이다. 예수의 질문을 통해 하나님께로 나가는 길이 계시되고 있다.

39절 예수의 제자가 된 예수께서 요한의 두 제자를 향해 와서 볼 것을 초청하신다. 하나님의 계시를 '보라'는 세례 요한의 증언이 예수 자신의 말씀으로 확증되며 '오라'는 초청과 결합된다. '와서 보라'는 랍비들이 제자를 부르는 전형적인 초청양식으로 요한복음에서 선교양식으로 등장한다(1 : 46 ; 4 : 29). '와서 보는' 것은 '듣고 따르는' 것(38절)과 병행하며 '함께 거하여(39절) 다른 이들을 인도하는 것'(42절)을 목표로 하고 능동적으로 순종하는 믿음의 행위이다(3 : 21 ; 4 : 29-30 ; 5 : 40 ; 6 : 35, 37, 45 ; 7 : 37). 그들이 예수께서 계신 데를 보고 그날 그와 함께 거한다(14 : 2-4). 예수를 믿고 따르는 제자에게 주어지는 하나님의 임마누엘이 성취되고 있다. 구체적인 장소가 언급되지 않으므로 두 제자가 찾는 것이 예수 자신의 능동적인 자기 계시와 만나주심으로만 얻어질 수 있음을 강조한다. 열 시는 유대력을 따라 하루의 노동이 끝나는 오후 4시로 약속의 성취를 암시할 수 있다(비교. 4 : 23).

2) 시몬 베드로(1 : 40-42)

40요한의 말을 듣고 예수를 따르는 두 사람 중의 하나는 시몬 베드로의
형제 안드레라 41그가 먼저 자기의 형제 시몬을 찾아 말하되 우리가 메
시야를 만났다 하고 (메시야는 번역하면 그리스도라) 42데리고 예수께로
오니 예수께서 보시고 이르시되 네가 요한의 아들 시몬이니 장차 게바
라 하리라 하시니라 (게바는 번역하면 베드로라)

40절 예수를 만난 요한의 두 제자 중 하나는 시몬 베드로의 형제 안드레로 12제자 중 하나이다(마 10 : 2 ; 막 3 : 18 ; 눅 6 : 14). '안드레'라는 헬라어 이름에서 안드레가 헬라어와 아람어를 할 줄 아는 팔레스틴 사람이었을 것으로 추정된다(12 : 22). 예수를 따르는 사람 '둘'은 재판정에서 증인의 최소 구성 인원과 관련된다(신 19 : 15).

41절 예수를 만난 후 안드레는 먼저 자기의 형제인 시몬을 만나서 "우리가 메시야를 만났다."고 고백한다. 복수 '우리'는 예수를 따른 요한의 두 제자 중 안드레와 또 다른 한 제자로 13장 이후로 등장하게 될 '예수께서 사랑하시는 제자'를 가리킨다(13 : 23 ; 19 : 26 ; 20 : 2 ; 21 : 7, 20 ; 비교. '다른 제자'-18 : 15 ; 20 : 2, 8). '기름 부은 자'를 뜻하는 '메시야' 곧 '그리스도'는 구약 시대에 이스라엘 백성이 기름을 부음으로 이스라엘 신앙 공동체의 지도자로 책임을 부여했던 왕, 제사장, 선지자를 말한다(출 29 : 7-9 ; 삼상 10 : 1 ; 16 : 13 ; 왕상 19 : 15, 16). 이 '메시야' 칭호는 왕정 후기부터 신약시대까지 이스라엘을 구원한 '메시야' 대망사상으로 이어진다(사 61 : 1 ; 단 9 : 24). 유대인들이 세례 요한에게 질문하였고 요한이 증언한(1 : 20, 25, 34) '메시야'이신 예수를 만났음을 안드레가 베드로에게 증언한다.

42절 안드레가 베드로를 예수께 인도한다(비교. 10 : 16). 모든 것을 아시는 예수께서 베드로를 보시고 '요한의 아들 시몬'이라는 아람어 이름으로 그를 부르신다. 마태복음 16 : 17에서 불리어진 베드로의 이름 '바요나 시몬' 곧 '요나의 아들 시몬'에서 요나(Ιωνᾶ, יוֹנָה)는 요한(Ἰωάννης, יוֹחָנָן)의 약자로 추정된다. 예수께서 베드로가 미래에 '반석'이라는 뜻을 지닌 아람어 '게바'로 불리어질 것을 말씀하신다(고전 1 : 12 ; 3 : 22 ; 9 : 5 ; 15 : 5 ; 갈 1 : 18 ; 2 : 9 이하). 첫 만남에서 예수께서 시몬에게 초기 교회를 위해 흔들림 없는 기초가 될 '베드로'로서의 사명을 선취로 부과하신다(21 : 15-23 ; 비교. 고전 3 : 11). 흔들리는 믿음의 시몬이(비교. 창 34 : 25-31 ; 요 13 : 6, 8, 9, 24, 36-37 ; 18 : 10, 25-27 ; 20 : 2 이하; 마 26 : 31-35 ; 막 8 : 32, 33 ; 14 : 27-31 ; 눅

22 : 31-34 ; 갈 2 : 11-14) 그리스도를 주로 고백하며(마 16 : 16 ; 막 8 : 29 ; 눅 9 : 20) 견고한 교회의 반석이 된다(21 : 15-23 ; 마 16 : 18 ; 행 1 : 15-25). 요한의 아들이 예수를 믿음으로 하나님의 자녀가 된다(요 1 : 12-13).

3) 빌립과 나다나엘(1 : 43-50)

43이튿날 예수께서 갈릴리로 나가려 하시다가 빌립을 만나 이르시되 나
를 따르라 하시니 44빌립은 안드레와 베드로와 한 동네 벳새다 사람이라
45빌립이 나다나엘을 찾아 이르되 모세가 율법에 기록하였고 여러 선지
자가 기록한 그이를 우리가 만났으니 요셉의 아들 나사렛 예수니라 46나
다나엘이 이르되 나사렛에서 무슨 선한 것이 날 수 있느냐 빌립이 이르
되 와서 보라 하니라 47예수께서 나다나엘이 자기에게 오는 것을 보시고
그를 가리켜 이르시되 보라 이는 참으로 이스라엘 사람이라 그 속에 간
사한 것이 없도다 48나다나엘이 이르되 어떻게 나를 아시나이까 예수께
서 대답하여 이르시되 빌립이 너를 부르기 전에 네가 무화과나무 아래
에 있을 때에 보았노라 49나다나엘이 대답하되 랍비여 당신은 하나님의
아들이시요 당신은 이스라엘의 임금이로소이다 50예수께서 대답하여 이
르시되 내가 너를 무화과나무 아래에서 보았다 하므로 믿느냐 이보다
더 큰 일을 보리라

[1 : 43-50] 삼중의 만남, 곧 예수와 빌립의 만남(43-44절), 빌립과 나다나엘의 만남(45-46절), 예수와 나다나엘의 만남(47-50절)으로 구분된다.

43절 29절과 35절에 이어 시간 부사 '이튿날'의 언급과 함께 넷째 날의 역사적 사건이 소개된다(비교. 6 : 22 ; 12 : 12). 예수께서 요단강 건너편 베다니 지역에서 갈릴리로 나가려 하신다. 요한복음에서 예루살렘이 예수 선포의

중심지이지만 공관복음서와 같이 갈릴리가 예수의 공생애 활동 무대로 등장한다. 예수께서 빌립을 만나시고, "나를 따르라."고 제자로 부르신다. 전형적인 제자 초청 상황인 만남(εὑρίσκει)과 소명 양식(ἀκολούθει μοι)이 현재형으로 기술되어 역사적 현장성을 강조한다(비교. 마 8 : 22 ; 9 : 9 ; 막 2 : 14 ; 10 : 21). 빌립은 열두 제자 중의 하나로(마 10 : 3 ; 막 3 : 18 ; 눅 6 : 14 ; 행 1 : 13) 요한복음에서 안드레와 함께 등장한다(6 : 5, 7 ; 12 : 21, 22 ; 비교. 14 : 8, 9). 요한복음서의 마지막 부분인 21 : 19, 22에서 "나를 따르라."는 예수의 명령이 다시 등장한다.

44절 빌립은 안드레 및 베드로와 출신지가 같은 벳새다 사람이다. 히브리어로 '물고기의 집'을 뜻하는 '벳새다'는 갈릴리 가버나움 근처의 한 지역으로 분봉왕 빌립의 관할 영토였다(12 : 21 ; 눅 4 : 31–39). 벳새다에서 예수께서 많은 권능을 행하시고 많은 무리가 예수를 따랐을 것으로 추정되며 그들이 믿음 보다는 육신의 필요에 더 관심을 가지므로 예수의 꾸중을 듣게 된다(마 11 : 21 ; 눅 10 : 13).

45절 예수를 만난 빌립의 응답은 나다나엘에게 예수를 전파하는 것으로 간접적으로 설명된다. 빌립은 나다나엘을 만나고 율법과 선지자가 기록한 메시야를 만났음을 선포한다. 빌립과 나다나엘의 만남(εὑρίσκει)과 빌립의 선포(λέγει)가 현재형으로 기술되어 역사성이 강조되고 있다(비교. 43절). 빌립은 나다나엘을 향해 모세와 여러 선지자가 기록한 메시야인 요셉의 아들 나사렛 예수를 만났음을 증언한다(비교. 1 : 19, 21, 38). 1 : 17에서 모세와 율법의 이중 언급(비교. 7 : 19, 22, 23 ; 8 : 5)에 이어 모세, 율법, 선지자(6 : 45 ; 12 : 38)가 삼중 구조로 등장한다. '나사렛'은 예수가 성장한 고향이며(마 2 : 23 ; 4 : 13 ; 13 : 53–58 ; 막 1 : 9 ; 6 : 1–6 ; 눅 1 : 26 ; 2 : 4, 39, 51 ; 4 : 16–30) 그의 출생지는 베들레헴이다(7 : 42 ; 마 2 : 23 ; 사 11 : 1). 요셉이 예수의 육신의 아버지이다(6 : 42 ; 비교. 7 : 1–5). 하늘로부터 오는 자이며 하나님께서 보내신 자인(3 : 13 ; 8 : 23 ; 16 : 28) 메시야가 성령으로 잉태되어 마리아에게서 나신 것이 전제되고 있다(1 : 16). 빌립이 예수를 만나 전권을 지니신 예수의 부르심에 예수의 제자가 되는 것과 달리(43절; 비교. 마 8 : 21 이하; 막 1 : 16-20 ; 2 : 14) 안드레(41절)와 빌립(45절)의 전도에서는 제자들이 그리스도를 인식하는 기독론에 중점을 두고 있다.

46절 율법을 연구하는 자로 메시야가 유대 베들레헴에서 탄생할 것을 기대했던(6 : 42 ; 미 5 : 2) 나다나엘은 당시 갈릴리 지방을 폄하하던 관용어로 빌립을 향해 회의적으로 반문한다(6 : 42 ; 7 : 41, 52) 그리스도께서 오실 때에는 그가 어디서 오시는지 아는 자가 없다(7 : 27). 나다나엘의 회의적 질문에 빌립이 "와서 보라."는 말로 나다나엘을 권유하며 체험적 신앙에 이르도록 인도한다(비교. 39절).

47절 친히 사람의 속을 아시며(2 : 25 ; 5 : 42 ; 6 : 15 ; 21 : 17) 자기 사람들을 아시는(10 : 14) 예수께서 나다나엘이 자기에게 오는 것을 보시고 나다나엘을 향해 그의 속에 간사함이 없는 참된 이스라엘의 대표자임을 선포하신다(시 32 : 2). 사복음서에서 여기서만 언급되는 '이스라엘 사람'은 긍정적으로 사용되고 있다. '간사함' 은 구약에서 하나님께 신실하지 못한 것을 의미했으며(렘 9 : 5), '간사함이 없음'은 죄를 고백하고 사함을 받는 것과 관련하여(시 32) 의인의 성품으로 강조되었다(시 17 : 1 ; 43 : 1 ; 사 53 : 9).

48절 나다나엘이 놀라서 어떻게(πόθεν) 자신을 아시는지를 예수께 질문한다. 예수께서 나다나엘이 이전에 '무화과나무 아래에 있을 때' 이미 그를 보았음을 말씀하신다. 이스라엘의 번영과 종말시의 평화를 상징하는(왕상 4 : 25 ; 미 4 : 4) 무화과나무는 큰 잎으로 그늘을 드리워 랍비들의 율법 교육 및 연구 장소로 사용되었다(Bill Ⅱ 371). 후기 유대교에서 무화과나무는 에덴 중앙에 있는 선악을 알게 하는 나무와 연결되기도 했다. 50절에 '더 큰 일'이 계시될 것과 비교하여 무화과나무는 상대적으로 보다 작은 것을 상징한다. 율법을 연구하며 메시야의 도래를 기다리고 있었던 니고데모를 예수께서 미리 아시고 그에게 직접 자신을 계시하신다.

49절 나다나엘은 나사렛 예수를 '랍비'로 부르면서 그가 '하나님의 아들'(1 : 34 ; 11 : 4, 27 ; 20 : 31) '이스라엘의 왕'(12 : 13, 15)임을 고백한다. 예수는 구약성서가 약속한 메시야이다. 구약시대에 하나님이 '이스라엘의 왕'으로 고백되었고(삿 5 : 3 ; 시 84 : 3 ; 95 : 3), 포로기 이후 하나님의 왕적 통치를 이스라엘에 다시 세울 메시야 대망사상이 널리 퍼져 있었다. '이스라엘의 왕'은 정치적 구원자를 뜻하는 '유대인들의 왕'과 구별된다(18 : 33, 37, 39 ; 19 : 3, 14, 19, 21).

50절 예수께서 자신을 미리 알고 있었다는 초자연적 이적에 근거한 나다나엘의 고백을 예수께서 인정하시면서 새로운 약속을 선포하신다. 나다나엘을 믿음에 이르게 한 것보다(48절) 더 큰 일을 나다나엘이 보게 될 것이다. 곧바로 이어져 예수의 영광을 드러낼 가나의 이적으로부터 수난 및 아버지의 영광으로 되돌아가는 것에 이르기까지 예수의 모든 말씀과 사역을 통해 인류를 구원하는 인자로 성육신 하신(51절) 메시야의 영광이 계시될 것이다.

4) 예수 그리스도의 계시 말씀 : 인자(1 : 51)

> [51]또 이르시되 진실로 진실로 너희에게 이르노니 하늘이 열리고 하나님의 사자들이 인자 위에 오르락 내리락 하는 것을 보리라 하시니라

51절 1 : 18과 연결되는 예수 그리스도의 자기 계시 말씀으로 1 : 19~51의 전체 단락이 종결된다. 공관복음서와 달리(마 5 : 18 ; 6 : 5 등) 요한복음에서 '진실로'가 반복되어 예수 그리스도의 계시 말씀이 강조되고 있다(5 : 19, 24, 25 등). 예수는 모든 것을 아시는 초자연적 지혜자일 뿐만 아니라 하늘과 땅이 만나는 장소, 곧 하나님과 인간 사이를 중개하는 소통의 통로인 인자이다(1 : 18). '하늘이 열리는' 표상은 33절과 관련된다(막 1 : 9-11). '하나님의 사자들'은 하나님의 뜻을 수행하는 천사들로 예수 그리스도의 인류 구

원을 알리는 자들로 인자이신 예수의 신적 기원과 속성을 표현한다(단 7 : 13 이하). 제자들은 예수를 하늘에 속하나 이 땅에 내려와 하늘을 보게 한 인자로 인식하게 될 것이다. 천사들이 '오르락내리락한다'는 창세기 28 : 12을 상기시킨다. 야곱이 꿈에 보았던 땅 위에 있어 그 꼭대기가 하늘에 닿았고 하나님의 사자들이 그 위에서 오르락내리락 했던 '사닥다리'(창 28 : 12)가 하나님과 인간 사이에 중보자인 예수 그리스도이다.

제 Ⅱ 부

갈릴리, 예루살렘, 사마리아, 갈릴리, 요단에서 예수 그리스도의 사역

요한복음 2 : 1-12 : 50

A. 갈릴리, 예루살렘, 사마리아, 갈릴리에서
예수 그리스도의 사역의 시작(2 : 1-4 : 54)

B. 예루살렘, 갈릴리, 감람산, 예루살렘, 요단에서
예수 그리스도의 사역 및 유대인들과 논쟁(5 : 1-10 : 42)

C. 예루살렘에서 예수 그리스도의 마지막 공식적 사역
(11 : 1-12 : 50)

| 요한복음 2 : 1-12 : 50 |

갈릴리, 예루살렘, 사마리아, 갈릴리, 요단에서 예수 그리스도의 사역

A. 갈릴리, 예루살렘, 사마리아, 갈릴리에서 예수 그리스도의 사역의 시작(2 : 1-4 : 54)

예수의 공생애 사역의 첫 행보는 첫 표적이 행해진 가나에서(2 : 1) 시작되어 가버나움(2 : 12)으로 이동하고 예루살렘(2 : 23)과 유대(3 : 22)와 사마리아(4 : 4)를 거쳐 다시 갈릴리 가나(4 : 3, 46)의 두 번째 표적으로 이어진다. 예수의 공생애 사역은 새로운 정결 규례(2 : 1-12)로 시작되어 새로운 성전(2 : 13-22) 새로운 피조물(3 : 1-21) 새로운 생명수와 예배(4 : 1-42)로 이어진 '하늘이 열리는' 종말적 하나님 통치의 사건으로서 예수께서 하나님의 아들이며 그리스도이심을 믿고 그 이름을 힘입어 생명을 얻게 하기 위함이다(20 : 30-31 ; 비교. 12 : 37). 요한복음 2~4장의 시작과 끝 부분은 하나님의 계시와 그에 대한 응답으로서 인간의 믿음이 제자들과(2 : 1-12) 왕의 신하 및 그의 온 가족을(4 : 46-54) 통해 수미상관으로 강조된다. 2~4장의 중심에 참된 구원의 질문에 답하는 요한 공동체의 문답식 교육의 근거가 된 두 대화가 놓인다. 3 : 1~21은 예수께서 유대인의 교사 니고데모와의 대화를 통해 거듭남의 참된 구원을 설명한다. 4 : 1~26은 예수께서 사마리아 여인과의 대화를 통해 참된 생명수와 생명수를 얻은 자의 참된 예배를 설명한다. 가나의 결혼잔치의 표적(2 : 1-12)에 대해 유대인들이 부정적으로 반응하였던 것에(2 : 13-25) 반해 4 : 27~42에서 하나님의 뜻의 완성인 예수의 양식에 대한 설명과 사마리아 여인의 증언 및 그에 대한 사마리아인들의 긍정적인 반응이 등장한다. 4 : 43~54에서 예수께서 왕의 신하의 아들의 병을 치유하는 두 번째 표적으로 2~4장 전체 단락이 종결된다.

1. 갈릴리 가나의 결혼잔치 : 첫 번째 이적(2 : 1-12)

1사흘째 되던 날 갈릴리 가나에 혼례가 있어 예수의 어머니도 거기 계시
고 2예수와 그 제자들도 혼례에 청함을 받았더니 3포도주가 떨어진지라
예수의 어머니가 예수에게 이르되 저들에게 포도주가 없다 하니 4예수
께서 이르시되 여자여 나와 무슨 상관이 있나이까 내 때가 아직 이르지
아니하였나이다 5그의 어머니가 하인들에게 이르되 너희에게 무슨 말씀
을 하시든지 그대로 하라 하니라 6거기에 유대인의 정결 예식을 따라 두
세 통 드는 돌항아리 여섯이 놓였는지라 7예수께서 그들에게 이르시되
항아리에 물을 채우라 하신즉 아귀까지 채우니 8이제는 떠서 연회장에
게 갖다 주라 하시매 갖다 주었더니 9연회장은 물로 된 포도주를 맛보고
도 어디서 났는지 알지 못하되 물 떠온 하인들은 알더라 연회장이 신랑
을 불러 10말하되 사람마다 먼저 좋은 포도주를 내고 취한 후에 낮은 것
을 내거늘 그대는 지금까지 좋은 포도주를 두었도다 하니라 11예수께서
이 첫 표적(이적)을 갈릴리 가나에서 행하여 그의 영광을 나타내시매 제
자들이 그를 믿으니라

[2:1–12] '사흘째 되던 날'('이튿날'–요 1:29, 35, 43)에 일어난 가나의 혼인잔치에서 일어난 물이 포도주가 되는 사건은 공생애 기간 동안 예수께서 행하신 첫 번째 이적으로 요한복음에만 기록되고 있다. 가나의 이적은 예수가 하나님의 아들이심(12:37; 20:31)과 그리스도의 영광의 풍성함(10:10)을 계시하시는 예수 전체 사역의 처음 표적이다. 새 정결규례(2:1–12), 새로운 성전(2:13–22), 새로운 피조물(3:1–21), 새로운 생수와 예배가(4:1–42) 시작된다. '풍요의 기적'(U. Schnelle), '선물의 이적'(Geschenkwunder, G. Theißen, Urchristliche Wundergeschichten), '사치의 이적'(Luxuswunder, W. Bauer, Joh 46)이라는 별명을 갖는 이 이적 사화의 배후에 구약성서 열왕기상 17:8~24의 '엘리야와 사르밧 과부의 사화'와 열왕기하 4:1~6의 '과부의 기름 그릇'에서 볼 수 있는 하나님의 풍요로우신 은혜와 영광의 계시가 놓여 있다. 예수 자신이 하나님의 아들로 자신의 전 생애를 통해 생명의 풍성함을 스스로 계시하신 누가복음 5:1~11의 풍성하게 잡힌 고기와 찢어진 그물 사건과, 요한복음 6:15 이하 오병이어의 기적과도 연결된다. '가나'는 팔레스틴의 갈릴리 지역의 한 장소로 나사렛에서 북쪽으로 14km 정도 떨어진 지역에 위치한다. 유대 사회에서 결혼은 대개 1주일 소요되고(창 29:37; 사 19:15), 성경에서 결혼 잔치는 메시야 시대의 향연을 종종 상징한다(호 2:16–25; 사 54:4–8; 62:4–5; 마 8:11; 22:1–14; 눅 22:16–18; 요 3:29; 계 19:7–9 등). 잔치에 사용된 항아리는 유대교에서 손과 그릇을 씻는 정결의식과 관련된다(막 7:3–4). 대개 쉽게 더러워지지 않는 돌그릇이 사용되었다. 돌항아리 한 개는 대개 80~120리터의 용량을 담을 수 있다. 마리아의 등장은 그 당시 교회 공동체에서 여성들이 중요한 역할을 담당하였음을 증언한다. 특히 요한복음은 중요한 부분마다 여성의 역할을 강조한다(12:1–8; 19:26–27; 20:1–18; 참조. 계 12:1, 5, 13–17; 창 3:15). 본 단락의 구성은 사건의 배경 설명(2:1–2–결혼잔치), 이적의 준비(2:3–5), 기적적인 과정의 간접적인 묘사(2:6–8), 기적을 증명하는 결론(2:9–10)으

로 이루어진다.

1~2절 요한복음 1 : 43에서 빌립과 나다나엘을 부르신 이후 사흘째 되던 날, 곧 1 : 19 이후 일곱째 되던 날은 예수께서 죽음에서 부활하실 날(2 : 19)과 창조의 한 주간을 암시한다. 예수께서 십자가의 죽음에서 새 창조의 이적을 행하시는 분임을 나타낸다. 갈릴리 가나 지역에 결혼 잔치에 예수와 그의 어머니 그리고 제자들이 함께 청함을 받아 참여한다.

3절 그 이유가 설명되지는 않았지만 포도주가 떨어진 것이 마리아에게 알려지고 마리아를 통해 예수께 보고된다.

4절 예수께서 간접적인 마리아의 기적 요구에 일상적으로 여인을 칭하는 용어인 '여자여'(마 15 : 28 ; 눅 13 : 12 ; 요 4 : 21 ; 8 : 10 ; 19 : 26 ; 20 : 13)로 어머니를 부르시면서 부정적으로 반응하신다(참조. 삿 11 : 12 ; 삼하 16 : 10 ; 19 : 23 ; 막 1 : 24 ; 5 : 7 ; 마 8 : 29 ; 눅 4 : 34). 하나님의 주권 하에 있는 예수의 수난을 통한 영광의 때가 아직 이르지 않았기 때문이다.

5절 예수의 어머니가 다시 잔치를 돕는 자들을 향하여 예수의 명령에 따를 것을 지시한다.

6~7절 그곳에 있었던 정결예식을 위한 여섯 개의 돌항아리의 아귀까지 물을 채울 것을 예수께서 명하신 후 잔치를 주관하는 연회장에게 갖다 줄 것을 지시하신다.

8~10절 연회장이 물로 된 포도주를 맛보고 그 포도주가 처음 내놓은 포도주보다 맛이 좋음을 확인하여 신랑을 칭찬한다. 기적이 간접적으로 확인되고 있다.

11절 이 이적이 예수께서 갈릴리 가나에서 그의 영광을 계시하신 처음 표적으로 이를 통해 제자들이 예수를 믿게 된다.

12절 기적 이후 상황을 설명한다. 예수께서 자신의 가족 및 제자들과 함께 가버나움으로 내려가신다. 가버나움은 예수 사역의 중심지로 게네사렛 호수의 북서쪽에 위치한다. 예수의 두 번째 표적과(4 : 46) 오병이어 사건의 장소이다(6 : 17, 24, 59).

2. 예루살렘에서 성전 청결(2 : 13-22)

[13]유대인의 유월절이 가까운지라 예수께서 예루살렘으로 올라가셨더니
[14]성전 안에서 소와 양과 비둘기 파는 사람들과 돈 바꾸는 사람들이 앉
아 있는 것을 보시고 [15]노끈으로 채찍을 만드사 양이나 소를 다 성전에
서 내쫓으시고 돈 바꾸는 사람들의 돈을 쏟으시며 상을 엎으시고 [16]비둘
기 파는 사람들에게 이르시되 이것을 여기서 가져가라 내 아버지의 집
으로 장사하는 집을 만들지 말라 하시니 [17]제자들이 성경 말씀에 주의
전을 사모하는 열심이 나를 삼키리라(시 69 : 9)한 것을 기억하더라 [18]이
에 유대인들이 대답하여 예수께 말하기를 네가 이런 일을 행하니 무슨
표적(이적)을 우리에게 보이겠느냐 [19]예수께서 대답하여 이르시되 너희
가 이 성전을 헐라 내가 사흘 동안에 일으키리라 [20]유대인들이 이르되 이
성전은 사십육 년 동안에 지었거늘 네가 삼 일 동안에 일으키겠느냐 하
더라 [21]그러나 예수는 성전 된 자기 육체를 가리켜 말씀하신 것이라 [22]죽
은 자 가운데서 살아나신 후에야 제자들이 이 말씀하신 것을 기억하고
성경과 예수께서 하신 말씀을 믿었더라

[2 : 13-22] 네 복음서가 모두 보도하는 성전 정화 사건은 요한복음에서 예수의 첫 번째 예루살렘 방문 시에 일어난다(마 21 : 12-13; 막 11 : 15-17; 눅 19 : 45-46). 이 사건은 성전이라는 건물 내부가 아니라 성전의 예배에 참여하는 사람들이 통과하여야 할 성전 앞 이방인들의 뜰에서 펼쳐지고 있다. 사람들은 성전에 예물을 드리기 위해 희생제물을 먼 장소에서 가져오기가 힘들어 성전에서 구입해야 했으며 예물의 구입과 성전세(마 17 : 24)를 드리기

위해 성전에서 허락하는 유대 화폐를 사용해야 했다. 따라서 장사와 돈 바꾸는 일이 성전에서 행해졌고 이 일을 제사장들이 허락하였다. 당시 유월절 순례자들이 약 10만 명에 이르렀을 것으로 볼 때 상인과 환전상의 수가 상당했을 것으로 추정된다. 요한복음은 공관복음서가 언급하지 않는 유대인들과의 논쟁을 언급한다(2 : 18–21). 본 단락은 예수의 예루살렘 성전 정화(13–16절), 제자들의 말씀 회상(17절), 유대인들과 예수의 논쟁(18–21절), 제자들의 말씀 회상(22절)으로 구성된다.

13절 유대인의 명절인 유월절에 유대인들의 관례대로(눅 2 : 41 이하) 예수께서 예루살렘으로 올라가신다.

14~16a절 예수께서 단순한 순례자로서가 아니라 성전이시며 성전의 주인이신 메시야로 등장한다. 순례자들과 성전을 섬기는 자들에게 예배를 위해 '현실적이며 실용적이고 필연적인 것'으로 여겨졌던 모든 일들이 교역과 장사가 되어 버린 것을 예수께서 행동으로 지적하신다. 그 내용이 상세하게 묘사되고 있다. 노끈으로 만든 채찍을 가하여 성전 밖으로 몰아내신다.

16b절 예수께서 그들을 말씀으로 꾸짖으시며 성전과 성전예배의 참된 의미를 말씀하신다. "내 아버지의 집으로 장사하는 집을 만들지 말라"(참조. 요 4 : 24). 이와 관련하여 공관복음서는 '내 집은 만민이 또는 만민을 위하여 기도하는 집'이라는 이사야 56 : 7의 말씀을 인용한다(마 21 : 13 ; 막 11 : 17 ; 눅 19 : 46).

17절 예수의 행동과 말씀을 통한 가르침에 제자들은 의인의 고난에 대한 시편 69 : 9의 말씀을 기억한다. 성전에 대한 거룩한 메시야의 열망에 관한 예언이 성취되면서 예수의 수난과 죽음으로 이루실 참된 성전의 의미가 예고되고 있다.

18절 유대인들이 예수께서 행하신 성전 정화의 정당성을 입증할 표적을 예수께 요구한다(참조. 막 8 : 11 ; 눅 23 : 8–9).

19절 예수께서 건축 용어를 사용하시며 성전을 헐고, 사흘 동안에 다시 일으키실 것으로 답변한다.

20절 유대인들은 예수의 비유적 표현을 오해한다(참조. 유대인들의 오해, 요 3 : 4–12).

21절 예수께서 다시 일으키실 성전은 예수 자신의 몸이다. 예수의 죽음과 부활의 표적으로 유대인들에게 응수하신 것이다(참조. 마 12 : 38–40 ; 눅 11 : 24–30). 예수께서 수난과 죽음으로 유대교의 옛 성전을 허무시고 새 창조의 영으로 부활하심으로 새 성전이 되실 것이 이미 예고되고 있다.

22절 제자들은 예수의 부활 이후에야 이 말씀을 기억하고 성경과 예수의 말씀을 믿게 된다. 예수의 성전 정화 사건의 회상을 통해 그들은 참된 성전이 예수이시고 부활의 참된 의미가 무엇인지를 깨닫게 된다.

3. 사람의 속을 아시는 예수(2 : 23–25)

> 23유월절에 예수께서 예루살렘에 계시니 많은 사람이 그의 행하시는 표
> 적(이적)을 보고 그의 이름을 믿었으나 24예수는 그의 몸을 그들에게 의
> 탁하지 아니하셨으니 이는 친히 모든 사람을 아심이요 25또 사람에 대하
> 여 누구의 증언도 받으실 필요가 없었으니 이는 그가 친히 사람의 속에
> 있는 것을 아셨음이니라

23절 유월절에 예루살렘에 계시며 행하신 기록되지 않은 예수의 여러 이적행사는 예수께서 그리스도이심을 계시하였고, 예루살렘에서 많은 사람들이 예수의 이름을 믿었다(20 : 30–31 ; 1 : 12). 예수의 이름을 믿는 것은 하나님의 자녀가 되는 권세를 갖는 것이며(1 : 12), 예수를 믿는 것과 같다. 다른 것과 구별하기 위한 정체성의 표현인 '이름'의 언급으로 '인식', '이해', '인정', '고백'의 과정을 설명한다. 사람들이 예수께서 그리스도이심을 인식하고, 이해

하여 인정하고 고백하였음을 드러낸다.

24~25절 그러나 예수께서는 표적만을 보고 믿는 그들의 믿음을 전지전능한 메시야의 권세로 아시고 그들을 의지하지 않으셨다(대상 28 : 9 ; 29 : 17 ; 렘 11 : 20 ; 비교. 사 11 : 3 ; 막 2 : 8 ; 살전 2 : 4).

4. 예수와 바리새인 유대인 지도자 니고데모(3 : 1–21)

1그런데 바리새인 중에 니고데모라 하는 사람이 있으니 유대인의 지도
자(산헤드린 공회원)라 2그가 밤에 예수께 와서 이르되 랍비여 우리가 당
신은 하나님께로부터 오신 선생인 줄 아나이다 하나님이 함께하시지 아
니하시면 당신이 행하시는 이 표적(이적)을 아무도 할 수 없음이니이다
3예수께서 대답하여 이르시되 진실로 진실로 네게 이르노니 사람이 거
듭나지(위에서) 아니하면 하나님의 나라를 볼 수 없느니라 4니고데모가
이르되 사람이 늙으면 어떻게 날 수 있사옵나이까 두 번째 모태에 들어
갔다가 날 수 있사옵나이까 5예수께서 대답하시되 진실로 진실로 네게
이르노니 사람이 물과 성령으로 나지 아니하면 하나님의 나라에 들어갈
수 없느니라 6육으로 난 것은 육이요 영으로 난 것은 영이니 7내가 네게
거듭나야 하겠다 하는 말을 놀랍게 여기지 말라 8바람이 임의로 불매 네
가 그 소리는 들어도 어디서 와서 어디로 가는지 알지 못하나니 성령으
로 난 사람도 다 그러하니라 9니고데모가 대답하여 이르되 어찌 그러한
일이 있을 수 있나이까 10예수께서 그에게 대답하여 이르시되 너는 이스
라엘의 선생으로서 이러한 것들을 알지 못하느냐 11진실로 진실로 네게
이르노니 우리는 아는 것을 말하고 본 것을 증언하노라 그러나 너희가
우리의 증언을 받지 아니하는도다 12내가 땅의 일을 말하여도 너희가 믿
지 아니하거든 하물며 하늘의 일을 말하면 어떻게 믿겠느냐 13하늘에서
내려온 자 곧 인자(하늘에 있는 인자) 외에는 하늘에 올라간 자가 없느니

라 14모세가 광야에서 뱀을 든 것 같이 인자도 들려야 하리니 15이는 그
를 믿는 자마다 영생을 얻게 하려 하심이니라 16하나님이 세상을 이처럼
사랑하사 독생자를 주셨으니 이는 그를 믿는 자마다 멸망하지 않고 영
생을 얻게 하려 하심이라 17하나님이 그 아들을 세상에 보내신 것은 세
상을 심판(정죄)하려 하심이 아니요 그로 말미암아 세상이 구원을 받게
하려 하심이라 18그를 믿는 자는 심판(정죄)을 받지 아니하는 것이요 믿
지 아니하는 자는 하나님의 독생자의 이름을 믿지 아니하므로 벌써 심
판(정죄)을 받은 것이니라 19그 정죄는 이것이니 곧 빛이 세상에 왔으되
사람들이 자기 행위가 악하므로 빛보다 어둠을 더 사랑한 것이니라 20악
을 행하는 자마다 빛을 미워하여 빛으로 오지 아니하나니 이는 그 행위
가 드러날까 함이요 21진리(참)를 따르는 자는 빛으로 오나니 이는 그 행
위가 하나님 안에서 행한 것임을 나타내려 함이라 하시니라

[3:1-21] 가나의 혼인잔치(2:1-11)와 성전을 깨끗하게 하신 사건(2:13-22)에서 예수께서 행동으로 구원사역을 행하신다. 본 단락에서는 유대인들의 지도자인 니고데모와의 대화를 통해 구원이 무엇인지를 문답식으로 가르치신다. 본 단락은 세 개의 질의와 답변으로 구성된다. ① 니고데모의 질문(3:2), 첫 번째 예수의 답변(3:3, "진실로 진실로 네게 이르노니……"), ② 니고데모의 오해와 질문(3:4), 두 번째 예수의 답변(3:5-8, "진실로 진실로 네게 이르노니……"), ③ 니고데모의 오해와 질문(3:9), 세 번째 예수의 비난과 답변(3:10, "너는 …… 알지 못하느냐?", 3:11, "너희가 …… 증언을 받지 아니하는도다", 3:12-15, 믿음으로 가는 영생의 길). 이 대화의 배후에 예수 당시와 초기 기독교 시기에 새로운 신자가 처음 교회 공동체에 들어올 때 행해졌던 세례 문답식 교육을 추정할 수 있다. 예수께서 몸소 세례를 받으신 이후 세례는 교회 공동체로 들어오는 전제가 된다. 일반적으로 세례를 받을 때 성령을 받는 것이 함께 결합된다(고전 6:11; 10:1 이하; 12:13; 고후 1:21 이하;

갈 5 : 24, 25 ; 롬 5 : 5 ; 행 1 : 5 ; 2 : 38 ; 8 : 17 ; 11 : 16 ; 19 : 1-6). 물세례와 성령세례는 그리스도인의 새로운 삶의 시작이다(비교. 요 6 : 63a ; 요일 2 : 27 ; 3 : 24 ; 4 : 13 ; 5 : 6-8). 본 단락에서 예수께서 단수 '너'로(3 : 10) 또는 복수 '너희'로(3 : 11) 니고데모를 부르시므로, 예수의 말씀의 대화 상대자는 니고데모뿐만 아니라 이 말씀을 듣고 읽는 모든 이들을 포함할 수 있다. 성령의 능력으로만 하나님의 아들 예수 그리스도를 믿는 믿음으로 인간이 구원을 받는다. 믿는 자, 그리스도인으로서 새로운 기원은 하나님께로부터 온다.

1~2a절 유대인들의 종교지도자였던 바리새인들 중에서 예수께 호의적이었던 사람들(9 : 16b, 비교. 막 12 : 28-34 ; 행 15 : 5) 중의 하나인 공의회에 속한 니고데모(7 : 50 ; 19 : 39)가 방해받지 않은 대화를 위해 밤에 예수께 나아온다.
2b절 예수께서 행하시는 이적을 통해 니고데모는 예수께서 하나님께로부터 오신 선생이심을 올바르게 이해하고 있다. 니고데모는 유대교의 선생(10절)으로서 그 사실을 직접 확인하고자 한다.
3절 예수께서는 거듭나는 자, 곧 예수를 믿음으로 성령 안에서 '새롭게', '위로부터', '다시' 태어나는 자가 '하나님의 나라를 보는 것'으로 표현되는 구원을 체험할 수 있다고 답변하신다.
4절 하나님의 지식이 아니라 인간의 자연적인 인식에 따라서 '거듭남'의 의미를 오해한 니고데모가 다시 예수께 질문한다. 한 번 태어난 사람이 또 다시 물리적으로 태어날 수 있는가?
5절 이에 예수께서 다시 답변하신다. '하나님의 나라에 들어가는 것'은 '물과 성령으로'만 가능할 수 있다. 예수 그리스도를 믿음으로 그를 주인으로 고백하며 세례를 받음으로 기독교 교회 공동체의 일원이 되는 것 이외에 하나님 나라에 이르는 다른 접근 방법은 없다. 믿음으로 말미암아 받는 세례만이 성령의 종말론적인 구원의 은사를 중개한다.

6~7절 인간이 육신에 매어 있을 때 하나님 나라로의 접근, 곧 구원은 불가능하다. 성령이 새로운 창조를 가능하게 하는 하나님의 은사이므로 육신의 영역에서 성령의 영역으로 이동하는 세례의 은총을 통해 하나님께서 주도하시는 구원에 참여할 수 있다. 그러므로 예수를 믿음으로 성령 안에서 '새롭게', '위로부터', '다시' 태어나야 한다.

8절 바람이 인간의 마음대로 움직여지지 않듯이 인간을 구원하시는 하나님의 역사도 하나님의 주권적인 영역이다. 하나님께서 초대하시는 예수를 믿음으로 얻는 구원에 순종으로 응답할 때 인간은 구원을 받는다.

9~10절 유대교의 율법교사인 니고데모는 이 사실을 이해할 수 없고, 예수께서 그의 몰이해를 꾸짖으신다. "너는 이스라엘의 선생으로서 이러한 것들을 알지 못하느냐?" 구약성서의 율법이 예수 그리스도를 믿는 믿음을 통한 구원의 길을 제시하기 때문이다.

11~12절 예수를 믿는 믿음을 통한 하나님의 구원의 길을 이해하지 못한다면, 그 구원의 길을 계시하는 '하늘의 것들'을 이해할 수 없다.

13절 말씀과 행동으로 구원의 길을 계시하시는 예수께서 하늘과 땅을 연결하시는 구원자로 하늘로부터 내려오시고 그리로 다시 올라가시는(요 1 : 51 ; 3 : 13 ; 6 : 62) 인자이시다.

14~15절 모세시대에 광야에서 뱀이 들려짐과 같이(민 21 : 8) 예수의 들려짐이 구원하는 기능을 갖는다. 십자가에 못 박혀 들려지시는 고난을 통해 예수께서 죽음을 이기시고 영원한 생명을 주시는 영광의 부활에 이르신다. 생명이신(요 1 : 14) 예수를 믿는 자에게 영생(단 12 : 2)이 주어진다. 세례를 받을 때 믿는 자는 이미 성령과 생명의 영역에 속한다.

16~18절 하나님과 함께 선재하셨던 아들을 파송하여 십자가의 죽음으로 내어주시는 하나님의 구원 사건과 그 구원의 의미를 밝히고 있다(롬 8 : 32 ; 갈 4 : 4 ; 요일 4 : 9, 10, 14). 하나님의 사랑은 하나님에게서 시작하여 십자가의 구속사건에서 그 절정과 완성을 이룬다. 영생이 하나님의 구원사역의 목표

이나, 세상은 하나님의 아들 예수를 믿음으로만 구원에 이른다. 예수 그리스도 안에 계시된 하나님의 구원 사역을 믿는 믿음으로 인간의 종말이 결정된다. 기독론으로 종결되는 구원론이 곧 바로 인간을 규명하는 인간론의 기초가 된다.

19~21절 인간이 믿음으로 응답하는 결정이 우선시되는 것이 아니라 하나님의 구원의 계시가 인간의 실제 상황을 드러낸다. 선한행실은 그리스도 안에서 행하시는 하나님의 구원의 계시를 믿는 믿음의 결과이며 요구이다. 세상에 오신 빛을 사랑하는 것, 진리를 행하므로 인간은 그의 믿음을 드러낸다.

5. 예수와 유대 땅 애논의 세례 요한(3 : 22-36)

22그 후에 예수께서 제자들과 유대 땅으로 가서 거기 함께 유하시며 세
례를 베푸시더라 23요한도 살렘 가까운 애논에서 세례를 베푸니 거기 물
이 많음이라 그러므로 사람들이 와서 세례를 받더라 24요한이 아직 옥에
갇히지 아니하였더라 25이에 요한의 제자 중에서 한 유대인과 더불어 정
결예식에 대하여 변론이 되었더니 26그들이 요한에게 가서 이르되 랍비
여 선생님과 함께 요단 강 저편에 있던 이 곧 선생님이 증언하시던 이가
세례를 베풀매 사람이 다 그에게로 가더이다 27요한이 대답하여 이르되
만일 하늘에서 주신 바 아니면 사람이 아무 것도 받을 수 없느니라 28내
가 말한 바 나는 그리스도가 아니요 그의 앞에 보내심을 받은 자라고 한
것을 증언할 자는 너희니라 29신부를 취하는 자는 신랑이나 서서 신랑의
음성을 듣는 친구가 크게 기뻐하나니 나는 이러한 기쁨으로 충만하였노
라 30그는 흥하여야 하겠고 나는 쇠하여야 하리라 하니라 31위로부터 오
시는 이는 만물 위에 계시고 땅에서 난 이는 땅에 속하여 땅에 속한 것
을 말하느니라 하늘로부터 오시는 이는 만물 위에 계시나니 32그가 친히
보고 들은 것을 증언하되 그의 증언을 받는 자가 없도다 33그의 증언을

받는 자는 하나님이 참되시다는 것을 인쳤느니라 34하나님이 보내신 이
는 하나님의 말씀을 하나니 이는 하나님이 성령을 한량 없이 주심이니
라 35아버지께서 아들을 사랑하사 만물을 다 그의 손에 주셨으니 36아들
을 믿는 자에게는 영생이 있고 아들에게 순종하지 아니하는 자는 영생
을 보지 못하고 도리어 하나님의 진노가 그 위에 머물러 있느니라

[3:22-36] 3:22~36은 3:22~30과 31~36절의 두 단락으로 구성된다. 1:6~8, 15, 19~34에 이어 3:22~30에 세례 요한의 증언이 대화 형식으로 언급된다. 공관복음서와 다르게 세례 요한의 사역과 예수에 대한 그의 증언이 예수 사역에 함께 포함되어 있다. 그것으로 세례의 중요성이 간접적으로 강조된다. 3:31~36은 22~30절을 부연설명하며 3:16~21과 마찬가지로 성령의 능력으로만 하나님의 아들 예수 그리스도를 믿는 믿음으로만 인간이 구원 받게 됨을 강조한다. 3:22의 여행 여정의 보고는 4:1~3로 이어진다.

22~24절 제자들과 함께 예루살렘을 떠나 유대 땅으로 가신 예수께서 일정 기간 세례를 베푸신다(미완료 사용). 예수께서 친히 세례를 베푸심은 요한복음에만 기록되었다(비교. 4:1 이하). 시간을 알리는 표현인 '그 후에'는 예수의 여정을 상기시킨다(5:1, 14; 6:1; 7:1; 19:38; 21:1; 비교. 13:7). 아직 옥에 갇히지 않은(비교. 막 1:14; 마 4:12-17) 세례 요한도 요단에서(1:28; 3:26; 10:40) 물이 많은 애논 지역으로 장소를 변경하여 많은 사람들에게 세례를 베푼다. 살렘 가까운 애논 지역으로 1:28에 언급된 사해 북동쪽 베다니 근처나 북부 요단계곡에 위치한 스키토폴리스 또는 세겜의 남동쪽 방향에 위치한 오늘날의 살렘 지역이 거론되었다. 2:13부터 4:3까지 예수께서 유대 지역에서 행하시므로 애논은 북부 요단계곡에 위치했었을 것으로 추정할 수 있다.

25~26절 가까운 지역에서 행해진 예수의 세례와 세례 요한의 세례로 세례 요

한의 제자들과 한 유대인 사이에 정결예식에 관한 논쟁이 발생한다. 정결예식은 죄 용서 사건 및 죄 용서와 결부된 메시야 질문을 상기시킨다. 세례 요한의 제자들이 그들의 선생인 요한을 부르며 모든 이들이 세례를 베푸는 예수께 나아감을 알린다.

27~28절 요한의 제자들이 이미 알고 있었던(1 : 19-34) 세례 요한의 증언이 요한의 입을 통하여 다시 반복된다. 하나님께서 사람들을 예수께 인도하신다. 세례 요한은 그리스도가 아니고 그의 앞에 보내심을 받은 자이다(1 : 20, 23, 27).

29절 요한은 이미 시작하고 있는 구원의 시기에 그리스도를 증언하는 증인의 사명을 완수할 뿐이다. 공관복음서에서 요한의 제자들의 금식 논쟁에 언급된 신부와 신랑의 혼인을 기뻐하는 '손님들'의 모티브가 여기서 신랑의 음성을 듣고 기뻐하는 '친구'로 등장한다(마 9 : 14-17 ; 막 2 : 18-22 ; 눅 5 : 33-35). 세례를 받음이 예수를 믿고 교회의 구성원이 되며 메시야 잔치에 참여하는 처음 시작으로 이해된다.

30절 예수의 구원을 알리는 세례 요한의 증인 사역은 예수의 구원 사역으로 종결되어야 한다. 세례 요한의 순교가 예고되며, 4 : 1 이후로 세례 요한의 직접적인 활동은 무대에서 사라진다(비교. 요 5 : 33, 36 ; 10 : 40 이하).

31절 예수 그리스도는 위로부터 오시며, 하늘로부터 오시는 하나님의 아들이며 모든 것 위에 계신다. 그는 땅위에 있는 인간과 구별된다(1 : 1, 10, 11-12 ; 8 : 23).

32~34절 하늘로부터 오셔서 친히 보고 들은 것을 증언하는 예수께서 유일하며 참된 하나님의 계시자이다(1 : 18). 하나님의 참된 증언인 예수의 증언에 응답하는 자가 하나님의 참되심을 확증한다. 하나님께서 보내신 예수의 말씀은 그를 보내신 하나님의 말씀과 동일하다. 하나님께서 특별한 방식으로 예수께 부여하신 성령의 전권으로 예수께서 하나님의 말씀을 한다.

35~36절 하나님 아버지의 아들을 향하신 사랑으로(5 : 20 ; 17 : 23-26) 예수

께서 모든 것 위에 행사하는 하나님의 전권을 이양받았다(13:3; 16:15; 17:2; 마 11:27). 하나님의 계시자로 하나님이신 아들 예수를 믿는 자들에게 종말적인 구원에 참여하는 영원한 생명이 선사된다. 아들을 거부하는 자는 하나님의 진노가 그 위에 계속 머무르므로 미래에 영생을 얻을 수 없다.

6. 예수와 사마리아의 여인, 사마리아 선교(4 : 1–42)

1예수께서 제자를 삼고 세례를 베푸시는 것이 요한보다 많다 하는 말을
바리새인들이 들은 줄을 주께서 아신지라 2(예수께서 친히 세례를 베푸신
것이 아니요 제자들이 베푼 것이라) 3유대를 떠나사 다시 갈릴리로 가실
새 4사마리아를 통과하여야 하겠는지라 5사마리아에 있는 수가라 하는
동네에 이르시니 야곱이 그 아들 요셉에게 준 땅이 가깝고 6거기 또 야
곱의 우물이 있더라 예수께서 길 가시다가 피곤하여 우물 곁에 그대로
앉으시니 때가 여섯 시쯤 되었더라 7사마리아 여자 한 사람이 물을 길으
러 왔으매 예수께서 물을 좀 달라 하시니 8이는 제자들이 먹을 것을 사
러 그 동네에 들어갔음이러라 9사마리아 여자가 이르되 당신은 유대인
으로서 어찌하여 사마리아 여자인 나에게 물을 달라 하나이까 하니 이
는 유대인이 사마리아인과 상종하지 아니함이러라 10예수께서 대답하여
이르시되 네가 만일 하나님의 선물과 또 네게 물 좀 달라 하는 이가 누
구인 줄 알았더라면 네가 그에게 구하였을 것이요 그가 생수를 네게 주
었으리라 11여자가 이르되 주여 물 길을 그릇도 없고 이 우물은 깊은데
어디서 당신이 그 생수를 얻겠사옵나이까 12우리 조상 야곱이 이 우물
을 우리에게 주셨고 또 여기서 자기와 자기 아들들과 짐승이 다 마셨는
데 당신이 야곱보다 더 크니이까 13예수께서 대답하여 이르시되 이 물을
마시는 자마다 다시 목마르려니와 14내가 주는 물을 마시는 자는 영원
히 목마르지 아니하리니 내가 주는 물은 그 속에서 영생하도록 솟아나

는 샘물이 되리라 15여자가 이르되 주여 그런 물을 내게 주사 목마르지
도 않고 또 여기 물 길으러 오지도 않게 하옵소서 16이르시되 가서 네 남
편을 불러 오라 17여자가 대답하여 이르되 나는 남편이 없나이다 예수께
서 이르시되 네가 남편이 없다 하는 말이 옳도다 18너에게 남편 다섯이
있었고 지금 있는 자도 네 남편이 아니니 네 말이 참되도다 19여자가 이
르되 주여 내가 보니 선지자로소이다 20우리 조상들은 이 산에서 예배하
였는데 당신들의 말은 예배할 곳이 예루살렘에 있다 하더이다 21예수께
서 이르시되 여자여 내 말을 믿으라 이 산에서도 말고 예루살렘에서도
말고 너희가 아버지께 예배할 때가 이르리라 22너희는 알지 못하는 것을
예배하고 우리는 아는 것을 예배하노니 이는 구원이 유대인에게서 남이
라 23아버지께 참되게 예배하는 자들은 영과 진리로 예배할 때가 오나니
곧 이 때라 아버지께서는 자기에게 이렇게 예배하는 자들을 찾으시느니
라 24하나님은 영이시니 예배하는 자가 영과 진리로 예배할지니라 25여
자가 이르되 메시야 곧 그리스도라 하는 이가 오실 줄을 내가 아노니 그
가 오시면 모든 것을 우리에게 알려 주시리이다 26예수께서 이르시되 네
게 말하는 내가 그라 하시니라 27이때에 제자들이 돌아와서 예수께서 여
자와 말씀하시는 것을 이상히 여겼으나 무엇을 구하시나이까 어찌하여
그와 말씀하시나이까 묻는 자가 없더라 28여자가 물동이를 버려 두고 동
네로 들어가서 사람들에게 이르되 29내가 행한 모든 일을 내게 말한 사
람을 와서 보라 이는 그리스도가 아니냐 하니 30그들이 동네에서 나와
예수께로 오더라 31그 사이에 제자들이 청하여 이르되 랍비여 잡수소서
32이르시되 내게는 너희가 알지 못하는 먹을 양식이 있느니라 33제자들
이 서로 말하되 누가 잡수실 것을 갖다 드렸는가 하니 34예수께서 이르
시되 나의 양식은 나를 보내신 이의 뜻을 행하며 그의 일을 온전히 이루
는 이것이니라 35너희는 넉 달이 지나야 추수할 때가 이르겠다 하지 아
니하느냐 그러나 나는 너희에게 이르노니 너희 눈을 들어 밭을 보라 희

어져 추수하게 되었도다 36거두는 자가 이미 삯도 받고 영생에 이르는
열매를 모으나니 이는 뿌리는 자와 거두는 자가 함께 즐거워하게 하려
함이라 37그런즉 한 사람이 심고 다른 사람이 거둔다 하는 말이 옳도다
38내가 너희로 노력하지 아니한 것을 거두러 보내었노니 다른 사람들은
노력하였고 너희는 그들이 노력한 것에 참여하였느니라 39여자의 말이
내가 행한 모든 것을 그가 내게 말하였다 증언하므로 그 동네 중에 많은
사마리아인이 예수를 믿는지라 40사마리아인들이 예수께 와서 자기들과
함께 유하시기를 청하니 거기서 이틀을 유하시매 41예수의 말씀으로 말
미암아 믿는 자가 더욱 많아 42그 여자에게 말하되 이제 우리가 믿는 것
은 네 말로 인함이 아니니 이는 우리가 친히 듣고 그가 참으로 세상의
구주신 줄 앎이라 하였더라

[4:1-42] 4:1~42은 세례(3:22-26; 4:1-3), 메시야의 잔치(3:29; 4:36), 증언의 주제(3:31-36; 4:39-42)로 앞 단락 3:22~36과 연결될 수 있다. 4장에서 야곱의 우물(4:11-12)과 생명수(4:14-15)로 표현된 이중적인 물의 주제가 유대인의 정결 규례의 부족을 채우는 그리스도의 말씀을 통한 포도주 이적과 함께(2:1-12) 영원한 생명을 주는 그리스도의 수난의 십자가 보혈(19:33-34)로 연결된다. 4:1~26에서 새롭게 강조된 주제는 '참된 예배'이다. '예배'가 20~26절에 9회 반복된다(προσκυνέω). 예수께서 참된 예배가 무엇인지를 설명하므로 새로운 질서를 가져오시는 메시야로 소개된다. 참된 예배는 장소와 관련되지 않으며 영과 진리로 드리는 예배이다. 성령이 새롭게 '예배'와 함께 등장한다(1:32-33〈3회〉; 3:5-6〈3회〉, 8〈2회〉, 34; 4:23, 24〈2회〉; 6:63〈2회〉; 7:39〈2회〉; 11:33; 13:21; 14:17, 26; 15:26; 16:13; 19:30; 20:22). 믿는 자는 말씀으로 성육신 하신 예수 그리스도 안에서 성령으로 계시된 하나님 자신과의 인격적인 만남 가운데 하나님께 참된 예배를 드릴 수 있다. 4:1~42은 사마리아 여인의 모범적인 예를 통해

예수 그리스도의 자기 계시를 통하여서만 인간이 믿음에 이르고 구원받음을 설명한다. 하나님께서 친히 아들을 이 땅에 보내심은 아들 예수로 말미암아 그를 믿는 자들이 영생을 얻도록 하기 위함이다. 참 생명이신 예수께서 파송의 주체이며 참 생명의 계시자이다. 파송 받은 자들은 세상을 향해 그리스도만이 세상의 구주이심을 알려야 한다.

본 단락은 예수께서 베푸시는 세례에 대한 소문(1-2절), 야곱의 우물과 사마리아 여인의 등장(3-7a절), 영원한 생명수(7b-15절, 대화 1 : 물을 구하시는 예수[7b-9절], 대화 2 : 생수를 주시는 야곱보다 큰 예수[10-12절], 대화 3 : 영원한 생명수[13-15절]), 참된 예배(16-25절, 대화 4 : 여인의 상황[16-17a절], 대화 5 : 선지자 예수와 예배[17b-20절], 대화 6 : 메시야 예수와 참된 예배[21-25절]), 예수의 자기계시("내가 그라", 26절), 예수와 제자들과의 대화 및 제자파송(27-38절, 예수의 양식 34절), 사마리아 선교 보고(39-42절)로 구성된다.

사마리아 여인과 예수와의 대화는 네 복음서 중에서 요한복음에만 등장한다. 마가복음은 사마리아를 전혀 언급하지 않는다. 마태복음에서는 예수께서 제자들을 향해 사마리아를 향해 전도하지 말고 이스라엘을 향해 전도하라고 명령하고 계심을 보도한다(10 : 5). 누가복음은 예수께서 사마리아인들의 한 마을에 들어가는 것이 거부되는 것과 제자들이 예수를 거부한 그들을 멸할 것을 간구하였을 때 예수께서 오히려 제자들을 꾸짖으신 사건을 기록한다(눅 9 : 51-55). 요한복음 4 : 35은 예수께서 사마리아인들의 '밭'이 '희어져 추수하게 되었음'을 언급하신 사건을 보도하므로, 하나님의 구원이 유대인들 가운데 임하지만(4 : 22) 유대인들의 경계를 넘어 사마리아와 온 세상에 미치고 있음을 밝힌다(행 1 : 8). 기원전 722년 앗수르가 사마리아를 정복한 이후에 사마리아 지역에 앗수르 사람들이 이주하여 유대인들과 함께 살면서 종교혼합주의 현상이 계속 되풀이 되었다. 하나님 신앙, 모세 숭상, 성경의 중요성 강조, 복수의 날에 대한 기다림에서 유대교와 맥을 같이 하나

전통적으로 사마리아인들은 자신들만의 고유한 신앙규례를 발전시켜 유대교와 분리된 예배를 예루살렘이 아닌 그리심 산에서 드리며(신 17:29; 27:12; 수 8:33) 모세와 같은 한 분이 구원자로 오실 것을 기대했다(신 18:15, 18). 이러한 분리로 유대인들은 사마리아인들과 상종하지 않았다(눅 9:54; 요 8:48; 마 10:5; 행 8:14-17). 그러나 본 단락에서 사마리아 여인의 증거로 예수를 만나게 된 사마리아인들은 스스로 예수께서 '세상의 구주'가 되심을 고백하여 선포한다(4:42). 이러한 모습은 예수를 대적하는 유대인들의 모습과 대조된다(5:34-47). 사마리아 지역의 도시 '수가'는 야곱의 우물에서 1마일 거리에 있는 아스카(Askar)와 동일한 것으로 추정되며, 세겜과 관련된 것으로 보면 사마리아 여인은 정결한 야곱의 우물에서 물을 얻기 위해 먼 곳까지 걸어왔을 것으로 추정할 수 있다. 그리심산 기슭에 위치하는 야곱의 우물은 수심이 매우 깊고 오늘날도 여행객들에게 마실 물을 제공한다.

1~2절 1:35~51에 이어 예수께서 세례를 주시고 제자들이 증가하므로(비교. 4:41) 3:30에 예고된 예수의 풍성한 구원사역에 대한 세례 요한의 말씀이 성취된다. 제자 됨과 세례가 서로 관련된다. 공관복음서가 기록하지 않은 예수의 세례 행위(3:22, 26)와 예수의 제자들의 세례 행위가 보고된다.

3~4절 3:22에 이어 예수의 여정이 보고된다. 예수께서 유대 땅에서 갈릴리로 가실 때 지리적으로 사마리아를 거쳐야만 하였다.

5~6절 사마리아의 도시 수가 근처 야곱의 우물가에서 낮 12시경에 긴 여행으로 피로와 목마른 상태에 계신 예수께서 정결한 물을 얻기 위해 온 한 사마리아 여인을 만나게 된다.

7~12절 유대인들과 적대 관계(스 4:1-5; 느 4:1-2)에 있던 사마리아 여인을 향하여 예수께서 물을 요구하시고 일반적인 물과 생명의 물에 관한 질문과 답변이 사마리아 여인과 예수 사이에 오고 간다.

13절 야곱의 우물에서 정결한 물을 마시는 자는 다시 목이 마르지만 예수께서 주시는 물을 마시는 자는 영원히 목이 마르지 않는다.

14절 예수께서 주시는 물은 생명수이며(10, 11절) 영생하도록 솟아나는 샘물이 된다.

15절 예수는 생명의 수여자이시다. 사마리아 여인이 예수께 생명수를 간구한다.

16~19절 예수께서 사마리아 여인 개인에게 관심을 가지시며 그녀의 결혼과 신분상황을 파악하시므로 사마리아 여인은 인간의 중심을 꿰뚫어 아시는 선지자로 예수를 이해한다.

20절 예수에게서 사마리아인들이 기대하고 있었던 오실 구원자(타헤브, התהב)인 '모세와 같은 선지자'(신 18 : 15, 18)의 모습을 본 사마리아 여인은 사마리아인들과 유대인들 사이의 논쟁의 핵심이자 당면 문제인 예배의 장소에 대해 예수께 질문한다.

21~24절 예수께서 참된 예배는 아버지 하나님께 영과 진리로 지금 예배하는 것임을 가르치신다.

25절 직접적인 가르침에도 불구하고 예수께서 세상에 오신 참된 예배의 대상임을 파악하지 못한 사마리아 여인은 '오실 구원자' 메시야 곧 그리스도가 종말의 때에 오셔서 모든 것을 알려주실 것이라 답변한다.

26절 예수께서 메시야 곧 그리스도이심을 스스로 계시하신다. "네게 말하는 내가 그라." 예수께서는 구하는 것을 응답하시는 생명의 수여자이시며(10, 14절) 대화를 통해 깨달음, 곧 믿음에 이르게 하시는 계시의 주체자로 참된 예배의 대상이시다. 물과 생명, 참된 예배를 구하는 사마리아 여인의 간구가 예수자신의 가르침과 자기 계시로 말미암아 응답되었다(6 : 35). 인간 스스로는 참된 생명, 구원, 믿음에 이를 수 없다.

27절 먹을 것을 구하러 동네에 들어간(8절) 제자들이 돌아온다. 제자들은 예수께서 당시의 풍습과 관계없이 사마리아 여인과 대화하며 자신을 계시하심을 새롭게 발견한다(막 1 : 31 ; 5 : 24-34 ; 14 : 3-9 ; 15 : 40 이하; 눅 7 : 36-

50; 8:2 이하; 10:38-42; 요 7:53-8:11).

28~30절 여자가 물동이를 버려두고 동네로 들어가는 모습은 여자의 자발적 행동을 강조하며, 다시 예수께 돌아올 것이 암시된다. 대화를 통해 감지한 대로 여자는 예수께서 메시야이심을 동네사람들에게 알리며 그들이 와서 볼 것을 알린다(1:39, 46). 동네 사람들이 예수께 나아간다.

31~34절 먹을 것을 사러간(8절) 제자들이 돌아와 예수께 잡수실 것을 권하므로 예수께서 자신의 양식에 대해 계시한다. 7절에서 예수께서 마실 물을 구하시며 영생수를 계시하신 것을 상기시킨다. 예수의 양식은 제자들이 알지 못하는 양식이다. 제자들의 오해와 무지의 모티브가 다시 언급된다(33절, 참조. 1:48; 2:9, 22; 3:4, 9; 4:11, 15). 제자들이 사오거나(8, 31절) 사람이 주는 양식이 아니라(33절) 아버지께로부터 오는 양식이다. 예수의 양식은 예수를 보내신 아버지의 뜻(3:16 이하)을 완성하는 것이다(5:36; 17:4, 23; 19:28). 여기서 사람들의 양식으로 주어지는 말씀의 모티브를 생각할 수 있다(렘 15:16; 신 8:3; 암 8:11; 시 119:103; 마 4:4).

35~38절 복음 전도 사역과 관련된 씨 뿌림과 추수, 뿌리는 자와 거두는 자, 파송과 수고, 삯과 열매에 관한 언급으로 예수께서 제자들의 정체성과 그들을 보내신 목적을 가르치신다. 제자의 임무인 그리스도의 증인으로서 복음전도 사역은 종말적인 하나님의 추수에서 기쁨으로 완성된다(사 9:3; 시 126:5 이하; 신 16:13-15). 복음의 씨를 뿌려 영생의 열매로 거두는 추수 시의 종말적 구원의 기쁨은 인류의 구원을 위한 예수의 대속적 죽음으로 가능하다(37절). 믿는 자들이 그 구원의 기쁨에 이르게 된다(수 24:13; 욥 31:8).

39~42절 사마리아 여인의 예수 증언이(15, 19, 25, 29절) 사마리아 사람들의 믿음을 일깨운다. 사마리아 사람들의 간청으로 예수께서 사마리아에 이틀을 머무른다. 사마리아인과 교류를 부정한 것으로 보았던 유대교의 정결 예전의 문제가 예수의 자기 계시로 인하여 극복되고 있다(참조. 2:6; 3:25; 11:55; 갈 2:1-16). 이제 사마리아 여인의 증언이 아니라 예수 자신의 말씀의

계시와 증언으로 사마리아 사람들이 예수께서 '세상의 참 구주'이심을 고백하는 믿음에 이른다(3 : 17 ; 5 : 34 ; 10 : 9 ; 11 : 12 ; 12 : 47 ; 비교. 12 : 27).

7. 예수의 증언 : 요약 보고(4 : 43–45)

43이틀이 지나매 예수께서 거기를 떠나 갈릴리로 가시며 44친히 증언하
시기를 선지자가 고향에서는 높임을 받지 못한다 하시고 45갈릴리에 이
르시매 갈릴리인들이 그를 영접하니 이는 자기들도 명절에 갔다가 예수
께서 명절 중 예루살렘에서 하신 모든 일을 보았음이더라

[4 : 43–45] 예수께서 수가에서 갈릴리 지역으로 이동하신다. 갈릴리 사람들이 예루살렘에서 행하신 예수의 표적을 보고 그를 영접하였으나(2 : 23–25) 그의 사역에 대한 갈릴리 사람들의 부정적인 평가가 속담으로 인용된다(1 : 11 ; 참조. 마 13 : 57 ; 막 6 ; 4 ; 눅 4 : 24).

8. 왕의 신하의 아들의 치유 : 두 번째 이적(4 : 46–54)

46예수께서 다시 갈릴리 가나에 이르시니 전에 물로 포도주를 만드신 곳
이라 왕의 신하가 있어 그의 아들이 가버나움에서 병들었더니 47그가 예
수께서 유대로부터 갈릴리로 오셨다는 것을 듣고 가서 청하되 내려오
셔서 내 아들의 병을 고쳐 주소서 하니 그가 거의 죽게 되었음이라 48예
수께서 이르시되 너희는 표적과 기사를 보지 못하면 도무지 믿지 아니
하리라 49신하가 이르되 주여 내 아이가 죽기 전에 내려오소서 50예수께
서 이르시되 가라 네 아들이 살아 있다 하시니 그 사람이 예수께서 하신
말씀을 믿고 가더니 51내려가는 길에서 그 종들이 오다가 만나서 아이가
살아 있다 하거늘 52그 낫기 시작한 때를 물은즉 어제 일곱 시에 열기가

떨어졌나이다 하는지라 [53]그의 아버지가 예수께서 네 아들이 살아 있다 말씀하신 그때인 줄 알고 자기와 그 온 집안이 다 믿으니라 [54]이것은 예수께서 유대에서 갈릴리로 오신 후에 행하신 두 번째 표적이니라

[4:46-54] 가나에서(2:1) 시작된 예수의 전도 사역의 행보는 예루살렘과 유대와 사마리아를 거쳐 다시 갈릴리 가나로 이어진다. 어머니와 아들(2:1) 아버지와 아들(4:46)의 관계 및 섬기는 사람들의 공통된 등장과 함께 2:1~11과 4:46~54은 각기 예수의 첫 표적과 두 번째 표적으로 2~4장 전체를 수미상관의 방식으로 함께 연결한다(2:12). 제자들(2:11), 예루살렘에 있는 많은 사람들(2:23), 사마리아인들(4:39)에 이어 왕의 신하(4:50, 53)와 그의 온 집안(4:53)이 믿음에 이르게 된다. 영생의 생수와(4:10, 11, 14) 생명(4:36)을 주시는 예수께서 생명을 살리신다(4:50, 51, 53). 2:23에서 왕의 신하의 아들 치유에 관한 사화는 마태복음 8:5~13과 누가복음 7:1~10의 백부장의 하인의 치유 사화와 관련된다. 본 단락은 상황 설명(예수의 갈릴리 귀환과 첫 표적 언급, 왕의 신하의 아들의 병, 46절), 예수와 왕의 신하의 대화(47-50절, 왕의 신하의 간청 47절, 예수의 꾸중 48절, 왕의 신하의 반복된 간청 49절, 예수의 선포 50절), 왕의 신하와 종들의 대화(51-52절, 종들의 보고 51절, 치유시간 질문 52절) 왕의 신하와 온 집안의 믿음(53절) 예수의 갈릴리 귀환과 첫 표적 언급(54절)으로 구성된다. 예수께서 시간과 공간을 초월하는 생명의 주권자이심과 아들을 사랑하는 왕의 신하의 믿음과 그의 온 집안이 믿게 되는 믿음의 파급(Cascade) 효과가 강조된다.

46절 공관복음서의 병행구절과 달리 요한복음에서 왕의 신하가 유대인인지 이방인인지는 밝혀지지 않았다. 가버나움은 가나에서 약 25km 떨어져 있으며 약 1,000m 낮은 지역에 위치한다.

47절 죽음에 처한 위중 상태로 인해 병자의 아버지인 왕의 신하가 병자를 대

신하여 예수께 나아가 구원을 요청한다(막 5 : 22-24 ; 7 : 24-30 ; 9 : 17-27). 가버나움으로 "내려오셔서…… 고쳐 주소서", 4 : 49, 51 ; 비교. 2 : 12 ; 5 : 7 ; 6 : 59)라는 긴급한 구원요청은 직접적으로 예수께서 생명의 주권자이심을 인정하여 드러내며 간접적으로 이 땅에 내려오시고(2 : 12 ; 6 : 33, 38, 41, 42, 50, 51, 58), 아버지께로 다시 올라가시는(2 : 13 ; 5 : 1 ; 6 : 62 ; 7 : 8, 10, 14 ; 11 : 55 ; 12 : 20 ; 20 : 17 ; 비교. 10 : 1 ; 21 : 11) 구원자 예수의 운명을 암시한다(1 : 51 ; 2 : 13 ; 3 : 13).

48절 예수께서 표적과 기사에 근거해 믿는 믿음이 아니라 표적과 기사만을 간구하는 사람들에 대해 꾸중하신다.

49절 예수의 지적에 위축되지 않은 신하가 죽을 병든 아들의 치유를 다시 간청한다.

50절 왕의 신하의 반복된 간청으로 예수께서 "가라, 네 아들이 살아 있다."는 말씀으로 생명의 주권을 행사하신다.

51~53절 예수의 말씀을 믿은 왕의 신하가 자신의 집으로 돌아가는 중 예수의 원거리 기적 행사로 아이가 살아있음을 자신의 종들에게서 확인하고 이 일로 왕의 신하와 그의 온 집안이 예수를 믿었다(행 11 : 14 ; 16 : 15, 31, 34 ; 18 : 8).

54절 이적 행사로 예수께서 생명의 주권자임을 계시한다. 46절에 언급된 갈릴리 지명과 표적에 대한 재언급으로 46절과 수미상관을 이룬다. 나아가 46~54절이 2 : 1~11과 수미상관을 이루며 2~4장 전체가 한 단락이 되게 한다.

B. 예루살렘, 갈릴리, 감람산, 예루살렘, 요단에서 예수 그리스도의 사역 및 유대인들과 논쟁(5 : 1-10 : 42)

2：1~4：54은 첫 이적이 표적으로 계시된 갈릴리 가나에서 시작하여 두 번째 이적이 표적으로 계시된 갈릴리 가나로 이동된 예수 공생애의 첫 전도 여행이었다. 5：1~10：42은 세 번째 이적이 유대인들과의 논쟁을 유발한 예루살렘에서 시작하여 예수를 신성모독으로 체포하려 하는 유대인들의 음모(5：18；7：21)가 구체화된 예루살렘에서 종결된다. 예수의 계시에 직면하여 5장에서 안식일 및 신성모독이, 6장에서 참된 생명의 떡과 관련된 구약해석이, 7장에서 공의회의 메시야 권위 증명이, 8장에서 예수의 선재 주장이, 9장에서 공동체 출교가, 10장에서 메시야 권위와 하나님의 아들 됨이 유대 공의회 및 유대교 가르침 사이에 첨예화된 논쟁으로 전개된다.

1. 베데스다 연못에서 안식일 치유 및 유대인들과 논쟁：세 번째 이적 (5：1–18)

1그 후에 유대인의 명절이 되어 예수께서 예루살렘에 올라가시니라 2예
루살렘에 있는 양문 곁에 히브리 말로 베데스다라 하는 못이 있는데 거
기 행각 다섯이 있고 3그 안에 많은 병자, 맹인, 다리 저는 사람, 혈기
마른 사람들이 누워 [물의 움직임을 기다리니 4이는 천사가 가끔 못에
내려와 물을 움직이게 하는데 움직인 후에 먼저 들어가는 자는 어떤 병
에 걸렸든지 낫게 됨이러라] 5거기 서른여덟 해 된 병자가 있더라 6예수
께서 그 누운 것을 보시고 병이 벌써 오래된 줄 아시고 이르시되 네가
낫고자 하느냐 7병자가 대답하되 주여 물이 움직일 때에 나를 못에 넣어
주는 사람이 없어 내가 가는 동안에 다른 사람이 먼저 내려가나이다 8예
수께서 이르시되 일어나 네 자리를 들고 걸어가라 하시니 9그 사람이 곧
나아서 자리를 들고 걸어가니라 이날은 안식일이니 10유대인들이 병 나
은 사람에게 이르되 안식일인데 네가 자리를 들고 가는 것이 옳지 아니
하니라 11대답하되 나를 낫게 한 그가 자리를 들고 걸어가라 하더라 하

니 [12]그들이 묻되 너에게 자리를 들고 걸어가라 한 사람이 누구냐 하되
[13]고침을 받은 사람은 그가 누구인지 알지 못하니 이는 거기 사람이 많
으므로 예수께서 이미 피하셨음이라 [14]그 후에 예수께서 성전에서 그 사
람을 만나 이르시되 보라 네가 나았으니 더 심한 것이 생기지 않게 다시
는 죄를 범하지 말라 하시니 [15]그 사람이 유대인들에게 가서 자기를 고
친 이는 예수라 하니라 [16]그러므로 안식일에 이러한 일을 행하신다 하여
유대인들이 예수를 박해하게 된지라 [17]예수께서 그들에게 이르시되 내
아버지께서 이제까지 일하시니 나도 일한다 하시매 [18]유대인들이 이로
말미암아 더욱 예수를 죽이고자 하니 이는 안식일을 범할 뿐만 아니라
하나님을 자기의 친 아버지라 하여 자기를 하나님과 동등으로 삼으심이
러라

[5 : 1–18] 안식일에 예루살렘 양문 곁 베데스다 못에서 예수께서 오래 된 병자를 치유하시는 이적에 관한 사화는 요한복음에만 등장하는 사건으로 예수께서 친히 병자에게 다가가 베푸신 치유 이적들 중에 하나이다. 신명기 16 : 16에 따르면 모든 유대인 남자는 '일 년에 세 번 곧 무교절과 칠칠절과 초막절에' 성전에 나아와 예배를 드려야 했다(1절) '베데스다'는 히브리어로 '긍휼의 집'이라는 뜻을 지니며 예루살렘 양의 문 옆에 있는 못이다. 오늘날 예루살렘 성전 구역 북쪽의 성 안나 교회 바로 뒤에 위치한다. '양의 문'은 예루살렘 시의 북쪽에 있으며 성벽이 시작되는 곳으로(느 3 : 1 ; 12 : 39 ; 슥 14 : 10) '베냐민 문'으로 불리기도 하였다(렘 37 : 13 ; 38 : 7). 본 단락은 크게 병자 치유(1–9a절)와 안식일 논쟁(9b–18절)으로 나누어진다. 병자 치유(1–9a절)는 상황 설명(2–5절), 병자를 향한 예수의 질문(6절), 병자의 답변(7절), 예수의 치유 명령(8절), 병자의 치유(9a절)로 구성된다. 본 단락에서 인간의 믿음보다 예수의 주권이 치유사건의 핵심임을 강조한다. 안식일 논쟁은(9b–18절) 유대인들의 질문(9b–10절), 치유 받은 병자의 답변(11절), 유대인들의 두 번째 질문(12

절), 설명(13절), 치유 받은 병자를 향한 예수의 명령(14절), 치유 받은 병자가 유대인들의 질문에 답변(15절), 유대인들의 예수 박해 시작(16절), 유대인들을 향한 예수의 답변(17절), 유대인들의 음모(18절)로 구성된다. 예루살렘 베데스다의 이 이적(참조. 9, 11장)과 성전에서 유대인들과의 논쟁은 19~47절에 전개되는 예수가 하나님의 아들임을 밝히는 예수의 설교를 준비한다.

1절 2 : 13에 이어 예수께서 예루살렘으로 올라가신다. '그 후'와 '유대인의 명절'에 대한 정확한 정보제공은 의미가 없다.

2~4절 많은 병자들이 베데스다 못가에 있는 행각 안에서 못의 물이 움직일 것을 기다린다. 천사가 가끔 못에 내려와 물을 움직이고 바로 그 때 먼저 들어가는 병자가 치유된다는 희망을 가지고 있기 때문이다.

5~6절 한 병자가 그곳에 누운 것을 예수께서 목격하신다. 38년 동안의 투병 기간은 그의 절망의 상태를 대변한다. 38년이라는 기간은 애굽을 피신한 이스라엘 백성이 광야에서 불순종하던 햇수도 상기시킨다. 사라진 치유에 대한 희망을 일깨우시며 예수께서 병자를 향해 묻는다. "네가 낫고자 하느냐?"

7절 병자의 극심한 절망은 주변에 그를 돕는 사람이 없다는 하소연 섞인 답변으로 강조된다. 물이 움직여도 그는 먼저 못에 들어갈 수 없다. 치유를 위해 경쟁할 여력도 없다.

8절 예수께서 병자를 못에 들어가도록 돕는 조력자가 아니라, 생명의 권세를 지닌 주권자로 병자를 향해 직접 치유의 말씀을 선포하신다. "일어나 네 자리를 들고 걸어가라."

9절 그 병자가 곧바로 치유되고 누워있는 자리를 들고 걸어간다. 예수의 말씀에 단순하게 순종할 때 병상에서 일어나 생명으로 나아가는 길이 열린다.

10절 안식일에 병자를 치유하는 예수의 기적이 논쟁의 출발점이 된다(비교. 9, 11장). 유대인들 의 안식일 논쟁은 상세하게 전개되지는 않았다(비교. 막 2 : 23-28 ; 3 : 1-6). 유대인들은 일차적으로 치유 받은 병자가 자리를 들고 걸어간 것에 문제를 제기한다. 유대교는 안식일에 무엇을 들고 가는 것을 금지하였다(Bill Ⅱ 454-461). 이 금지 지침을 어겼을 때 처음에는 경고를 하고, 두 번째로 어기는 경우 형벌에 처하였다.

11절 "대답하되 나를 낫게 한 그가 자리를 들고 걸어가라 하더라 하니" 치유 받은 자가 자신의 행동의 근거를 이름을 거론하지 않고 치유를 선포하신 예수께 돌린다(15절).

12절 유대인들이 안식일 규례를 어기도록 말한 자가 누구인지를 묻는다.

13절 사람이 많아 예수께서 이미 피하셨으므로 치유 받은 병자는 그를 치유한 자가 누구인지를 알지 못한다. 요한복음에서 처음으로 익명의 '무리'(ὄχλος)가 등장한다.

14절 성전에서 치유 받은 병자를 만난 예수는 그를 향해 다시 죄를 범하지 말 것을 경고한다. 치유 받은 병자의 병의 원인과 38년의 긴 병 생활이 그의 죄에 있었음을 알 수 있다. 더 심한 것이 생길 것이라는 언급은 종말적 심판을 상기 시킨다. 예수의 만남과 치유는 병자의 전 생애와 관련된다.

15절 병자가 유대인들에게 가서 예수께서 자신을 고쳐 주었음을 알린다. 이로써 예수와 유대인들과의 논쟁이 준비된다.

16절 안식일에 병자를 치유하고 자리(κράβαττος)를 들고 가라고 한 예수의 치유는 안식일을 범하는 것으로 이중적으로 인식된다. 유대인들이 예수를 박해하기 시작한다. 요한복음에서 처음으로 유대인들의 예수 박해가 언급된다.

17~18절 예수께서 안식일에 행한 일들을 하나님의 권세와 연결시킨다. 하나님께 예수를 통해 일하신다. 예수께서 아버지와 아들이 하나가 됨을 선포하므로 분쟁이 고조되어 유대인들은 예수를 죽이고자 한다(참조. 막 2:1-3:6; 2:11; 요 7:1, 19, 25, 30; 8:28).

2. 생명의 수여자, 심판자인 아들의 전권 설교(5 : 19–30)

19그러므로 예수께서 그들에게 이르시되 내가 진실로 진실로 너희에게
이르노니 아들이 아버지께서 하시는 일을 보지 않고는 아무 것도 스스
로 할 수 없나니 아버지께서 행하시는 그것을 아들도 그와 같이 행하느
니라 20아버지께서 아들을 사랑하사 자기가 행하시는 것을 다 아들에게
보이시고 또 그보다 더 큰 일을 보이사 너희로 놀랍게 여기게 하시리라
21아버지께서 죽은 자들을 일으켜 살리심 같이 아들도 자기가 원하는 자
들을 살리느니라 22아버지께서 아무도 심판하지 아니하시고 심판을 다
아들에게 맡기셨으니 23이는 모든 사람으로 아버지를 공경하는 것 같이
아들을 공경하게 하려 하심이라 아들을 공경하지 아니하는 자는 그를
보내신 아버지도 공경하지 아니하느니라 24내가 진실로 진실로 너희에
게 이르노니 내 말을 듣고 또 나 보내신 이를 믿는 자는 영생을 얻었고
심판(정죄)에 이르지 아니하나니 사망에서 생명으로 옮겼느니라 25진실
로 진실로 너희에게 이르노니 죽은 자들이 하나님의 아들의 음성을 들
을 때가 오나니 곧 이 때라 듣는 자는 살아나리라 26아버지께서 자기 속
에 생명이 있음 같이 아들에게도 생명을 주어 그 속에 있게 하셨고 27또
인자됨으로 말미암아 심판하는 권한을 주셨느니라 28이를 놀랍게 여기
지 말라 무덤 속에 있는 자가 다 그의 음성을 들을 때가 오나니 29선한
일을 행한 자는 생명의 부활로, 악한 일을 행한 자는 심판의 부활로 나
오리라 30내가 아무것도 스스로 할 수 없노라 듣는 대로 심판하노니 나
는 나의 뜻대로 하려 하지 않고 나를 보내신 이의 뜻대로 하려 하므로
내 심판은 의로우니라

[5 : 19–30] 5 : 17~18에 언급된 '아버지와 아들이 하나가 됨'의 주제를 5 : 19~30에서 상술한다. 19~23절에서 예수께서 하나님의 아들이심과 하나

님의 사랑의 파송으로 아들에게 전권이 이양되므로 아버지와 아들이 하나가 됨을 논증하고 설명한다. 24~30절에서 아버지와 아들이 하나가 됨의 결과로 아버지의 사역과 동일한 아들의 생명과 심판의 사역이 현재에서 시작되어 미래 종말의 때까지 연결됨을 언급한다(참조. 11 : 1–44).

19절 하나님과 아들의 하나됨에 대한 비난을 예수는 아버지와 아들의 사역의 일치로 무력화한다. 아들 예수의 사역의 가능성은 아버지 사역을 '본 것', 곧 아버지께서 아들에게 계시한 것에 기초한다(마 11 : 27, 지혜의 계시). 아들이 아버지로 인하여 행동하므로 아들의 사역 가운데 아버지의 사역이 계시된다. 아들은 스스로 행할 수 없다. 아버지와 아들의 행위는 일치한다.

20절 아버지의 사역의 계시는 아버지의 '사랑'에 기초한다(3 : 35 ; 10 : 17). 아버지께서 자신의 사역 전체를 아들에게 계시한다. 그 사역 전체보다 '더 큰 일'을 아들에게 미래에 계시하실 것이다(14 : 12). 그 일은 너희, 유대인들, 나아가 모든 청취자들을 놀라게 하는 일이며, 21절 이하에서 설명되는 '죽은 자들을 일으켜 살리시는 일'이다. 아버지께서 계시한 아들의 사역은 구분되나 연장성 가운데 있어 '더 큰 일'을 앞서 계시하고 그 완성을 향한다. 아들의 사역전체는 아버지의 사랑에서 비롯되어(3 : 16, 35–36 ; 6 : 33, 51 ; 14 : 6 ; 17 : 2, 3 ; 20 : 31) 생명을 부여하고(1 : 4 ; 3 : 15, 16 ; 4 : 14, 36 ; 5 : 24, 26, 29, 39, 40 ; 6 : 27, 35, 40, 47, 48, 53, 54, 63, 68 ; 8 : 12 ; 10 : 10, 28 ; 11 : 25 ; 12 : 25, 50) 살려서 일으키는 일이기 때문이다. 기독론이 곧 바로 종말론으로 이어진다.

21~22절 "아버지 …… 같이, 아들도 ……" 생명의 주권자이다. 아버지께서 죽은 자를 살리는 권세를 아들에게 이양하셨다(참조. 유대교의 18기도문의 두번째 기도, Bill Ⅲ 212). 아버지께서 모든 사람을 심판하는 하는 전권을 아들에게 이양하셨다. 아들 예수가 아버지의 종말적 사역, 영생과 죽음, 구원과 심판의 전권을 완성한다.

23절 하나님께서 보내신 아들 예수에게서 '죽은 자들을 살게 하시는' 하나님이 공경을 받으신다. 아들을 공경하는 것은, 곧 아버지를 공경하는 것이다. 아들을 공경하지 않는 자는 곧 아버지를 공경하지 않는 자이다.

24절 하나님에 의해 보냄을 받은 아들을 믿는 믿음과 생명이신 성육신 하신 아들의 말씀을 듣는 들음, 곧 순종에서 죽음의 영역에서 생명의 영역으로 이전하는 과정이 완성된다. 지금 믿는 자는 생명의 권세에 참여하므로 영생에 이른다(3 : 18a).

25절 생명과 죽음을 주관하는 예수의 권세가 공간적인 관점(24절, 비교. 요 3 : 3, 7)에서 시간적인 관점과 맞물린다. 예수가 주관하는 구원의 '현재'가 곧 바로 미래로 연결된다. 지금 아들의 음성을 듣는 자, 곧 성육신 하신 아들의 말씀을 듣고 순종하여 믿는 자는 미래 종말 시에 살아날 것이다. 미래에 일어날 것으로 기대된 '죽은 자들의 부활', 구원과 종말이 지금 일어나며 계속하여 일어날 것이다. 여기서 '죽은 자'들은 참된 생명에서 떠나 멀어진 자를 의미한다(마 8 : 22 ; 눅 15 : 24, 32 ; 엡 2 : 1, 5 ; 계 3 : 1).

26절 아버지는 그가 하나님이시므로 생명, 곧 창조의 주권자이시며(비교. 요 6 : 57 ; 사 37 : 4, 17 ; 신 5 : 26) 아들에게 생명의 전권을 주셨다.

27절 생명의 주권은 심판의 주권과 연결된다. 심판의 주권자인 아버지가 아들에게 심판의 전권을 주셨다(22절). 아들은 종말적 심판을 행하시는 인자이시기 때문이다(막 8 : 38 ; 눅 12 : 8 이하; 단 7 : 13-14 ; 에디오피아 에녹서 49 : 4 ; 61 : 9 ; 62 : 2 이하; 63 : 11 ; 69 : 27).

28~29절 5 : 25에 잇대어 시간의 지평이 미래 종말의 때로 확장된다. 최종적인 구원과 심판의 때가 반드시 올 것이다(3 : 36 ; 6 : 54, 57 ; 11 : 24-27 ; 12 : 48 ; 14 : 2-6, 18-19). 종말의 도래는 놀라운 일이 아니다(20절). 무덤 속에 있는 자가 모두 그의 음성을 들을 것이다. 여기서 '무덤 속에 있는 자들'은 육체적으로 죽은 자들을 말한다. 초기교회에 이미 믿는 자로서 죽은 자들이 있었고, 죽은 자들의 부활에 대한 기대가 있었다(참조. 유대교 묵시문학,

단 12 : 2 ; 살전 4 : 13-17 ; 막 13 : 24-27). 죽은 자들의 부활은 생명의 부활과 심판의 부활로 이중적이다. 여기서 선과 악의 윤리적인 행동이 심판의 기준이 된다(고후 5 : 10 ; 롬 2 : 6-10 ; 행 17 : 31 ; 벧전 4 : 5). 요한복음에서 선과 악은 예수 그리스도를 믿는 믿음의 결과로 기독론과 연결된다. 우주적인 파국은 언급되지 않고 있다(벧후 3 : 10).

30절 아들 예수의 사역의 가능성은 아버지 사역을 '들은 것', 아버지의 뜻에 기초한다(19절). 아들이 아버지의 파송을 받아 전권을 행하므로 구원과 생명의 결과인 아들 예수 자신의 심판 사역은 의롭다. 19절의 3인칭이 여기서 1인칭으로 예수의 직접적인 말씀으로 전달된다.

3. 아들에 대한 여러 증언(5 : 31-47)

31내가 만일 나를 위하여 증언하면 내 증언은 참되지 아니하되 32나를 위
하여 증언하시는 이가 따로 있으니 나를 위하여 증언하시는 그 증언이
참인 줄 아노라 33너희가 요한에게 사람을 보내매 요한이 진리에 대하여
증언하였느니라 34그러나 나는 사람에게서 증언을 취하지 아니하노라
다만 이 말을 하는 것은 너희로 구원을 받게 하려 함이니라 35요한은 켜
서 비추이는 등불이라 너희가 한때 그 빛에 즐거이 있기를 원하였거니
와 36내게는 요한의 증거보다 더 큰 증거가 있으니 아버지께서 내게 주
사 이루게 하시는 역사 곧 내가 하는 그 역사가 아버지께서 나를 보내신
것을 나를 위하여 증언하는 것이요 37또한 나를 보내신 아버지께서 친
히 나를 위하여 증언하셨느니라 너희는 아무 때에도 그 음성을 듣지 못
하였고 그 형상을 보지 못하였으며 38그 말씀이 너희 속에 거하지 아니
하니 이는 그가 보내신 이를 믿지 아니함이라 39너희가 성경에서 영생을
얻는 줄 생각하고 성경을 연구하거니와 이 성경이 곧 내게 대하여 증언
하는 것이니라 40그러나 너희가 영생을 얻기 위하여 내게 오기를 원하지

아니하는도다 [41]나는 사람에게서 영광을 취하지 아니하노라 [42]다만 하나
님을 사랑하는 것이 너희 속에 없음을 알았노라 [43]나는 내 아버지의 이
름으로 왔으매 너희가 영접하지 아니하나 만일 다른 사람이 자기 이름
으로 오면 영접하리라 [44]너희가 서로 영광을 취하고 유일하신 하나님께
로부터 오는 영광은 구하지 아니하니 어찌 나를 믿을 수 있느냐 [45]내가
너희를 아버지께 고발할까 생각하지 말라 너희를 고발하는 이가 있으니
곧 너희가 바라는 자 모세니라 [46]모세를 믿었더라면 또 나를 믿었으리니
이는 그가 내게 대하여 기록하였음이라 [47]그러나 그의 글도 믿지 아니하
거든 어찌 내 말을 믿겠느냐 하시니라

[5 : 31–47] 예수께서 하나님 아버지의 아들이심을 증언하는 증인들을 열거하는 본 단락은 먼저 그 증언이 참된 증언임을 보고한다(31–40절, 아버지의 증언–31–32절, 세례 요한의 증언–33–35절, 예수 사역과 아버지의 파송의 증언–36–37a절, 유대인들의 불신앙–37b–38절, 구약성경의 증언–39절, 유대인들의 거부–40절). 이어서 사람의 영광을 구하므로 아버지와 아들이 하나가 되는 증언을 믿지 못하는 유대인들을 꾸짖는다(41–47절, 사람의 영광을 취하지 않는 예수와 예수를 거부하는 유대인들–41–42절, 사람의 영광을 취하는 유대인들의 불신앙–43–44절, 예수를 증언하는 모세와 유대인들의 불신앙–45–47절).

31~32절 자기 자신에 대한 증언은 효력이 없다. 자기 증언은 참되지 않고 합법적이지 않다(비교. 8 : 13 이하). 증언하는 이는 예수가 아니라 예수를 위해 증언하고 그 증언이 참됨을 입증하는 하나님이시다. 하나님 아버지께서 아들 예수를 파송하셨기 때문이다(19–23, 36절 ; 비교. 1 : 18).
33~35절 요한이 진리이신 예수를 증언한다(1 : 19–34 ; 3 : 27–36) 그가 하나님으로부터 보내심을 받았기 때문이다(1 : 6–8). 하나님의 계시로 세례 요한이 예수를 증언하였다(1 : 32–34). 예수는 세례 요한의 증언이 필요하지 않

다. 세례 요한의 증언은 유대인들의 구원을 위함이다. 요한은 참 빛이 아니라 빛을 환하게 하여 널리 비치는 하는 빛의 반사체에 불과하다. 그의 증언이 일시적으로 빛을 비추었으나 사람들이 그와 그의 증언을 지나쳐 갔다.

36~37a절 하나님의 아들 예수의 사역 전체가 요한의 증언보다 더 큰 증언으로 예수를 증언한다. 아버지께서 예수의 이적, 말씀, 수난과 죽음 및 부활에 이르는 전체 사역을 완성하도록 보내셨고, 그 사역이 아버지께서 아들 예수를 보내신 것을 증언하기 때문이다(10 : 25) 아들을 위하여 증언하는 아버지의 파송이(8 : 18) 유대인들을 위하여 증언하는 세례 요한의 증언보다 더 큰 증언이다.

37b~38절 유대인들이 아버지께서 보내신 예수를 믿지 않았으므로 예수에게 계시된 하나님의 말씀 가운데 그들이 거하지 못하고 하나님의 음성을 듣지 못하였고 그 형상을 보지 못하였다. 인간은 예수를 통하여서만 하나님의 음성을 듣고 그의 형상을 볼 수 있다.

39절 유대인들이 영생을 얻으려고 연구하는 하나님의 말씀인 구약성경 가운데 계시된 하나님의 음성을 듣고 하나님의 형상을 보았으면 그들이 예수를 믿었을 것이다. 성경이 예수에 대하여 증언하기 때문이다. 하나님의 음성을 듣고 보고 믿는 것이 곧 예수의 음성을 듣고 보고 믿는 것이다.

40절 구약에 계시되고 세례 요한이 증언한 참된 증언인 예수의 사역과 아버지의 증언인 아들에게 나아오지 않았으므로 유대인들은 참된 증언이 보장하는 영생을 거부한다.

41~42절 예수는 사람에게서 영광을 얻지 않는다(34절). 유대인들이 예수를 인정하지 않아 그에게 영광을 돌리지 못하므로(23절) 구원에 이르지 못한다. 하나님의 사랑에서 예수께 생명의 전권이 주어지므로 예수의 사역 가운데 하나님의 사랑이 계시되기 때문이다(20절). 결국 하나님의 사랑이 유대인들 가운데 머무를 수 없다(5 : 20 ; 신 6 : 4 이하).

43~44절 아버지의 이름으로 온 예수를 유대인들이 영접하지 않으므로(1 : 11)

그들은 예수께서 하나님의 아들 그리스도이심을 인식하고, 이해하여 인정하고 고백하지 못하였다(참조. 2 : 23-25). 유대인들은 하나님 자신의 계시가 아니라(3 : 31 ; 8 : 23) 자신들의 기준에 맞는 사람이 그의 이름으로 오면 그를 영접할 것이다(참조. 막 13 : 21). 유대인들은 하나님이 아니라 사람들로부터 서로 인정받는 것을 구하기 때문이다. 세례 요한, 수많은 선지자들, 자칭 메시야들이 유대 전쟁 이전에 많이 등장하였고 그들에게서 그리스도를 보고자 하였다. 그러나 그들은 하나님 자신이 자신의 영광을 위하여 보내신 예수, 예수 그리스도 안에 계시된 하나님을 믿을 수 없다.

45~48절 예수께서 유대인들을 하나님 아버지께 고발하지 않는다. 유대교 회당의 가르침에 기초가 되며(신 34 : 10), 유대인들이 그들의 지도자로 다시 오기를 바라는 모세가 유대인들을 고발한다. 유대인들의 규범이 되며 모세가 중개한(1 : 17) 율법은 예수를 그리스도로 예고한다(1 : 45). 선재하신 예수 그리스도가 성육신하여 구약과 율법의 말씀을 성취하기 때문이다. 예수가 하나님의 아들임을 증언하는 하나님의 증언이 예수의 말씀 가운데 사람들에게 전달된다. 모세가 율법의 목표이며 완성하여 종결짓는(롬 10 : 4) 예수에 대하여 기록하여 증언하므로 모세를 믿는 유대인들의 믿음은 예수를 믿는 믿음으로 나아가야 한다. 하나님이 증언하는 예수를 믿지 못함은 모세를 믿지 못하는 것이다. 유대인들이 예수를 고발한 근거인 모세의 율법으로 결국 유대인들 자신이 고발당한다.

4. 갈릴리에서 오천 명의 식사, 가버나움 회당에서 생명의 떡 말씀 : 네 번째 이적(6 : 1-15)

1그 후에 예수께서 디베랴의 갈릴리 바다 건너편으로 가시매 2큰 무리가
따르니 이는 병자들에게 행하시는 표적을 보았음이러라 3예수께서 산에
오르사 제자들과 함께 거기 앉으시니 4마침 유대인의 명절인 유월절이

가까운지라 5예수께서 눈을 들어 큰 무리가 자기에게로 오는 것을 보시
고 빌립에게 이르시되 우리가 어디서 떡을 사서 이 사람들을 먹이겠느
냐 하시니 6이렇게 말씀하심은 친히 어떻게 하실지를 아시고 빌립을 시
험하고자 하심이라 7빌립이 대답하되 각 사람으로 조금씩 받게 할지라도
이백 데나리온의 떡이 부족하리이다 8제자 중 하나 곧 시몬 베드로의 형
제 안드레가 예수께 여짜오되 9여기 한 아이가 있어 보리떡 다섯 개와 물
고기 두 마리를 가지고 있나이다 그러나 그것이 이 많은 사람에게 얼마
나 되겠사옵나이까 10예수께서 이르시되 이 사람들로 앉게 하라 하시니
그 곳에 잔디가 많은지라 사람들이 앉으니 수가 오천 명쯤 되더라 11예수
께서 떡을 가져 축사하신 후에 앉아 있는 자들에게 나눠 주시고 물고기
도 그렇게 그들의 원대로 주시니라 12그들이 배부른 후에 예수께서 제자
들에게 이르시되 남은 조각을 거두고 버리는 것이 없게 하라 하시므로
13이에 거두니 보리떡 다섯 개로 먹고 남은 조각이 열두 바구니에 찼더
라 14그 사람들이 예수께서 행하신 이 표적을 보고 말하되 이는 참으로
세상에 오실 그 선지자라 하더라 15그러므로 예수께서 그들이 와서 자기
를 억지로 붙들어 임금으로 삼으려는 줄 아시고 다시 혼자 산으로 떠나
가시니라

[6:1–15] 네 복음서가 공통으로 보도하는(마 14:13–21; 막 6:30–44; 눅 9:10–17) 요한복음 6:1~15의 오병이어 이적 사화는 6:1의 예루살렘에서 갈릴리 디베랴 바다로의 장소 이동(4:54–5:1; 참조. 2:12, 13)과 6:2의 치유 이적의 전제로 앞 단락과 연결된다(4:46–54; 5:1–9). 5장에서 예수의 권위에 대한 예루살렘에서의 논쟁과 생명의 수여자, 심판자로서 예수의 전권 설교(5:19–30) 이후 6장에서 예수께서 갈릴리에서 두 개의 이적, 오병이어의 기적(6:1–15)과 바다 위를 걷는 기적(6:16–21)을 행하므로, 하나님의 새 생명의 창조와 통치를 계시하는 가나의 결혼잔치 이적(2:1–11), 왕의

신하(βασιλικός)의 아들의 원거리(遠距離) 치유 이적(4 : 46-54)과 함께 갈릴리 이적을 완성하고 하나님의 아들로서 신적 권위를 드러낸다. 권위 있는 기적을 통해 예수께서 생명의 양식의 수여자, 생명의 주관자로 하나님의 새로운 통치를 가져옴을 계시하고 그 기적의 표적이 믿음을 불러 일으켜 예수께서 세상에 오신 선지자라는 인식과 선포를 가져온다. 4 : 48과 같이 단순하게 표적을 구하는 이적 요구는 거부된다(4 : 48 ; 6 : 26, 30). 아들 예수 안에서 드러나는 하나님의 계시가 '떡'을 주제로 연결된 '생명의 떡' 말씀(6 : 22-51ab)과 '성례전' 단락(6 : 51c-59)으로 이어지면서 제자들 사이의 분열이 생긴다. 6장 전체가 한 편으로는 예수와 백성들 및 유대인들과 다른 한 편으로는 예수와 제자들 사이의 대화라는 특징을 갖는다. 6장과 7장은 각기 시간 부사 '그 후에'와 갈릴리 지역으로 향하는 장소 이동에 대한 보고로 시작하므로 문맥상 서로 연결된다(6 : 1 ; 7 : 1).

유대인의 명절에 일어난 예수의 기적 사화인 6 : 1~15은 그 배후에 요한 교회의 분열의 상황, 성만찬의 예배가 있음을 추정하게 한다. 나아가 구약에서 이스라엘 백성의 출애굽 만나전승(출 12장; 민 11장)과 엘리사의 기적(왕하 4 : 42-44)을 상기시킨다. 예수가 '세상에 오시는 모세와 같은 선지자'라는 무리들의 고백은 신명기 18 : 15, 18과 관련될 수 있으나 요한복음은 그러한 기대를 부정적으로 평가한다(1 : 12, 25 ; 참조. 1 : 17 ; 6 : 32 ; 9 : 28). 쿰란문서(1QS Ⅸ 9 : 11 ; 4Q175)와 유대교(Billerbeck I, 85-88, J. Jeremias, ThWNT IV, 860-868)에 모세와 같은 선지자에 대한 기대가 발견되며, 헬라 문헌에 기적을 행사하는 예언자들이 등장하기도 한다(Met. II 28 이하). 본 단락에서 예수께서 무리들의 고백을 거부한다.

본 단락에서 언급된 디베랴 도시는 게네사렛 서쪽 호숫가에 있으며 티베리우스(개역개정에서 '디베랴'로 기록) 황제를 기념하기 위해 헤롯(Herodes Antipas 주후 26/27)에 의해 헤롯의 영토에 건설되었다. 그 이전에 디베랴가 매장지로 사용되었으므로 경건한 유대인들이 부정한 장소로 생각하였다. 주후 250년이 지나서야 디베랴가 유대교의 여러 중심지 중의 하나가 된다. 오병이어 기적이 계시되는 장소인 '산'은 예수의 계시(출 3장, 마 28:16; 막 9:2, 9), 가르침(마 5:1, 8; 막 13:3), 제자를 택하심(막 3:13), 치유(마 15:29), 기도(막 6:46; 눅 6:12)의 장소로 상징적인 의미를 지닐 수 있다. 구체적인 장소로 아인 쉐바(Ein Sheva, Tabgha)나 골란 지역의 한 '산'을 생각할 수 있다.

요한복음 6장은 오천 명을 먹이신 이적(1–15절) 바다 위를 걷는 이적과 주의 '현현'(16–21절), '생명의 떡'인 예수의 자기계시적 대화(22–59절, '논쟁사화', 25–59절), '주의 만찬' 설교에 대한 반응(60–71절)으로 구성된다. 6:1~15은 상황 설명(1–4절), 이적의 경과(5–11절, 무리들의 배고픔과 떡을 나눔), 이적의 결과(12–13절), 이적에 대한 반응(14–15절)으로 구성된다.

1~4절 예수께서 디베랴 바다 건너편, 곧 게네사렛 동쪽 호숫가로(마 14:34; 막 6:53; 비교 누가복음 9:10) 가신다(비교. 6:21, 24). 병자들의 치유(4:46–54; 5:1–9)를 목도한 무리들이 계속되는 표적을 기대하면서 요한복음에서 두 번째로 등장한다(5:13; 6:2, 5, 22, 24; 7, 11, 12장). 예수께서 무리들을 가르치고 자신을 계시하시기 위해 산으로 가신다(막 9:2–10). 유월절의 언급은 한 편으로 이스라엘 백성의 출애굽과 광야에서 만나 이적을, 다른 한 편으로 예수의 마지막 만찬과 예수께서 유월절 어린 양으로 죽으심을 상기시킨다(2:13, 21; 6:11; 12:1, 24; 19:30).

5~7절 예수를 따르는 무리의 궁핍의 상황이 예수와 제자들과 대화, 곧 예수의 질문(5–6절), 빌립의 답변(7절), 안드레의 반문(8–9절)으로 설명된다. 공관복음서와 달리 예수께서 먼저 무리들을 위한 음식을 어디서 사와 먹일 것인지에 관심을 갖고 질문하며, 예수의 대화 상대자도 구체적으로 빌립과 안드레임이 밝혀진다(5절, 비교. 마 14:15 이하; 막 6:35 이하; 눅 9:12 이하). 예수께서는 빌립이 예수의 질문과 무리를 위해 행하실 기적을 이해하지 못할

것을 미리 아신다(6절, 막 2 : 8 ; 눅 6 : 8 ; 9 : 47 ; 11 : 17 병행구절, 마 17 : 27). 빌립은 예수가 그리스도임을 이미 알고 있었으나(1 : 43-45) 부족을 풍요로 이끌며 생명을 살리는 하나님의 아들이 계시되는 기적을 예상하지 못한다(14 : 8, 9). 그의 인식은 200 데나리온의 부족이라는 수에 얽매어 있다(7절).

8~9절 요한복음에서 빌립과 함께 예수의 첫 제자로 부름을 받은 안드레도(1 : 40-45 ; 12 : 22) 한 아이가 가진 '보리떡 다섯 개와 물고기 두 마리'가 많은 무리에게 충분하지 못함을 언급하면서 예수께 다시 회의적으로 반문한다.

10~11절 예수께서 무리를 앉게 하고 떡을 가져 축사하시고 나누어 주는 성례를 베푼다(고전 11 : 23-24 ; 마 26 : 27 ; 막 14 : 24 ; 요 6 : 11, 23). 기적의 과정이 상세 하게 묘사되지 않고 있다. 많은 잔디는 유월절 기간임을 설명한다(막 6 : 39 ; 시 23 : 2). 예수께서 참된 양식을 주는 자로 자신을 계시한다. 예수께서 무리가 원하는 대로 주셨음을 언급하므로 기적의 능력이 강조된다.

12~13절 예수께서 베푼 식탁에 참여한 무리의 풍요가 설명된다. 예수는 궁핍을 채우시는 생명의 수여자이시다. 수 '12'는 종말적 하나님의 백성으로서 이스라엘 열 두 지파, 예수의 열 두 제자를 암시한다(6 : 67).

14~15절 예수를 따르며 기적을 보고 체험한 무리가 그들의 메시야 인식과 신앙 고백을 선포하므로 기적에 대해 반응한다. "이는 참으로 세상에 오실 그 선지자라" 예수께서는 선지자 호칭이 세속적이며 정치적인 의미로 곡해되는 것을 원하지 않았다. 신명기 18 : 15, 18에 기록된 메시야 기대가 무리들의 입에서 선포되었으나 부정적으로 평가되고 있다(1 : 12, 25 ; 참조. 1 : 17 ; 6 : 32 ; 9 : 28). 예수는 민족을 해방시키는 정치가, 혁명투사가 아니라 인간을 사랑하시며 구원하시는 하나님의 아들이다. 예수는 자신을 믿는 자들에게 영생을 주시는 참된 생명의 양식이다. 예수께서 자신을 붙들어 억지로 임금을 삼으려는 무리의 정치적 오해를 피하기 위해 다시 혼자 산으로 떠나간다. 이 땅의 모든 지상적 이해와 인식의 범주가 아니라 위로부터 오는 하나님의 계시만이 예수께서 하나님의 아들, 생명의 수여자, 주권자이심을 알게 한다.

'산'의 언급으로 6 : 3과 수미상관을 이루며 이적사화가 종결된다.

5. 바다 위를 걸으심 : 다섯 번째 이적(6 : 16-21)

> [16]저물매 제자들이 바다에 내려가서 [17]배를 타고 바다를 건너 가버나움
> 으로 가는데 이미 어두웠고 예수는 아직 그들에게 오시지 아니하셨더니
> [18]큰 바람이 불어 파도가 일어나더라 [19]제자들이 노를 저어 십여 리쯤 가
> 다가 예수께서 바다 위로 걸어 배에 가까이 오심을 보고 두려워하거늘
> [20]이르시되 내니 두려워하지 말라 하신대 [21]이에 기뻐서 배로 영접하니
> 배는 곧 그들이 가려던 땅에 이르렀더라

[6 : 16-21] 예수께서 물 위를 걷는 기적은 오병이어의 기적 사건을 바로 뒤따른다(비교. 막 6 : 32-44, 45-52). 이 기적사화는 마태복음 14 : 22~33과 마가복음 6 : 45~52에서도 보도되며, 두 복음서에 비하여 요한복음은 사건을 짧게 요약한다. 요한복음에 기록된 다른 기적사화와 달리 6 : 16~21에서 제자들이 기적을 실제로 보고 두려워하며 또 기뻐한다. 바닷가에서 예수의 자기계시 현현과 제자들이 구원받는 기적은 예수의 시대를 넘어 언제나 외적으로 위협 받을 수 있는 교회 상황을 반영한다.

바다 위로 걸어 제자들에게 나아가시는 예수의 현현 이적은 온 만물의 창조자, 주권자이심을 계시하므로 구약의 창조사화(창 1 : 10), 출애굽 시 이스라엘 백성이 홍해를 건너는 이적(출 14 : 21 이하, 27 이하)을 상기시킨다. 예수의 구원으로 인한 제자들의 기쁨은 모세와 미리암의 노래를 연상시킨다(출 15 : 1-21). 바다 위를 걷는 하나님의 능력을 구약성경이 도처에서 증거한다(욥 9 : 8 ; 38 : 16 ; 시 66 : 6 ; 78 : 13 ; 느 9 : 11).

6 : 16~21은 상황 설명(제자들의 항해 16절, 예수의 부재 17절), 풍파(風波)의 위협(18절), 예수의 현현과 제자들의 두려움(19절), 예수의 명령(20절),

제자들의 기쁨과 목적지 도착(21절)으로 구성된다.

16~17절 저녁 때 제자들이 바다 저편 가버나움으로 항해를 한다. 예수께서 아직 산에서 내려오지 않았다. 날은 이미 어두워졌다. 어둠은 빛과 대조적으로 인간이 하나님과 멀어져 예수를 따르지 않고 예수를 떠나 위협에 처해 있는 상태를 상징적으로 표현한다(1:5; 8:12; 12:35, 46; '밤' 3:2; 9:4; 11:10; 13:30; 19:39; 21:3).

18절 큰 풍파로 제자들이 생명의 위협에 처한다. 6:17에서 언급된 예수의 부재와 그로 인한 결과가 간접적으로 강조되고 있다.

19절 제자들이 바다 중앙으로 약 4.5에서 5.5km 진입했을 때 갑자기 예수께서 바다 위로 걸어서 제자들이 승선한 배 가까이로 오시는 것을 목도한다. 갑작스런 예수의 현현으로 제자들은 두려움에 휩싸인다.

20절 예수께서 제자들에게 자신을 직접 계시하시며 두려워하지 말 것을 명하신다(마 14:27; 막 6:50). '나다'(ἐγώ εἰμι)라는 예수의 자기 계시 말씀이 4:26에 이어 다시 등장한다(시 34:3). 이적 현현으로 만물의 통치자이신 자신의 신성을 예수께서 직접 계시하신다.

21절 예수의 말씀으로 인해 평온을 되찾은 제자들이 기쁨으로 예수를 배 안으로 영접하여 목적지 바다 건너편 가버나움에 도착한다.

6. 하늘에서 내려오는 '생명의 떡' 설교(6:22-59; 첫 번째 "나는 …… 이다" 말씀, 6:35, 48, 51)

22이튿날 바다 건너편에 서 있던 무리가 배 한 척 외에 다른 배가 거기
없는 것과 또 어제 예수께서 제자들과 함께 그 배에 오르지 아니하시고
제자들만 가는 것을 보았더니 23(그러나 디베랴에서 배들이 주께서 축사하
신 후 여럿이 떡 먹던 그 곳에 가까이 왔더라) 24무리가 거기에 예수도 안

계시고 제자들도 없음을 보고 곧 배들을 타고 예수를 찾으러 가버나움으
로 가서 25바다 건너편에서 만나 랍비여 언제 여기 오셨나이까 하니 26예
수께서 대답하여 이르시되 내가 진실로 진실로 너희에게 이르노니 너희
가 나를 찾는 것은 표적을 본 까닭이 아니요 떡을 먹고 배부른 까닭이
로다 27썩을 양식을 위하여 일하지 말고 영생하도록 있는 양식을 위하여
하라 이 양식은 인자가 너희에게 주리니 인자는 아버지 하나님께서 인
치신 자니라 28그들이 묻되 우리가 어떻게 하여야 하나님의 일을 하오리
이까 29예수께서 대답하여 이르시되 하나님께서 보내신 이를 믿는 것이
하나님의 일이니라 하시니 30그들이 묻되 그러면 우리가 보고 당신을 믿
도록 행하시는 표적이 무엇이니이까, 하시는 일이 무엇이니이까 31기록
된 바 하늘에서 그들에게 떡을 주어 먹게 하였다 함과 같이 우리 조상들
은 광야에서 만나를 먹었나이다 32예수께서 이르시되 내가 진실로 진실
로 너희에게 이르노니 모세가 너희에게 하늘로부터 떡을 준 것이 아니
라 내 아버지께서 너희에게 하늘로부터 참 떡을 주시나니 33하나님의 떡
은 하늘에서 내려 세상에 생명을 주는 것이니라 34그들이 이르되 주여
이 떡을 항상 우리에게 주소서 35예수께서 이르시되 나는 생명의 떡이니
내게 오는 자는 결코 주리지 아니할 터이요 나를 믿는 자는 영원히 목
마르지 아니하리라 36그러나 내가 너희에게 이르기를 너희는 나를 보고
도 믿지 아니하는도다 하였느니라 37아버지께서 내게 주시는 자는 다 내
게로 올 것이요 내게 오는 자는 내가 결코 내쫓지 아니하리라 38내가 하
늘에서 내려온 것은 내 뜻을 행하려 함이 아니요 나를 보내신 이의 뜻을
행하려 함이니라 39나를 보내신 이의 뜻은 내게 주신 자 중에 내가 하나
도 잃어버리지 아니하고 마지막 날에 다시 살리는 이것이니라 40내 아버
지의 뜻은 아들을 보고 믿는 자마다 영생을 얻는 이것이니 마지막 날에
내가 이를 다시 살리리라 하시니라 41자기가 하늘에서 내려온 떡이라 하
시므로 유대인들이 예수에 대하여 수군거려 42이르되 이는 요셉의 아들

예수가 아니냐 그 부모를 우리가 아는데 자기가 지금 어찌하여 하늘에서
내려왔다 하느냐 43예수께서 대답하여 이르시되 너희는 서로 수군거리지
말라 44나를 보내신 아버지께서 이끌지 아니하시면 아무도 내게 올 수 없
으니 오는 그를 내가 마지막 날에 다시 살리리라 45선지자의 글에 그들이
다 하나님의 가르치심을 받으리라 기록되었은즉 아버지께 듣고 배운 사
람마다 내게로 오느니라(사 54 : 13) 46이는 아버지를 본 자가 있다는 것
이 아니니라 오직 하나님에게서 온 자만 아버지를 보았느니라 47진실로
진실로 너희에게 이르노니 믿는 자는 영생을 가졌나니 48내가 곧 생명의
떡이니라 49너희 조상들은 광야에서 만나를 먹었어도 죽었거니와 50이
는 하늘에서 내려오는 떡이니 사람으로 하여금 먹고 죽지 아니하게 하
는 것이니라 51나는 하늘에서 내려온 살아 있는 떡이니 사람이 이 떡을
먹으면 영생하리라 내가 줄 떡은 곧 세상의 생명을 위한 내 살이니라 하
시니라 52그러므로 유대인들이 서로 다투어 이르되 이 사람이 어찌 능히
자기 살을 우리에게 주어 먹게 하겠느냐 53예수께서 이르시되 내가 진실
로 진실로 너희에게 이르노니 인자의 살을 먹지 아니하고 인자의 피를
마시지 아니하면 너희 속에 생명이 없느니라 54내 살을 먹고 내 피를 마
시는 자는 영생을 가졌고 마지막 날에 내가 그를 다시 살리리니 55내 살
은 참된 양식이요 내 피는 참된 음료로다 56내 살을 먹고 내 피를 마시는
자는 내 안에 거하고 나도 그의 안에 거하나니 57살아 계신 아버지께서
나를 보내시매 내가 아버지로 말미암아 사는 것 같이 나를 먹는 그 사람
도 나로 말미암아 살리라 58이것은 하늘에서 내려온 떡이니 조상들이 먹
고도 죽은 그것과 같지 아니하여 이 떡을 먹는 자는 영원히 살리라 59이
말씀은 예수께서 가버나움 회당에서 가르치실 때에 하셨느니라

[6 : 22–59] 하늘에서 내려오는 '생명의 떡' 설교(6 : 22–59)는 네 복음서 중 요한복음에만 등장한다. '디베랴 갈릴리'를 중심으로 바다 건너편과 저편의 기

적이 서로 연결되며(6 : 1, 16, 22, 23, 25), '생명의 떡' 설교를 준비한다(6 : 22-59). 6 : 1~15에서 예수께서 생명의 떡을 주시는 생명의 수여자로 계시되었고, 본 단락에서는 예수는 자신이 주시는 선물인 생명의 떡과 동일시된다. 이로써 성육신 하신 말씀(1 : 14)으로, 유월절 어린양(1 : 29)으로, 자기 몸을 희생하여(2 : 21), 인류를 구원하는 참된 성찬이 예고된다. 믿는 자들은 성찬의 예배를 함께 드리는 중에 예수의 임재를 체험하며 예수께서 생명의 참된 구원자 되심을 깨달을 수 있다. 본 단락의 배후에 유대교 지혜 문학의 교훈적인 문답식 가르침이 있다. 먼저 무리들, 유대인들, 제자들의 집단이 예수를 향해 질문을 던지고 그 질문에 예수께서 답변하신다(참조. 3 : 1-21, 니고데모와 대화). ① 무리의 질문(25, 28, 30절)과 요청(34절), 예수의 답변(26, 27, 29, 32-33, 35-40절), ② 유대인들의 수군거림과(41-42절) 논쟁(52절), 예수의 답변(43-51, 53-58절), ③ 제자들의 수군거림(60절), 예수의 답변(61-65절), 끝으로 열 두 제자를 향한 예수의 질문(67절) 및 베드로의 답변(68-69절)과 함께 유다의 배신을 예수께서 예고한다(70절). 특히 30~35, 41~51절 전반부의 배후에 '예수께서 하늘에서 내려 온 참 생명의 떡'이라는 한 주제로 대화를 이끄는 유대교 지혜문학의 한 형태를 엿볼 수 있다. 지혜 문학의 양식의 대화는 듣는 이들의 이의제기, 되풀이, 변이 그리고 심화를 통해 전개된다. 배고픔과 목마름, 떡과 음료의 비유가 지혜문학의 모티브로도 등장한다(6 : 35, 잠 9 : 5 ; 시락 15 : 3 ; 24 : 19-22 ; 51 : 24). 이 대화의 배후에 예수 초기 기독교시기에 교회 공동체의 성례전과 그에 대한 교육도 추정할 수 있다. 초기 기독교에서 성례전에 사용되고 주의 만찬과 긴밀하게 연결된 출애굽 만나 표상이 등장한다(출 16 : 4, 15 ; 시 78 : 24 ; 105 : 40 ; 느 9 : 15 ; 비교. 고전 10 : 3 이하; 계 2 : 14, 17). 구약성서 이후 유대교에서 '만나'는 창조의 제 칠일에 창조되는 것들에 속하였다(Bill Ⅳ 506). 이스라엘 백성이 토라의 율법을 받아들인 것에 대한 보상으로 그들은 광야에서 기적의 음식, 만나와 반석에서 나오는 기적의 물을 얻었다(출 17 : 1-7). '만나'는 각자가 원하는 맛을 제공하였다. 만나는 종말 시에 드러날 하나님의 구원을 미리 맛보는 광야 시대의 구원을 특징짓는다. 그러나 본 단락에서 독특하게 만나 표상이 생명의 떡인 예수와 관련하여 부정적으로 평가 절하된다(신 8 : 3). 예수께서 참 생명의 떡이시기 때문이다(참조. 벤시락의 지혜 24 : 21이하). 세례가 교회 공동체로 들어오는 전제가 되었다면(3장) 성례와 애찬은 교회 공동체 생활의 일부가 된다. 성례 시에 떡은 예수의 몸을 기억하게 한다. 하늘에서 내려온 참 생명의 떡인 예수를 믿고 성례에 참여하는 자는 마지막 날에 다시 사는 영생의 구원을 얻게 된다.

6 : 51c~59에 요한 교회 안의 가현설 논쟁이 드러나며 그로 인한 교회 안의 분열과 그 위협을 6 : 60~71에서 읽을 수 있다. 예수께서 육체로 세상에 오신 것을 부인하는 가현주의자들은 주의 만찬의 구원론적인 의미를 부인하였다. 그러나 들림 받으신 인자, 성육신하신 말씀, 십자가에 못 박히고 죽으셨다 다시 부활 하신 예수 그리스도는 동일한 분이다. 성만찬의 떡은 세상의 생명을 위한 '예수의 살'(σάρξ)이다(51, 52, 53, 54, 55, 56절). 믿는 자는 만찬의 떡을 곱씹어 먹으므로(τρώγειν, 54, 56, 57, 58절) 영생에 선취적으로 참여한다(54, 56, 58절). 예수를 믿는 자는 예수를 통하여 구원의 길에 이르며 성례에 참여함은 예수를 통한 영생의 구원에 참여함을 보증한다.

본 단락은 생명의 떡 설교로의 전이(6 : 22-25), 생명의 떡 설교 입문(6 : 26-29), 첫 번째 설교 '예수는 생명의 떡'(6 : 30-40, 예수는 생명의 떡 30-35절, 예수의 파송 36-40절), 두 번째 설교 '예수가 생명의 떡이 되는 근거'(6 : 41-51, 믿음의 인식과 불신앙의 오해 41-46절, 생명의 떡 47-51절), 세 번째 설교 '생명의 떡을 얻는 방법'('성찬 말씀' 6 : 52-59)으로 구성된다. 뒤따르는 6 : 60~71은 생명의 떡 설교의 결과와 반응이다.

22~23절 오병이어의 기적을 체험한(26절) 무리들이 밤 동안 기적의 장소에 머물러 있었다. 이튿날(1 : 29, 35, 43 ; 12 : 12) 무리들은 예수께서 그 장소를

떠나지 않은 것으로 알고 예수를 찾는다. 제자들이 타고 떠난 배에 예수께서 부재하심을 그들이 보았기 때문이다(24절). 디베랴로부터 온 작은 배들이(6 : 22, 23, 24 ; 21 : 8 ; 막 3 : 9) 다시 무리가 있는 오병이어의 기적의 장소에 도착한다.

24~25절 배 안에 예수와 그의 제자들이 부재함을 본 무리가 배들을 타고 예수를 찾기 위해 바다 건너편 가버나움으로 가 예수를 만나 그가 언제 그 곳에 오셨는가를 질문한다. 기적적인 방법으로 예수께서 약 4.5에서 5.5km 정도 바다 위를 걸으셨고 풍파를 잔잔케 하신 후 제자들과 함께 배를 타고 가버나움에 도착하셨다(18–21절).

26절 무리들은(2, 5, 22, 24절) 오병이어의 기적(1–15절)을 오해하고 예수를 찾았다. 그들은 오병이어의 기적이 인간을 구원하고 영생을 선물로 주는 예수의 영광을 계시하는 표적(35절)임을 이해하지 못하였다. 그들은 떡을 먹는 기적이 계속해서 일어나 배가 부르게 되기만을 원하였다. 여기서 오병이어 기적(1–15절)을 가리키는 긍정적인 의미로 표현된 '표적'이(비교. 2 : 23 이하; 3 : 2 ; 4 : 48 ; 6 : 14 ; 11 : 47) 출애굽의 만나사건으로 논증하는 '생명의 떡' 말씀을 준비한다.

27절 '양식'은 지혜 문학적 표현으로 '일'과 관련된다(28절, 참조. 마 6 : 19 이하; 막 8 : 36). '양식'을 얻기 위해 사람들이 '일'을 한다(살후 3 : 12) 영생하도록 있는 인자가 미래에 줄 양식은 6 : 30~58에서 설명된다(58절). 그 양식은 하늘로부터 내려오는 하나님께서 인을 쳐 확증하신 인자 자신이다(58절).

28~29절 하나님을 위한 일은 하나님께서 보내신 예수를 믿는 일이다(35, 47절). 영생하도록 있는 양식, 곧 구원을 위한 인간의 일의 시작은(빌 2 : 12 이하) 하나님으로부터 시작된다. 하나님께서 보내신 예수를 믿는 일이다.

30절 '예수는 생명의 떡' 설교(30–59절)는 유대인들의('조상' 31, 41절) 질문으로 시작된다. 자신을 인자(27절,) 하나님 아버지께서 인 치신 자(27절), 보내신 자(29절)로 이해하는 이는 사람들이 그를 믿도록 종말 시에 오실 그 선지자 메시야로 자신을 드러내야 한다(14절). 사람들이 예수께서 행하시는 '표적'(막 8 : 1-10, 11-13 ; 마 15 : 32-39 ; 16 : 1-4)과 '일'이 무엇인지를 질문한다.

31절 유대인들이 종말 시에 다시 맛 볼 것으로 기대된 출애굽 모세의 만나 이적을 예수께 요구한다(6 : 1-15 ; 출 16 : 4, 15 ; 시 78 : 24 이하; 105 : 40 ; 느 9 : 15 ; 지혜서 16 : 20 ; 참고 2 : 18).

32~33절 하나님의 구원은 유대인들의 구약 이해와 민족적인 메시야 구원의 기대를 넘어선다. 모세가 하늘로부터 떡을 준 것이 아니었다. 그가 준 떡은 영생을 주는 생명의 양식이 아니었다. 아버지께서 지금 하늘에서 내려 온 세상에 영생을 주는 참 떡을 주실 것이다(6 : 35, 시 78 : 24 이하).

34절 말씀을 오해한 유대인들은 '참 떡'이 이미 그들 앞에 주어졌음을 알지 못하고(6 : 36), '참 떡'을 예수께 요구한다(비교. 4 : 14 ; 6 : 26, 28, 30).

35절 생명의 떡은 이미 주어졌고, 지금 그들 앞에 있는 예수 자신이다(4 : 26 ; 6 : 20). 예수께서 구원을 가져오며 구원이다. "나는 생명의 떡이다."라는 예수 구원의 계시 다음에 예수께 '올 것'과 '믿을 것'을 요구하는 구원 참여 요청과 함께 '주리거나 목마르지 않을 것'에 대한 구원의 약속이 뒤따른다. 참 생명의 떡인 예수를 믿음으로 사망을 이기고 영생, 구원에 이른다.

36절 과거에 조상들이 만나를 경험한 유대인들은 예수와 오병이어의 기적을 포함한 예수의 사역을 보았으나(14, 26, 30절) 믿지 아니하므로(64절) 예수를 떠나고(66절), 배교(70-71절)에 이른다.

37절 개개인을 향하신 하나님의 구원의 의지, 아버지의 뜻(38, 39, 40절)은 예수에게 나와 그를 믿고 믿음 가운데 머무르므로 성취된다. 생명이신 예수께서 하나님 아버지께서 부르셔서 예수께 주신 자들을 예수 자신이 영접하고 결코 생명의 영역 밖으로 내쫓아(비교. '회당 출교' 9 : 34, 35) 멸망에 이르게 하지 않는다.

38절 예수께서 하늘에서 내려오므로 그를 보내신 하나님 아버지의 뜻을 성취한다. 하나님께서 부르셔서 예수께 나아와 그를 믿어 영생의 구원에 이르는 것이 아버지의 뜻이다.

39절 예수를 보내신 아버지의 뜻을 이루는 예수의 사역은 하나님 아버지가 부르셔서 예수를 믿도록 보내신 자들 중 한 명도 멸망에 이르지 않고 종말 심판 시에 다시 살게 하는 것이다.

40절 하나님 아버지의 뜻은 아들 예수 그리스도를 보고 믿는 자마다 영생을 얻는 것이다. 인간은 예수를 믿으므로 육체의 죽음을 이기고 영생을 얻는다.

41절 예수의 메시야적 기원에 대한 말씀을 이해하지 못한 유대인들은 자신들의 과거 조상인 옛 이스라엘 백성들이 하나님을 향해 그러했던 것처럼 예수에 대해 수군거린다(출 16 : 2, 7 이하; 고전 10 : 10).

42절 유대인들이 기다리는 종말에 모세와 같은 선지자는 메시야 과업을 완성할 때까지 자신의 모습을 드러내지 않거나 갑작스럽고 놀라운 비밀스런 방식으로 자신을 드러내야 한다(7 : 27). 그러나 유대인들 모두 예수의 부모가 누구인지를 안다(마 12 : 46–50 ; 막 3 : 31–35 ; 눅 8 : 19–21 ; 참조. 요 7 : 1–9). 그는 일반 사람들과 다르지 않다.

43절 예수의 메시야성은 한편으로 유대인들이 예수의 부모를 안다는 언급과 그 배후에 놓인 예수 탄생 기적역사를 통해(1 : 45 ; 마 1 : 18–25 ; 눅 1 : 26–35) 암시적으로(42절) 동시에 다른 한 편으로 예수 스스로 자신이 하나님이 보내신 자, 하늘에서 내려오는 자임을 직접 선언하므로 명시적으로 증언되었다. 예수께서 메시야의 권위로 유대인들을 향해 서로 수군거리지 말아야 할 것을 명령한다.

44~46절 6 : 44~46은 아들을 보내신 아버지의 뜻, 파송의 목적을 말하는 39~40절과 병행을 이루며 그 목적을 이루는 과정을 '하나님의 이끄심, 하나님의 가르치심, 하나님을 봄'이라는 구약과 유대교 세 전승에 의거하여 상술한다.

44절 하나님께서 사람들을 율법으로 이끄는 것이 아니라(비교. Traktat Abot 1 : 12) 예수께로 이끄신다.

45절 아버지께서 이끄시고(44절) 가르치시므로 아버지께 듣고 배운 자가 (사 54 : 13) 예수께 나아가 종말에 다시 살아난다.

46절 예수께서 하나님에게서 온 메시야임을 유대교 전승에 의거하여 다시 강조하여 설명한다. 모세를 비롯하여 그 누구도 하나님을 보지 못하였으나 하나님에게서 온 자인 예수만 아버지를 보았다(5 : 37 이하). 여기서 하나님의 파송과 예수의 선재 사상을 읽을 수 있다(1 : 18). 오직 메시야인 예수를 봄으로 인간은 하나님을 볼 수 있다. 예수를 통하여서만 인간은 하나님의 구원에 참여할 수 있다. 예수만이 아버지의 뜻을 이루어 아들을 보고 믿는 자 마다 영생을 얻게 하기 때문이다(참조. 40절). 그러므로 예수는 생명의 떡이다.

47~51절은 예수께서 생명의 떡이심을 다시 강조하며 6 : 32~35과 병행된다.

47절 예수를 믿는 자는 누구나 영생을 갖는다는 약속의 말씀이 예수 자신의 자기 증언으로 주어진다(35b, c절의 요약).

48절 예수께서 '생명의 떡'이기 때문이다(35a절).

49절 광야에서 만나를 먹었던 조상들이 죽었으므로 모세가 준 떡은 하늘로부터 준 떡이 아니다(31b–32b절).

50절 하늘에서 내려오는 떡은 누구든지 먹고 죽지 않도록 생명을 준다(참조 신 8 : 3 ; 시 78 : 24 이하; 6 : 33).

51절 예수는 하늘에서 내려온 살아 있는 떡이며 사람이 먹고 영원한 생명을 얻게 되는 생명의 떡이다. 창조주이며 생명의 주권자인 하나님 아버지께서 아들에게 생명의 전권을 부여하셨고(5 : 26) 아들을 믿는 자 마다 영생을 얻도록 아들을 세상에 보내셨다(3 : 16–17). 예수가 생명의 떡이므로 누구든지 예수를 먹는 자는 영원히 살 것이다(35c, 51b절). 믿는 것(35c, 47절)과 먹는 것(50절)이 동일시된다. 예수는 생명의 떡이며, 생명의 떡을 주는 분이다(33a, 51c). 자신의 몸을 인간의 죄를 속하기 위해 대신 내어 주어 세상에 생명을 주신다(1 : 29 ; 2 : 19–21 ; 19 : 34). 모세와 광야 시대의 만나를 능가하는 참 구원의 생명을 선물로 주시므로 예수는 생명의 떡이시다. 예수께서 그를 믿는 자가 영생을 얻도록 '주시는'(32, 33, 51c절) '생명의 떡'이(35, 48절) '살아있는 떡'(51a)이며, 세상의 생명을 위한(10 : 11, 15 ; 11 : 4, 50, 51, 52 ; 13 : 37, 38 ; 15 : 13 ; 17 : 19 ; 18 : 14 ; 요일 3 : 16) 예수의 '살'(육신 1 : 14)이라는 설명 배후에 가현설에 반대하는 성육신(이그나티우스의 서머나서 7 : 1 ; 로마서 7 : 3 ; 필라델피아서 4 ; 트랄리아서 8 : 1 ; 저스틴의 변증 I 66 : 2)과 십자가 신학 및 성례전적 이해를 읽을 수 있다(막 14 : 22 ; 고전 11 : 24, 51).

52절 하늘에서 내려온 살아있는 생명의 떡이신 예수께서 세상의 구원을 위해 자신의 살을 주신다는 말씀으로 인해(51절) 옛 이스라엘 백성들이 출애굽 광야시절에 그러했던 것처럼(출 17 : 2 ; 민 20 : 3), 유대인들 사이에 분쟁이 발생한다(비교. 41절). 살아 있는 떡인 예수가 분쟁의 직접적 대상이 되며(참조. 민 20 : 13), 51절 '살'의 주제가 6 : 52~59까지 이어진다. 인육(人肉)을 먹는 것과 신성(神聖)을 먹는 예전으로의 초대는 유대인들에게 금기사항이었다(솔로몬의 지혜 12 : 4-6 ; 참조. '짐승의 피를 마시는 것의 금기' 창 9 : 4 ; 레 3 : 17 ; 신 12 : 16, 23-25 ; 15 : 23 ; '종말시 참혹상' 렘 46 : 10 ; 겔 39 : 17 이하 ; 계 17 : 6 ; 비교. 디오니소스 예전).

53절 6 : 53~55은 예수의 살과 피를 먹는 것이 영생의 선물을 보증함을 설명한다. 인자 말씀이 인간을 구원하는 예수의 죽음, 십자가 신학과 관련되며(막 8 : 31 ; 9 : 31 ; 10 : 33), 초기 교회의 성만찬 예식의 전제가 되고 그 성격을 규명한다(막 14 : 21-25). 성육신하시고 십자가에 죽으신 예수께서 하늘에서 내려온 인자이시므로 예수의 십자가 사건이 주는 구원을 믿고 성찬에 참여하는 자에게 영생을 선물로 줄 수 있다. 인자의 살을 먹고 피를 마시지 않는 자에게는 생명이 없다.

54절 6 : 53의 경고와 달리 성찬으로의 초대와 약속의 말씀이 주어진다. 예수의 살을 먹고 피를 마시는 자를 인자가 종말 시(6 : 39, 40, 44, 54 ; 11 : 24 ; 12 : 48 ; 비교. 7 : 37)에 다시 살릴 것이다. 성찬에서 믿는 자가 미리 맛보는 영생의 경험은 종말시 부활로 완성된다. 6 : 54~58에서 예수의 살을 '씹어 먹는다'(τρώγειν)는 표현은 가현설을 반대하며 성찬에 현재하는 성육신과 십자가 죽음의 실제 상황을 강조한다(비교. 6 : 54, 56, 57, 58 ; 13 : 18 ; 마 24 : 38 ; 비교. 53절 ἐσθίειν).

55절 옛 이스라엘 백성은 만나(49절)와 반석의 물(출 17 : 1-7 ; 민 20 : 1-13)을 먹고 마셨으나 죽었으므로 참 양식과 음료가 아니다. 예수의 살과 피가 영생을 보증하는 참된 양식과 음료이다.

56절 성찬에서 예수의 살과 피를 먹고 마시는 자는 '예수와 함께' 거한다. 복음서에 다양하게 전개된 '예수와 함께함'의 주제가 성찬과 관련하여 등장한다(참조. 10 : 38 ; 14 : 10 이하 ; 15 : 4-7 ; 17 : 20-26 ; 요일 3 : 24 ; 4 : 13, 16, 비교. 바울서신에서 '그리스도 안에' 주제).

57절 살아 계신 하나님이 자기 아들을 세상에 보내시므로 그 아들을 믿는 자에게 영생이 주어진다. 아들이 그를 보내시는 아버지로 말미암아 사는 것처럼 믿는 자는 아들로 말미암아 살 것이다(33, 35, 48, 51절). 현재 믿는 자의 미래 영생이 약속된다.

58절 성찬에 현존하는 예수는 하늘에서 내려온 생명의 떡이다(50, 51절). 죽음을 넘어 미래에 영원한 생명이 주어진다. 성찬에 현존하는 예수를 영접하는 자는 생명의 떡을 먹고 영원히 살 것이다. 이 양식은 모세의 출애굽 광야시대 조상들이 먹고 죽은 것과 다르다.

59절 어떻게 생명의 떡, 곧 구원을 얻을 수 있는가에 관한 요한 교회의 가르침이 성찬의 맥락에서 아버지에 의한 아들의 선재와 파송, 성육신, 십자가 죽음과 관련하여 설명되었다. 교육의 장소로 '가버나움' 회당의 언급은 생명의 떡 말씀(22-51절)과 성찬 말씀(52-58절) 전체를 수미상관으로 연결시킨다(6 : 17, 24, 59 ; 비교. 2 : 12 ; 4 : 46).

7. 제자들의 배교와 베드로의 신앙고백(6 : 60–71)

60제자 중 여럿이 듣고 말하되 이 말씀은 어렵도다 누가 들을 수 있느냐
한대 61예수께서 스스로 제자들이 이 말씀에 대하여 수군거리는 줄 아시
고 이르시되 이 말이 너희에게 걸림이 되느냐 62그러면 너희는 인자가
이전에 있던 곳으로 올라가는 것을 본다면 어떻게 하겠느냐 63살리는 것
은 영이니 육은 무익하니라 내가 너희에게 이른 말은 영이요 생명이라
64그러나 너희 중에 믿지 아니하는 자들이 있느니라 하시니 이는 예수께
서 믿지 아니하는 자들이 누구며 자기를 팔 자가 누구인지 처음부터 아
심이러라 65또 이르시되 그러므로 전에 너희에게 말하기를 내 아버지께
서 오게 하여 주지 아니하시면 누구든지 내게 올 수 없다 하였노라 하시
니라 66그때부터 그의 제자 중에서 많은 사람이 떠나가고 다시 그와 함
께 다니지 아니하더라 67예수께서 열두 제자에게 이르시되 너희도 가려
느냐 68시몬 베드로가 대답하되 주여 영생의 말씀이 주께 있사오니 우
리가 누구에게로 가오리이까 69우리가 주는 하나님의 거룩하신 자이신
줄 믿고 알았사옵나이다 70예수께서 대답하시되 내가 너희 열둘을 택하
지 아니하였느냐 그러나 너희 중의 한 사람은 마귀니라 하시니 71이 말
씀은 가룟 시몬의 아들 유다를 가리키심이라 그는 열둘 중의 하나로 예
수를 팔 자러라

[6:60–71] 6:16~25의 예수의 자기 계시 현현 이적과 달리, 성찬에 현재하는 '생명의 떡'이신 예수의 자기 계시 설교(6:22-59; 6:35, 48, 51)는 듣는 자들을 향해 믿음을 요구하며 제자들 가운데 분열과 참된 제자도에 대한 질문을 야기한다. 제자들의 분쟁과 실족(61절), 배교와 떠남(66절), 배신(71절)이라는 부정적 모습이 주석적으로 설명되므로 6장을 읽는 독자와 믿는 자가 참된 제자도와 신앙고백으로 나아갈 것을 역설적으로 촉구한다. 본 단락은

제자들의 분열 및 배교, 예수를 떠나는 제자들(예수와 제자들 사이의 첫 번째 대화—6 : 60–66)과 베드로의 신앙고백, 예수께 머무는 제자들(예수와 열두 제자 및 베드로와 두 번째 대화—6 : 67–71)로 구성된다.

60~61절 예수와 제자들 사이의 대화가 시작된다. 유대인들처럼(41, 43절; 비교. 무리들 7 : 32) 제자들도 성찬에 현재하는 '생명의 떡'이신 예수의 자기 계시 말씀을 이해하기 어렵다고 수군거린다. 예수께서 그 말씀이 제자들에게 걸림돌이 되어 실족하게 하는지를 질문한다.

62절 예수께서 어떻게 생명의 떡이며 세상을 위한 양식(48, 51절)이신지는 예수께서 자신을 보내신 아버지의 뜻을 이룬 후 아버지께로 올리어진('승귀'〈乘歸〉) 후에, 곧 십자가에 달려 대속의 죽음을 죽으시고 부활하신 후에 분명하게 알려질 것이다(3 : 13 ; 6 : 62 ; 20 : 17 ; 참조. '들리다' 3 : 14 ; 8 : 28 ; 12 : 32, 34).

63절 예수는 창조의 근원이신 아버지께로부터 온 아버지가 보내신 아들로 생명의 떡이다. 세상에 속한 '육체'로서가 아니라 세상의 창조 이전에 아버지와 함께 있었던 아들로, 아버지께 '올라가는 자'로 계시된 후에 생명을 살리는 성령을 보내신다(14 : 16, 26).[1] 오직 성령이 예수를 알게 하고 믿음과 영생을 인간에게 선사한다. 여기서 영과 육의 대조는 기독론이 아니라 신앙과 불신앙에 이르는 인간론의 관점에서 파악할 수 있다(참조. 3 : 6). 성찬에 실제하는 생명의 떡인 예수의 살을 먹으므로 믿는 자가 영생을 얻게 되는 것은 성령의 능력으로만 이해될 수 있다.

64절 제자들 중에 믿는 자와 믿지 않는 자가 구별된다. 선재하신 예수는 인간의 마음의 중심을 아시며(2 : 25) 자신의 제자들 중에 믿지 않는 자들과 자신을 배신하고 팔아넘길 자가 누구인지를 안다. 요한복음에서 유다의 존재가

---

1) G. Richter, *Studien zum Johannesevangelium*, 1977, 174.

처음 언급된다(막 14 : 42 ; 마 10 : 4 ; 눅 22 : 21).

65절 믿음은 하나님의 선물이다. 아버지께서 믿는 자를 예수께 나아가게 한다(37, 39, 44절). 생명의 말씀을 듣고 영접하여 믿는 자가 구원에 이른다.

66절 성찬에 현존하는 생명의 떡인 예수의 자기 계시 말씀으로 믿는 자와 믿지 못하는 자가 구별되며 불가피한 분열이 야기된다(참조. 요일 2 : 18, 22, 26 ; 4 : 20). 말씀에 걸림이 되어 실족하게 된 제자들의 일부(60–61절)는 유다와 같이(64절) 뒤로 물러나 더 이상 예수와 함께 행하며 다니지 않고 배교의 길로 나아간다.

67절 요한복음에서 처음으로 '열두 제자'가 등장한다(20 : 24). '열둘'은 앞 단락(60–66절)에 나오는 확대된 '제자' 그룹과 구별된다(60, 61, 66절). 신약성경에서 '열둘'은 예수께서 선택하신(마 10 : 1 이하; 막 3 : 14, 16 ; 눅 6 : 13 '사도') 새로운 하나님의 백성(참조. 창 35 : 22 ; 신 1 : 23 ; 행 7 : 8 ; 약 1 : 1)으로 교회를 대표하며(고전 15 : 5), 예수와 함께하는 자들로(마 26 : 20 ; 막 14 : 17 ; 11 : 11 ; 눅 8 : 1), 그의 가르침을 받고 그를 따르는 자들이다(막 9 : 35 ; 10 : 32). 유다의 배신(마 26 : 14, 47 ; 막 14 : 10 ; 눅 22 : 3, 47) 및 제자도 교훈과 관련하여 '열둘'이 부정적으로 언급되기도 한다(20 : 24). 배교자들처럼 "너희도 가려느냐?"는 예수의 질문으로 '믿음과 제자도'에 관한 예수와 열두 제자 사이의 대화가 이어진다.

68~69절 예수를 따르고자 하는 시몬 베드로의 답변이 "우리가 누구에게로 가오리이까"라는 반문으로 이어진다. 예수께서 유일한 구원의 '주'(6 : 34 ; 20 : 18 ; 빌 2 : 11 ; 롬 10 : 12)이며 '하나님의 거룩하신 자'(10 : 36 ; 17 : 11 ; 요일 2 : 20 ; 막 1 : 24)로 믿는 자들을 거룩하게 하시는(17 : 19) '영생의 말씀'(4 : 14 ; 6 : 35)임이 베드로의 고백을 통해 확인된다. "너는 '생명의 말씀'이다." 라는 베드로의 고백은 "나는 '생명의 말씀'이다."라는 예수의 자기 계시 선포를 확증한다. 신앙고백이 예수를 떠나는 자들과 예수와 함께하는 자들을 구별하며, '우리'(68절) 교회의 기초를 형성한다.

70~71절 예수의 답변이 제자들의 고백을 인정한다. 예수께서 그들을 택하셨으므로(13 : 18 ; 15 : 16, 19 ; 눅 6 : 13) 그들이 예수께 머무를 수 있다. 선택된 '열둘' 중 하나였으나 예수를 떠난 배신자 유다가 '마귀'로 언급된다(비교. 눅 22 : 3). 제자로의 선택은 예정이나 강요가 아니라 부르심에 믿음으로 영접함으로 구원을 선사받는다. 그로써 '처음부터' 제자이었음이 증명된다(15 : 26 이하). 요한복음에서 불신앙과 그로 인한 배신 및 유다의 문제, 참 제자도가 강하게 논증된다.

8. 초막절에 형제들, 유대인들과 논쟁(7 : 1–13)

1그 후에 예수께서 갈릴리에서 다니시고 유대에서 다니려 아니하심은 유
대인들이 죽이려 함이러라 2유대인의 명절인 초막절이 가까운지라 3그
형제들이 예수께 이르되 당신이 행하는 일을 제자들도 보게 여기를 떠
나 유대로 가소서 4스스로 나타나기를 구하면서 묻혀서 일하는 사람이
없나니 이 일을 행하려 하거든 자신을 세상에 나타내소서 하니 5이는 그
형제들까지도 예수를 믿지 아니함이러라 6예수께서 이르시되 내 때는
아직 이르지 아니하였거니와 너희 때는 늘 준비되어 있느니라 7세상이
너희를 미워하지 아니하되 나를 미워하나니 이는 내가 세상의 일들을
악하다고 증언함이라 8너희는 명절에 올라가라 내 때가 아직 차지 못하
였으니 나는 이 명절에 아직 올라가지 아니하노라 9이 말씀을 하시고 갈
릴리에 머물러 계시니라 10그 형제들이 명절에 올라간 후에 자기도 올라
가시되 나타내지 않고 은밀히 가시니라 11명절 중에 유대인들이 예수를
찾으면서 그가 어디 있느냐 하고 12예수에 대하여 무리 중에서 수군거림
이 많아 어떤 사람은 좋은 사람이라 하며 어떤 사람은 아니라 무리를 미
혹한다 하나 13그러나 유대인들을 두려워하므로 드러나게 그에 대하여
말하는 자가 없더라

[7 : 1–13] 2 : 1~4 : 54이 갈릴리 가나(2 : 1)–예루살렘(2 : 13)–유대 땅(3 : 22)–사마리아(4 : 4)–갈릴리 가나(4 : 43, 46)로 이어지는 순환 여행 보도라면 5 : 1~10 : 42은 예루살렘(5 : 1)–갈릴리(디베랴 바다 6 : 1 ; 가버나움 6 : 17, 24 ; 가버나움 회당 6 : 59 ; 7 : 1, 9)–예루살렘(7 : 10 ; 성전 7 : 14 ; 요단 강 저편 요한의 첫 세례 장소 10 : 40)으로 이어지는 순환 여행을 보도한다. 7~10장은 2~4장의 가나 순환여행과 달리 예루살렘, 특히 성전에서(7 : 14, 28 ; 8 : 20, 59 ; 10 : 23) 예수 사역에 초점을 둔다. 2~4장이 1년 동안의 사역을 설명한다면 5~10장은 9월 또는 10월 초 초막절(7 : 1–8 : 59)에서 12월 하순의 수전절(10 : 22–39)까지 약 4개월간의 사역을 묘사한다. 11~12장은 약 2주간의 사건을 13~19장은 24시간 내에 일어난 일들을 기술한다. 7 : 1부터 사건을 묘사하는 시간의 속도가 점점 줄어드는 반면에 "예수가 그리스도인가"에 대한 논쟁은 점점 격렬해진다(7 : 11, 26–29, 30, 31, 32, 41–42, 44 ; 9 : 22 ; 10 : 24). 다양한 그룹의 사람들이 예수의 선포에 다양하게 반응한다. 그들은 유대인들(2, 11, 13, 15, 31, 35절), 예수의 형제들(3, 5, 10절), 제자들(3절), 무리들(12, 20, 30, 40–42, 43, 49절), 예루살렘 사람들(25절), 당국자들(26, 48절), 바리새인들(32, 47–49절), 대제사장들과 바리새인들(32, 45절), 대제사장들과 바리새인들의 아랫사람들(32, 45–46절)이다. 유대인들, 무리들, 예루살렘 사람들, 당국자들, 바리새인들과 형제들, 제자들이 누구인지 명확하게 규명되지는 않는다. 유대인들의 일부와 바리새인들과 대제사장들이 예수를 향해 적대감을 분명하게 드러낸다. 7장은 초막절에 형제들, 유대인들과 논쟁(7 : 1–13), 초막절 중간에 유대인들 및 무리들과 논쟁(7 : 14–24), 초막절 중간에 예수 체포 시도와 논쟁(7 : 25–36), 초막절 끝날에 '생수의 강' 설교와 예수 체포의 실패(7 : 37–52)로 구성된다.[2)]

---

2) A^1(1–13절) 예수께서 당국자들의 음모를 좌절시킴, B^1(14–24절) 명절 중간에 예수의 첫 대화, C(25–36절, 중심단락) 예수의 두 번째 대화 '예수는 그리스도이다', B^2(37–44절) 명절 끝 날에 예수의 세 번째 대화, A^2(45–52절) 예수께서 유대 당국자들의 음모를 다시 좌절시킴의 대칭구조로 볼 수도 있다. M. Stibbe, *John*, 2. ed. 1996, 90 참조.

‘초막절’은 보리를 걷기 시작할 때 출애굽을 기억하는 ‘유월절’(출 12-13장; 민 28 : 16-25), 그로부터 7주 뒤인 밀을 걷어 마무리할 때 율법 수여를 기억하는 ‘칠칠절’(오순절, 레 23 : 15-21 ; 민 28 : 26)과 함께 과일과 포도를 걷는 가을에 이스라엘이 광야에서 보호받은 것을 기억하며 한 해를 마무리 짓는(레 23 : 34-35 ; 민 29 : 1-6) 가장 중요한 절기로 이스라엘의 3대 명절 중 하나이다. 포도를 수확하기 위해 밤에도 포도원 초막에 거주하여 ‘초막절’이라 명명하였다. 초막절을 지내는 같은 달(‘티슈리’ 달, 7월 1일, 양력 9월 10일에서 10월 10일 사이의 시기)에 ‘설날’(레 23 : 34-35 ; 민 29 : 1-6)과 그 10일 후에 금식하는 ‘대속죄일’(레 16장)이 있다. 초막절을 지내며 이스라엘 백성은 출애굽 시 조상들의 광야 천막생활을 기억하였다. 조상들이 천막에 거하며 하나님의 돌보심과 보호에만 의지하여 생존하였던 것처럼 이스라엘 백성이 언제나 하나님의 돌보심과 보호에만 의지하여야 함을 체득하고자 하였다. 초막절에 제사장들은 물을 실로암 못에서 길어 성전으로 가져와 매일 아침 번제 단에 바치며 초막절 직후에 시작되는 우기를 대비하면서 풍성한 소출을 염원하였다(7 : 37). 여자들은 밤마다 여인의 뜰에 불을 밝혔으며 그 가운데 큰 금 등대 네 개가 성전을 둘러싸고 있는 성벽 위로 솟아 온 예루살렘에 비추었다(8 : 12).

무리(6 : 30), 유대인들(6 : 41-52), 제자들(6 : 60-66)처럼 예수의 형제들도 예수가 누구인지를 알지 못하며 믿지 못한다. 예수가 이스라엘의 메시야, 곧 그리스도인지를 질문하는 유대인들과 예수 및 그와 함께하는 자들의 논쟁을 기록하는 7 : 1~13은 예수의 초막절 예루살렘 여행 거부(초막절에 예수와 그의 형제들의 대화 1-9절)와 예루살렘 여행(유대인들의 논쟁 10-13절)으로 구성된다.

1절 그 후에 예수께서 유대인들이 예수를 죽이려는 계획과 음모를 예루살렘에서 겪었으므로(5장; 5 : 16-18 ; 7 : 15-24) 유대 땅을 떠나 갈릴리에 오래

체류한다. 갈릴리에서도 예수에 대한 오해와 무지가 있었으나 갈릴리는 예수의 수난과는 직접 관련되지 않는다.

2절 구약의 선지자들이 순례의 명절에 이스라엘 백성을 향해 성전에서 말씀을 선포했듯이(렘 7:1 이하; 겔 8:1 이하), 초막절이 예수의 메시야 선포의 배경이 된다.

3절 예수의 형제들이(2:12; 20:17; 막 6:3) '예루살렘에 있는' 예수의 제자들도(2:23; 3:26; 4:1; 7:12) 예수의 사역을 보도록 예수께서 유대로 가기를 적극적으로 요구한다(참조. 2:3-5).

4절 예수께서 메시야이면 갈릴리에 숨어(ἐν κρυπῷ, 10절; 비교 18:20) 머무르지 말고 세상에 자신을 드러내야 한다. 예루살렘에 있는 유대 공회의 공식적인 인정이 필요하기 때문이다(7:42).

5절 예수의 형제들도 예수와 그의 때에 대한 오해 및 불신앙 가운데 있다(막 3:20 이하 참조).

6절 예수의 형제들의 때와 예수의 때가 구별된다. 예수의 때는 그가 아버지께로 돌아가는 수난과 죽음의 때이다. 그 '유일회적인' 때는 아직 이르지 않았다(7:30, 44, 45 이하; 8:20, 59). 메시야의 구원 및 계시와 관련 없는 무의미한 때는 언제나 준비되어 있다.

7절 불신앙이 세상을 향하므로 세상은 믿지 않는 사람들을 미워하지 않는다. 세상은 자신들의 일들이 악하다(3:19)고 증언하는 예수를 미워한다. '악'은 하나님을 향해 대항하는 외적 표현이다. '세상'은 '유대인'들과 마찬가지로 부정적으로 언급된다. 예수의 부활 이후에야 예수의 형제들이 교회 안에서 지도적 역할을 한다(행 1:14; 15:13; 21:18; 갈 1:19; 2:9, 12; 참조. 요 19:25-27).

8~9절 예수는 형제들의 요구를 거절한다. 예수에게 예루살렘으로 가는 것은 십자가로 나가는 길이다. 예수의 수난과 죽음은 예수의 '때'가 찰 때 가능하다(비교. 막 1:15 '때의 충만'은 예수의 등장과 하나님의 통치의 시작에서 이루

어진다).

10절 그 형제들이 요구하는 것과 달리(비교. 14절 이하) 예수께서 예루살렘으로 '은밀'하게 올라가신다. 공시적인 예수살렘 입성의 때가 아직 이르지 않았다(비교. 12 : 12 이하).

11절 사람들이 예수께서 예루살렘에 오셨을 것이라 추측하나 그를 만나지 못한다.

12절 예수의 은밀한 입성에도 이미 무리들 사이에 예수가 명절의 주된 주제가 되었다. 7장의 주제인 예수가 누구인가에 대해 무리들의 수군거림(6 : 32, 41, 43, 61 ; 7 : 32 ; 참조. 행 6 : 1)이 많아지고 의견이 갈린다. "그는 좋은 사람이다.", "그는 무리를 미혹하는 자이다.", 공관복음서의 수난사화에서 예수를 '미혹하는 자'로 비난하기도 한다(마 27 : 63 이하; 눅 23 : 2, 5). 거짓 선지자에 대한 유대교의 처벌은 돌로 쳐 죽이는 것이다(8 : 59 ; 10 : 31 ; 신 13 : 6-12). 예수가 거짓 선지자라는 비난은 1세기 말과 2세기 초 유대교 논쟁에서 주요 초점이 되었다(저스틴, 대화 68, 8 이하).

13절 무리가 유대인들, 곧 유대공의회를 두려워하므로 예수에 대한 메시야 논쟁은 은밀하게 진행된다(9 : 22 ; 12 : 42 ; 19 : 38 ; 20 : 19).

9. 초막절 중간에 유대인들, 무리들과 논쟁(7 : 14-24)

> [14]이미 명절의 중간이 되어 예수께서 성전에 올라가사 가르치시니 [15]유
> 대인들이 놀랍게 여겨 이르되 이 사람은 배우지 아니하였거늘 어떻게
> 글을 아느냐 하니 [16]예수께서 대답하여 이르시되 내 교훈은 내 것이 아
> 니요 나를 보내신 이의 것이니라 [17]사람이 하나님의 뜻을 행하려 하면
> 이 교훈이 하나님께로부터 왔는지 내가 스스로 말함인지 알리라 [18]스스
> 로 말하는 자는 자기 영광만 구하되 보내신 이의 영광을 구하는 자는 참
> 되니 그 속에 불의가 없느니라 [19]모세가 너희에게 율법을 주지 아니하였

느냐 너희 중에 율법을 지키는 자가 없도다 너희가 어찌하여 나를 죽이
려 하느냐 [20]무리가 대답하되 당신은 귀신이 들렸도다 누가 당신을 죽이
려 하나이까 [21]예수께서 대답하여 이르시되 내가 한 가지 일을 행하매
너희가 다 이로 말미암아 이상히 여기는도다 [22]모세가 너희에게 할례를
행했으니 (그러나 할례는 모세에게서 난 것이 아니요 조상들에게서 난 것이
라) 그러므로 너희가 안식일에도 사람에게 할례를 행하느니라 [23]모세의
율법을 범하지 아니하려고 사람이 안식일에도 할례를 받는 일이 있거든
내가 안식일에 사람의 전신을 건전하게 한 것으로 너희가 내게 노여워
하느냐 [24]외모로 판단하지 말고 공의롭게 판단하라 하시니라

[7:14–24] 무리들의 기대로 가득 찬 긴장감 가운데 예수께서 축제에 공식적으로 모습을 드러낸다. 교사로서('가르치다'–14, 28, 35절, '가르침'–16, 17절; 18:19) 예수는 자신이 하나님의 아들로 새로운 구원 질서를 가져오는 메시야임을 논증한다(5:1–47). 기독론 논쟁에 대한 요한교회의 교회 교육을 엿볼 수 있다. 초막절 중간에 유대인들, 무리들과 논쟁하는 본 단락(14–24절)은 유대인들의 고발에 대항하는 예수의 변론(가르침의 권위에 대한 예수와 유대인들과의 대화–14–18절)과 율법에 근거한 반박(유대인들의 사형 음모에 대한 예수와 무리의 대화–19–24절)으로 구성된다.

14절 시간의 흐름과 장소의 변경으로 새 단락이 시작된다. 예수께서 성전에 올라가셨고 자신을 계시자로 선포하며 교사로 사람들을 가르치셨다.
15~16절 예수의 가르침에 대한 권위가 유대인들 사이에 논쟁이 된다. 예수는 율법교사가 아니므로 율법이 아닌 자신의 말씀을 가르치고 선포하며 성경을 근거로 댈 수 없다. 아버지께서 아들 예수를 보내셨으므로 예수의 가르침은 아버지의 가르침이며 그가 가르칠 때 다른 공증이 필요 없다(5:17 이하, 5:19–23).

17절 예수의 가르침을 인정하는 것은 하나님을 인정하는 것과 직접 관련된다. 하나님의 뜻을 행하기를 원하는 자는 예수의 가르침이 하나님께로부터 온 것임을 알게 될 것이다(6 : 29). 하나님께서 예수를 보내셨으므로 하나님께 속한 자가 예수의 가르침을 이해할 수 있다.

18절 예수는 그를 보내시고 권위를 부여하신 하나님의 영광만을 구하므로(8 : 50, 54) 참되고 불의가 없다(5 : 31 이하).

19절 예수에 대하여 증언하는 모세의 율법(5 : 39, 46)을 근거로 예수를 죽이려하는 자들은 율법을 불순종하는 자들이다(마 23 : 23 이하; 비교. 롬 2 : 17-24 ; 3 : 9-20). 예수를 비난하는 유대 공의회에 대항하는 변론이다.

20절 사형음모 언급에 대해 유대인들과 구별되는 무리(비교. 5 : 13)가 "네가 귀신이 들렸다"(막 3 : 20-26 ; 마 20 : 25 ; 눅 11 : 20)고 거칠게 비난한다.

21절 이 비난에 예수는 안식일에 베데스다 연못가에서 병자를 치유한 사역(5 : 1-9)을 말하며 그 치유사건을 목도한 유대인들의 반응이 이상하였음(5 : 10-18)을 지적한다. 하나님께서 보낸 자는 안식일을 범하지 않는다는 유대인들의 비난(5 : 16, 18)에 대한 예수의 반론이 시작된다.

22~23절 아브라함에게 까지 소급되는(창 17 : 10 ; 21 : 4) 유대인들의 할례 규정이 안식일에도 적용될 수 있다면(레 12 : 3 ; Bill Ⅱ 487 이하) 안식일에 병자를 치유할 수 있다. 율법 규정에서 비롯된 논쟁은 율법으로 해결할 수 있다. 안식일에도 사람의 전신을 건전하게 할 수 있으므로 안식일 병자 치유로 예수를 노여워하는 유대인들의 논쟁은 공의로운 판단이 아니다. 안식일에 예수의 병자 치유 행위는 예수가 새로운 구원의 질서를 가져오는 하나님의 아들이심을 확증한다(5 : 19-30).

24절 예외를 가지고 있는 안식일 규정으로 하나님의 아들인 예수를 신성모독으로 비난하지 말아야 한다. 안식일에 병자를 치유하므로 예수는 하나님의 새로운 구원의 질서를 계시하였다. 유대인들은 겉모습이 아니라 공의로 판단해야 한다.

10. 초막절 중간에 유대인들의 음모와 논쟁(7 : 25–36)

[25]예루살렘 사람 중에서 어떤 사람이 말하되 이는 그들이 죽이고자 하는
그 사람이 아니냐 [26]보라 드러나게 말하되 그들이 아무 말도 아니하는도
다 당국자들은 이 사람을 참으로 그리스도인 줄 알았는가 [27]그러나 우리
는 이 사람이 어디서 왔는지 아노라 그리스도께서 오실 때에는 어디서
오시는지 아는 자가 없으리라 하는지라 [28]예수께서 성전에서 가르치시
며 외쳐 이르시되 너희가 나를 알고 내가 어디서 온 것도 알거니와 내가
스스로 온 것이 아니니라 나를 보내신 이는 참되시니 너희는 그를 알지
못하나 [29]나는 아노니 이는 내가 그에게서 났고 그가 나를 보내셨음이
라 하시니 [30]그들이 예수를 잡고자 하나 손을 대는 자가 없으니 이는 그
의 때가 아직 이르지 아니하였음이러라 [31]무리 중의 많은 사람이 예수를
믿고 말하되 그리스도께서 오실지라도 그 행하실 표적이 이 사람이 행
한 것보다 더 많으랴 하니 [32]예수에 대하여 무리가 수군거리는 것이 바
리새인들에게 들린지라 대제사장들과 바리새인들이 그를 잡으려고 아
랫사람들을 보내니 [33]예수께서 이르시되 내가 너희와 함께 조금 더 있다
가 나를 보내신 이에게로 돌아가겠노라 [34]너희가 나를 찾아도 만나지 못
할 터이요 나 있는 곳에 오지도 못하리라 하시니 [35]이에 유대인들이 서
로 묻되 이 사람이 어디로 가기에 우리가 그를 만나지 못하리요 헬라인
중에 흩어져 사는 자들에게로 가서 헬라인을 가르칠 터인가 [36]나를 찾아
도 만나지 못할 터이요 나 있는 곳에 오지도 못하리라 한 이 말이 무슨
말이냐 하니라

[7 : 25–36] 초막절 중간에 "예수가 그리스도인가?"를 질문하는 유대인들의 음모와 논쟁을 언급하는 본 단락(7 : 25–36)은 그리스도로서 예수의 '기원'(26절 이하)에 대한 논쟁(25–30절, 예루살렘 일부 거주민들의 문제 제기 25–27절,

예수의 메시야 답변 28-29절, 예수 체포의 실패-30절)과 그리스도로서 예수의 사역과 파송 목적, '목표 지점'(33-36절)에 대한 논쟁(31-36절, 많은 무리가 믿음-31절, 무리의 수군거림과 바리새인들의 음모-32절, 예수의 죽음 예고-33-34절, 유대인들의 질문과 몰이해 35-36절)으로 구성된다. 메시야 예수는 자신이 그리스도임을 선포하며 성전(28절)에서 교사로 가르친다(28, 35절).

25절 새로운 질서를 가져오는 하나님의 아들로서 예수의 자기 계시의 교훈적 설교(14-24절)가 예루살렘 거주민들 가운데 놀라움과 예수가 그리스도인가에 대한 논쟁을 야기한다. 그들은 유대인들이 예수를 죽이려한 음모를 다시 기억한다(5 : 18 ; 7 : 19 이하).

26절 그들은 예수의 공공연한 자기 계시 설교를 제지하지 않는 유대 공회의 침묵을 주목하며 유대당국자들도 예수를 그리스도로 믿고 있는지 질문한다. 예수가 그리스도이심과 관련하여 유대교 내부에 분열이 있었음을 추정할 수 있다(12, 48절).

27절 예루살렘 거주민들 중 일부는 알려진 예수의 출신에 근거하여 예수께서 그리스도이심을 반박한다. 그리스도이신 예수는 갈릴리 출신이며 요셉의 아들이다(1 : 45 ; 6 : 42 ; 7 : 41, 52). 메시야의 출신에 대한 여러 기대가 있었다(41, 42절). 메시야의 감추어진 출신에 대한 이해는 고대 유대교 후반기에 등장한다(이디오피아 에녹서 46 : 2).

28~29절 유대인들이 아는 예수의 출신(고향과 부모)은 이 땅의 표면적인 지식일 뿐이며 참 지식이 아니다. 예수가 누구인지를 아는 지식은 아들을 보내신 하나님으로부터 온다. 하나님을 아는 지식은 예수의 참된 신적인 출신을 알게 한다. 아들 예수를 모르는 자는 하나님을 알지 못한다(5 : 37, 38 ; 8 : 19 ; 16 : 3). 하나님이 보내신 하나님의 계시자로 하나님을 아는 아들을 통해서 하나님이 계시되기 때문이다(1 : 18 ; 5 : 19-23). 예수의 말씀을 듣고 영접하는 자가 하나님을 안다(8 : 26, 28, 40 ; 참조. 5 : 45-47). 성전(14절; 5 : 14)에

서 참된 지식을 가르치는 교사로 등장한 예수는 선재와 파송기독론(3 : 16 ; 4 : 34 ; 5 : 19-30)으로 하나님과 아들이 하나이며 예수가 그리스도임을 가르친다.

30절 예수의 메시야 선포로 예루살렘 거주민들이 예수를 사형하려는 음모를 처음으로 실행하나 예수 체포의 시도가 실패한다. 예수의 수난과 죽음의 때가 이르지 않아(6절 ; 2 : 4 ; 13 : 1) 예수께 손을 대는 자가 없었기 때문이다.

31절 무리들과 바리새인들 사이에 분열이 일어난다. 미래에 표적과 기사를 행하시는 메시야를 대망했던 무리들은 예수께서 행한 많은 표적을 보고 예수를 그리스도로 믿고자 한다(3절 이하 ; 비교. 6 : 14 이하, 26).

32절 반면에 무리의 수군거림(6 : 41, 43, 61 ; 7 : 32 ; 참조. 행 6 : 1)을 듣고 대제사장들과 바리새인들이 예수를 체포하려고 하졸들을 보낸다(참조. 45, 47, 48절 ; 8 : 3, 13 ; 9 : 13, 15, 16, 40 ; 11 : 46, 47, 57 ; 12 : 19, 42). 사두개파 가문출신의 대제사장들이 예수 체포 음모에 처음 등장하며 이후로 주도적 역할을 한다(45절 ; 11 : 47 이하 ; 12 : 10 ; 18 : 3, 10-35 ; 19 : 6, 15, 21).

33~34절 메시야 예수가 잠간 동안 세상에 머물며 그를 보내신 하나님 아버지에게로 돌아갈 때가 곧 올 것임을 예고한다. 예수의 참된 출신, 메시야 기원을 알지 못하는 유대인들은(35절) 예수의 파송 목적인 아버지께로 돌아가는 것, 그의 죽음을 통한 구원과 그때를 전혀 이해하지 못한다(8 : 14, 21 이하 ; 12 : 35 ; 13 : 3, 33, 36 ; 14 : 4 이하, 28 ; 16 : 5, 10, 17). 예수께서 아버지께로 돌아가므로 예수와 아버지를 만나는 구원의 길이 사람들에게 제공된다(12 : 32 ; 13 : 36 ; 14 : 22-24 ; 17 : 24). 예수는 7장에 등장하는 많은 무리들을 '너희'로 칭하며 그들을 향해 개별적인 믿음의 응답과 결단을 촉구한다.

35절 유대인들 가운데 다시 질문이 오고가나 예수의 말씀을 이해하지 못한다. 그들은 헬라의 유대인 디아스포라 지역으로 예수가 갈 것이라고 추측한다. 유대인들의 오해와 무지, 불신앙의 결과로 계획된 예수 체포와 사형 음모는 결국 이 땅에서 인간 구원을 위한 예수의 목표지점인 예수 수난과 죽음으로 이끌게 된다. 그로써 이방인들을 포함하여 온 세상을 향한 구원의 길이 열리게 된다(12 : 20 ; 19 : 20). 예수의 목적지로 '헬라 지역'을 생각한 유대인들의 오해가 예수 역사에서 역설로 작용한다. 메시야 예수의 선포와 가르침은 헬라 세계와 온 세상의 모든 사람들에게 전해질 것이다.

11. 초막절 끝 날에 '생수의 강' 설교와 예수 체포의 실패(7 : 37–52)

37명절 끝날 곧 큰 날에 예수께서 서서 외쳐 이르시되 누구든지 목마르
거든 내게로 와서 마시라 38나를 믿는 자는 성경에 이름과 같이 그 배에
서 생수의 강이 흘러나오리라 하시니 39이는 그를 믿는 자들이 받을 성
령을 가리켜 말씀하신 것이라 (예수께서 아직 영광을 받지 않으셨으므로
성령이 아직 그들에게 계시지 아니하시더라) 40이 말씀을 들은 무리 중에
서 어떤 사람은 이 사람이 참으로 그 선지자라 하며 41어떤 사람은 그리
스도라 하며 어떤 이들은 그리스도가 어찌 갈릴리에서 나오겠느냐 42성
경에 이르기를 그리스도는 다윗의 씨로 또 다윗이 살던 마을 베들레헴
에서 나오리라 하지 아니하였느냐 하며(삼하 7 : 12 이하; 미 5 : 2) 43예
수로 말미암아 무리 중에서 쟁론이 되니 44그중에는 그를 잡고자 하는
자들도 있으나 손을 대는 자가 없었더라 45아랫사람들이 대제사장들과
바리새인들에게로 오니 그들이 묻되 어찌하여 잡아오지 아니하였느냐
46아랫사람들이 대답하되 그 사람이 말하는 것처럼 말한 사람은 이 때까
지 없었나이다 하니 47바리새인들이 대답하되 너희도 미혹되었느냐 48당
국자들이나 바리새인 중에 그를 믿는 자가 있느냐 49율법을 알지 못하는
이 무리는 저주를 받은 자로다 50그중의 한 사람 곧 전에 예수께 왔던 니
고데모가 그들에게 말하되 51우리 율법은 사람의 말을 듣고 그 행한 것
을 알기 전에 심판하느냐 52그들이 대답하여 이르되 너도 갈릴리에서 왔
느냐 찾아 보라 갈릴리에서는 선지자가 나지 못하느니라 하였더라

[7 : 37–52] 일주일 동안 진행된 초막절 끝 날에 일어난 사건을 보도하는 본 단락(37–52절)은 예수의 '생수의 강' 설교(37–39절), 무리들의 메시야 논쟁과 분열(40–44절), 예수 체포 명령과 니고데모의 반대(45–52절)로 구성된다.

37~38절 초막절이 끝나가는 제 7일에 축제의 최고 절정인 물을 긷는 의식이 있었다. 이 의식은 '물의 충만함' 곧 '생명과 구원의 충만함'으로 연결된다(출 17 : 1–7 ; 민 20 : 2–13 ; 사 12 : 3 ; 43 : 20 ; 44 : 3 ; 48 : 21 ; 55 : 5 ; 시 78 : 15–16 ; 슥 13 : 1 ; 겔 47 : 1–12). 선지자들은 종종 물을 종말 시에 하나님의 성령과 관련지었다(사 44 : 3 ; 겔 36 : 25–27). 제사장들과 백성들은 하나님께서 모세를 통해 주신 반석에서 나오는 물을 기억하면서 우기를 대비하고자 하였다. 축제의 최고 절정에 예수께서 자신이 참 생명수 되심을 큰 소리로 외쳐 선포하고 그들을 초청한다(비교. 생명의 떡 6 : 31 이하). 물을 긷는 의식과 성전의 물이 아니라 오직 예수만이 생명수를 공급할 수 있다. 목마른 자는 누구나 예수께 나아와 마셔야 한다. 성육신 하신 말씀인 예수만이 생명과 구원을 선사한다(잠 9 : 3–5 ; 시락 24 : 19–22 ; 51 : 23이하). 구약과 선지자들이 약속하고 예언한 종말 구원의 때에 물의 충만함으로 표현된 생명과 구원의 충만함, 곧 성령의 충만함이 예수에게서 성취된다(사 44 : 3 ; 겔 36 : 25–27). 예수는 참된 성전(1 : 14, 51 ; 2 : 18–22 ; 4 : 21–24)이며, 참된 생명수의 근원이다. 예수의 수난과 죽음을 통한 구원사역으로 성전(2 : 19, 21)과 모든 의식이 갱신된다(4 : 21, 23). 예수를 믿는 자는 예수 자신으로부터 흘러나오는 생수의 강(19 : 34)을 받고 마시며 구원의 은총에 참여한다.

39절 생수의 강은 예수께서 죽으심으로 아버지께로 돌아가 예수를 통하여 아버지께로부터 믿는 자들에게 주어지는 성령의 은사이다(14 : 26 ; 15 : 26 ; 16 : 7 ; 20 : 22).

40~42절 예수의 말씀으로 백성들 가운데 논쟁이 발생한다. 일부는 예수를 종말의 오실 선지자(신 18 : 15–18)로, 일부는 메시야로 생각한다. 이에 대해

일부는 예수가 갈릴리 출신이므로 메시야가 아니라고 생각한다(1:46). 포로기 이후 유대인들은 여러 형태의 메시야 대망을 가지고 있었다. 출신이 감추어진 메시야 대망(27절) 외에 다윗의 고향인 베들레헴 출신의 메시야 대망(42절; 삼하 7:12 이하; 미 5:2)이 있었다. 하나님께서 보내신 아들을 믿는 믿음은 이 세상에 속한 출신과 출신지에 따라서가 아니라 신적인 기원에 의해서만 예수가 메시야임을 알 수 있다(비교. 마 2:1, 5 이하; 눅 2:1-10).

43~44절 예수로 말미암아 백성들 가운데 분열이 일어난다(참조. 마 10:34-36; 눅 12:51-53). 예수의 추종자들과 적대자들로 무리가 갈라진다. 일부는 예수를 체포하려 했으나 예수께 손을 대는 자는 없었다(30절).

45절 대제사장들과 바리새인들의 체포 명령은 실행되지 못하였고 그들은 아랫사람들을 향해 실패에 대한 책임을 추궁한다(비교. 32절).

46절 누구도 그러한 전권을 지니고 말한 사람은 그때까지 아무도 없었다고 아랫사람들이 예수를 체포하지 않은 이유를 말한다. 그들은 예수의 신적 권위(18:6) 앞에서 뒤로 물러날 수밖에 없었다.

47~49절 바리새인들은 백성들의 일부가 율법을 알지 못하므로(참조. 7:15) 예수께 미혹되었다고 생각하고(7:12; 요일 1:8), 그들을 저주받은 자로 비난한다. '백성들의 무리'는 여기서 정치적, 사회적 의미가 아니라 신학적 의미에서 언급된다(11:48; 12:19).

50~52절 스스로 율법의 수호자로 자처하는 바리새인들이 예수와 관련하여 율법을 범하고 있다(19절). 바리새인들의 그러한 모순을 바리새인 중의 한 사람이며, 유대인의 지도자이고, 이스라엘의 선생인 니고데모가(3:1, 10) 지적한다. 모세 율법에 따르면 먼저 사람의 말을 경청하고 그가 무엇을 행하였는지를 알고 난 후, 곧 공회의 심문 소송의 결과에 따라 사람을 공의로 심판할 수 있다(24절; 출 23:1; 신 1:16; 17:4). 따라서 심문과 소송이 없는 예수의 체포 명령은 율법을 범하는 것이다. 심문, 소송을 거치며 불의하게 고난을 겪어야 하는 의인 예수의 수난이 간접적으로 예고된다(18-19장). 유

대당국자들도 빌라도도 예수에게서 범죄 함을 발견하지 못한다.

52절 니고데모의 올바른 지적에 대해 바리새인들은 "너도 갈릴리 출신이냐?" 라는 반문으로 간접적으로 니고데모를 비난하고 무시한다. 니고데모는 이것으로 예수의 추종자임이 간접적으로 알려진다. 유대 지도층 중에도 예수를 믿는 자가 있다. 예수를 만나고자 하는 자에게 믿음의 길이 계시된다(3 : 1-10). 니고데모는 이미 공식적으로 자신의 믿음을 드러내었다. 그는 십자가에 달리시고 부활하신 예수의 증인이 된다(19 : 39).

12. 예수 그리스도와 간음한 여인(7 : 53-8 : 11 ; 후대의 본문, 비교. 5 : 4)

53 [다 각각 집으로 돌아가고] (어떤 사본에, 7 : 53부터 8 : 11까지 없음) 1 예수
는 감람산으로 가시니라 2 아침에 다시 성전으로 들어오시니 백성이 다
나아오는지라 앉으사 그들을 가르치시더니 3 서기관들과 바리새인들이
음행 중에 잡힌 여자를 끌고 와서 가운데 세우고 4 예수께 말하되 선생이
여 이 여자가 간음하다가 현장에서 잡혔나이다 5 모세는 율법에 이러한
여자를 돌로 치라(레 20 : 10 ; 신 22 : 22 이하) 명하였거니와 선생은 어
떻게 말하겠나이까 6 그들이 이렇게 말함은 고발할 조건을 얻고자 하
여 예수를 시험함이러라 예수께서 몸을 굽히사 손가락으로 땅에 쓰시
니 7 그들이 묻기를 마지 아니하는지라 이에 일어나 이르시되 너희 중에
죄 없는 자가 먼저 돌로 치라 하시고 8 다시 몸을 굽혀 손가락으로 땅에
쓰시니 9 그들이 이 말씀을 듣고 양심에 가책을 느껴 어른으로 시작하여
젊은이까지 하나씩 하나씩 나가고 오직 예수와 그 가운데 섰는 여자만
남았더라 10 예수께서 일어나사 여자 외에 아무도 없는 것을 보시고 이르
시되 여자여 너를 고발하던 그들이 어디 있느냐 너를 정죄한 자가 없느
냐 11 대답하되 주여 없나이다 예수께서 이르시되 나도 너를 정죄하지 아
니하노니 가서 다시는 죄를 범하지 말라 하시니라

[7:53-8:11] 예수께서 '은밀히'(7:4, 10) 성전에 올라가시는 것과 '숨어서' 성전 밖으로 나가시므로 7~8장은 수미상관을 이룬다. 7장과 8장 모두 초막절 절기에 성전에서 일어난 일들을 보도한다. "나는 세상의 빛이다"(8:12)라는 예수의 자기 계시 선언은 초막절에 여자들이 밤마다 예루살렘 성전 여인의 뜰에 불을 밝히고 그중 네 개의 큰 금 등대가 성벽 위로 솟아 온 예루살렘을 비추었던 의식과 밀접하게 관련된다. "내가 간다"(21절, 7:33), "너희가 나를 찾을 것이나 나 있는 곳에 올 수 없다"(21-22절, 7:34)는 말씀과 '유대인들의 오해'(22절, 7:36)로 7장과 8장이 서로 병행을 이루며 7장에 나오는 예수와 여러 그룹의 유대인들 사이의 논쟁도 계속된다. '고발당하신' 예수께서 유대인을 고발하는 '고발자'로 등장하며 논쟁은 8장에서 예수의 '아버지'와 유대인들의 '아버지'의 문제로 절정에 이른다. 예수와 하나님은 아들과 아버지의 관계이다. 하나님의 아들 예수는 아버지께 속하고, 그를 청종하며, 아버지께 그 기원을 두고 선재자로 아버지와 하나가 된다. 예수가 하나님의 아들임을 알지 못하는 유대인들은 아브라함이 아니라 마귀가 아버지이다. 유대인들은 바리새인들(13절), 유대인들(22, 48, 52, 57절), 예수를 믿은 유대인들(31절, 참조. 2:23-25)의 세 그룹으로 나뉜다. 본 단락 8:1~59는 간음한 여인과 대화(7:53-8:11), 예수는 세상의 빛(12-20절, 두 번째 "나는……이다" 말씀-12절), 예수의 신적 기원(21-30절), 참 자유(31-36절), 아브라함의 자녀와 마귀의 자녀(37-47절), 예수와 아브라함(48-59절)으로 구성된다.[3] 8:12~59까지 이어지는 예수와 유대인들과의 긴 논쟁 배후에 예수 부활 이후 요한 교회와 유대교와의 갈등도 함께 읽을 수 있다.

7:53~8:11은 신약성서 사본 역사에서 3세기 이후 사본에서 발견된다. 이 단락은 예수께서 간음한 여인을 용서하시는 사건을 언급하며 네 복음서

3) A^1 12~20 예수와 아버지 사이의 관계, B^1 21~30 예수의 아버지에 관한 유대인들의 오해, C 31~41 유대인들의 주장 : 하나님이 우리 아버지다, B^2 42~47 그들 자신의 아버지에 관한 유대인들의 오해, A^2 48~59 예수와 아버지 사이의 관계라는 대칭구조로 볼 수도 있다. M. Stibbe, *John*, 2. ed. 1996, 90 참조.

에서 유일하게 요한복음에만 등장한다(8 : 1–11). 죄용서 주제 및 예수의 심판을 유도하는 논쟁은 공관복음서와 연결된다(눅 7 : 36–50 ; 막 12 : 13–17 ; 막 10 : 3 ; 눅 6 : 7). 이 죄 용서 사건은 심판의 주제가 부각되는 7~8장 사이에 위치하면서(7 : 24, 53 ; 8 : 15–16) 예수께서 심판과 용서의 주권자이심을 강조하고 사람을 외모로 판단하지 않으시는 하나님 심판의 한 증거가 된다. 모세 율법에 따르면 남자가 다른 사람인 이웃의 아내와 간음하므로 악을 행하는 경우 간음한 남자와 여자 모두를 반드시 죽이도록 했다(레 20 : 10 ; 신 22 : 22). 처녀의 경우 약혼한 후에 다른 남자와 성읍에서 동침을 하는 경우 소리를 질러 방어하지 못한 여자와 이웃의 아내를 범한 남자 두 사람을 모두 돌로 쳐 죽이도록 했고, 어떤 남자가 성읍 밖, 들에서 약혼한 처녀를 강간한 경우 남자가 처녀를 들에서 만난 까닭에 그 약혼한 처녀가 소리를 질러도 구원할 자가 없었으므로 여자에게는 죄를 묻지 않고 그 남자만을 돌로 쳐 죽이도록 했다(신 22 : 23–27). 돌로 쳐 간음한 사람들을 심판하는 사람들의 자격은 문제시 되지 않았다(비교. 신 13 : 9 이하; 17 : 7). 요한복음 8장에 나오는 간음한 여인의 경우 그녀가 결혼한 자이든 약혼한 자이든 간음이 성안에서 행해졌을 것으로 추정된다. 본 단락은 상황설명(1–2절), 간음한 여인을 예수께 고발함(3–6a절), 예수의 침묵(6b절), 예수를 향한 계속된 질문(7a절), 예수의 명령(7b절), 예수의 침묵(8절), 홀로 남은 여인(9절), 여인을 향한 예수의 질문(10절), 여인의 답변(11a절), 예수의 용서와 명령(11bc절)로 구성된다.

7 : 53~8 : 2 예수께서 낮부터 저녁까지 가르치셨다. 무리는 집으로 돌아가고 예수께서 감람산으로 가셔서 쉬셨다. 모든 백성이 예수의 가르침을 들으려고 아침에 성전에 나갔다(눅 21 : 37–38 ; 요 18 : 2).

3~6a절 예수께서 날마다 성전에서 가르치시므로 대제사장들과 서기관들과 백성의 지도자들이 그를 죽이려고 꾀하였지만 모든 백성이 다 그에게 귀를

기울여 들으므로 어찌할 방도를 찾지 못하고 있었다(눅 19 : 47–48). 서기관들과 바리새인들이 예수를 고발할 조건을 찾고 시험하고자(참조. 눅 19 : 47–48) 간음하다가 현장에서 붙잡힌 여자를 예수께서 성전에서 가르치실 때 사람들 한 가운데 세웠다. 그녀를 돌로 치라는 모세의 율법을 들어 예수의 판단을 촉구한다. 서기관들은 요한복음에서 이곳에서만 등장한다. 서기관들과 바리새인들의 책략은 예수 체포의 명분을 찾으려는 이중적인 유도심문이다(비교. 마가복음 12 : 13–17 ; 8 : 46). 예수가 간음한 여인을 용서하는 경우 예수는 율법을 어기는 명백한 범법자가 된다. 예수가 여인을 돌로 쳐 죽이도록 명령하는 경우 예수가 전하는 온 세상을 향한 구원의 말씀에 위배된다(마 11 : 5).

6b절 예수께서 침묵하시며 몸을 굽혀 손가락으로 땅에 무엇인가를 쓰신다. 예수의 상징적인 행동은 예수를 곤경에 빠뜨리고자 하는 서기관들 및 바리새인들을 향해 말이 필요 없는 무언의 회개의 촉구가 되었을 것이다(참조. 렘 17 : 13).

7a절 그러나 바리새인들과 서기관들이 계속하여 간음한 여인에 대한 예수의 판단을 촉구하며 질문한다.

7b절 예수께서 모세의 율법에 따라 간음한 여인을 그들이 처벌할 것을 명령하신다. 죄는 심판을 받아야 한다. 이 경우 죄의 심판에 조건이 부과된다. '죄 없는 자'가 간음한 여인을 돌로 칠 수 있다.

8절 다시 예수께서 침묵하시며 몸을 굽혀 손가락으로 땅에 무엇인가를 쓴다(비교. 렘 17 : 13 ; 출 23 : 1–7?). 여인을 고발한 사람들의 회개를 촉구하는 예수의 무언의 행동이 되풀이 된다. 비판을 받지 아니하려거든 비판하지 말아야 하며 누구나 비판하는 그 비판으로 비판을 받을 것이고, 헤아리는 그 헤아림으로 자신이 헤아림을 받을 것이다(마 7 : 1–2 ; 롬 2 : 1–3, 22).

9절 예수의 말씀에 나이가 많은 사람들이 먼저 양심에 가책을 받아 그 자리를 떠나고 이어서 젊은이들이 뒤따라 나가 마지막에 예수와 간음한 여인만

남게 된다.

10~11절 예수께서 일어나 여인을 고발하여 정죄하던 자들이 모두 사라진 것을 확인하고, 여인을 향해 죄 용서를 선포하며 이후로 범죄 하지 말 것을 명령한다(겔 18 : 23 ; 참조. 막 2 : 17). 여인은 예수를 '주'로 고백한다. 그녀는 예수의 말씀으로 회개와 새로운 생명으로의 출발을 경험한다(겔 18 : 22-32).

13. 예수는 '세상의 빛'(8 : 12-20 ; 두 번째 "나는 ……이다" 말씀, 8 : 12)

> 12예수께서 또 말씀하여 이르시되 나는 세상의 빛이니 나를 따르는 자는
> 어둠에 다니지 아니하고 생명의 빛을 얻으리라 13바리새인들이 이르되
> 네가 너를 위하여 증언하니 네 증언은 참되지 아니하도다 14예수께서 대
> 답하여 이르시되 내가 나를 위하여 증언하여도 내 증언이 참되니 나는
> 내가 어디서 오며 어디로 가는 것을 알거니와 너희는 내가 어디서 오며
> 어디로 가는 것을 알지 못하느니라 15너희는 육체를 따라 판단하나 나는
> 아무도 판단하지 아니하노라 16만일 내가 판단하여도 내 판단이 참되니
> 이는 내가 혼자 있는 것이 아니요 나를 보내신 이가 나와 함께 계심이
> 라 17너희 율법에도 두 사람의 증언이 참되다 기록되었으니(신 19 : 15 ;
> 17 : 6) 18내가 나를 위하여 증언하는 자가 되고 나를 보내신 아버지도 나
> 를 위하여 증언하시느니라 19이에 그들이 묻되 네 아버지가 어디 있느냐
> 예수께서 대답하시되 너희는 나를 알지 못하고 내 아버지도 알지 못하
> 는도다 나를 알았더라면 내 아버지도 알았으리라 20이 말씀은 성전에서
> 가르치실 때에 헌금함 앞에서 하셨으나 잡는 사람이 없으니 이는 그의
> 때가 아직 이르지 아니하였음이러라

[8 : 12-20] 세상을 구원하는 '세상의 빛', '생명의 빛'이신 예수께서 아버지와 아들이 하나이며 아들을 통하여 아버지가 계시됨을 성전에서 가르치신다(20

절). 논증은 이중적이다. 먼저 예수는 자신을 위해 다른 증인을 필요로 하지 않는다. 하나님께서 보내신 아들로 예수는 자신의 기원과 목표지를 알기 때문이다(13-15절). 예수는 자신을 위해 증인하는 참 증인을 가지고 있다. 예수 자신과 아들 예수와 함께 하시는 아들을 보내신 아버지가 아들을 위하여 증언 하신다(16-18절). 예수께 적대적인 유대인들은 아버지와 아들이 하나라는 것과 아들을 통해 아버지가 계시됨을 모르고 오해하며 인정하지 않는다. 본 단락은 예수의 자기 계시 선포(12절), 유대인들의 오해와 첫 번째 질문(13절), 예수의 설명(14-18절), 예수의 아버지에 관한 유대인들의 두 번째 질문(19a절), 예수의 답변(19b절), 예수가 체포되지 않음(20절)으로 구성된다.

12절 초막절 기간에 성전 앞 여인의 뜰에 설치된 금 등대 네 개가 어둠 가운데 예루살렘을 비추었다. 예수께서 세상을 비추시는 '세상의 빛', '세상을 위한 빛'으로 자신을 계시한다(1:5; 사 42:6; 49:6; 51:4; 참조. 4:42, 비교. '일시적인 빛' 5:35). 초대와 약속으로 이어지는 예수의 자기 계시 선포는 '나를 따르는 자'에게 제한된다. '빛'은 계시와 구원의 은유이다(1:4, 5, 7, 8, 9; 3:19). '세상'은 피조물 전체를 가리킨다. 예수를 믿고 따르는 자는 어둠 가운데 거닐며 '생명의 빛'을 선물로 받는다(1:4). 예수는 세상에 와 모든 사람을 비추는 참 빛이다(1:9).

13절 바리새인들은 예수의 자기 계시를 자기 '증언'으로 받아들이며 그 배후와 진정성을 의심한다(민 35:30; 신 17:6; 19:15).

14절 유대인들의 이의 제기에 예수는 하나님 아버지로부터 오는 자신의 기원과 아버지께로 가는 목표지점을 아는 지식에 근거하여 자신의 선포가 참된 증언임을 설명한다. 예수는 하나님 아버지께서 보내시고 그의 전권을 부여받은 자이므로 다른 증인을 필요로 하지 않는다.

15~16절 그와 달리 예수를 대적하는 유대인들은 이 세상의 것을 기준('육체를 따라')으로 사람을 판단하나(1:11 이하; 3:32 이하; 참조. 7:24, 51), '세상

의 빛'이신 구원주 예수는 판단하지 않는다(3 : 17 ; 12 : 47 이하). 그러나 그가 판단하는 경우에, 아버지께서 보낸 자로 아버지께 들은 대로 아버지의 전권을 가지고 판단하므로 그의 판단은 아버지의 판단으로 참되다(5 : 20, 22, 27).

17~18절 아버지께서 보내신 파송을 증명하므로(3 : 17) 예수는 다른 증언자를 필요로 하지 않는다(5 : 31-32). 예수는 아버지의 뜻대로 아버지께서 행하신 것을 보고(5 : 19) 행하므로 자신의 사역이 아버지의 사역임을 증언한다(5 : 30). 아버지께서 자신이 보내신 아들을 위하여 증언하시기 때문이다(신 17 : 6 ; 19 : 15).

19절 유대인들은 아버지로부터 말미암는 예수의 기원과 그의 파송을 이해하지 못하고 예수의 아버지의 소재(所在)를 묻는다(5 : 23 ; 15 : 21, 23 ; 16 : 3). 하나님은 절대적으로 나사렛 예수로 자신을 계시하신다. 아들 예수를 영접하는 것으로서만 하나님 아버지를 인식할 수 있다.

20절 초막절 끝날 성전 안 여인들의 뜰에서 '빛의 축제'가 열리고 예루살렘 주민들과 많은 순례객들이 모였을 때 헌금함 앞에서 예수께서 공공연하게 공식적으로 자신을 계시하셨다. 장소를 구체적으로 밝히므로(참조. 1 : 28 ; 3 : 23 ; 6 : 59) 자기 계시의 성격이 강조된다. 그러나 예수의 수난과 죽음을 통한 세상 구원의 때(18 : 8, 12)가 아직 이르지 않았으므로 유대인들 중 아무도 예수를 체포하지 않았다(7 : 30, 44, 51).

14. 예수의 신적 기원, 내가 가는 곳(8 : 21-30)

> [21]다시 이르시되 내가 가리니 너희가 나를 찾다가 너희 죄 가운데서 죽
> 겠고 내가 가는 곳에는 너희가 오지 못하리라 [22]유대인들이 이르되 그가
> 말하기를 내가 가는 곳에는 너희가 오지 못하리라 하니 그가 자결하려
> 는가 [23]예수께서 이르시되 너희는 아래에서 났고 나는 위에서 났으며 너

희는 이 세상에 속하였고 나는 이 세상에 속하지 아니하였느니라 [24]그러
므로 내가 너희에게 말하기를 너희가 너희 죄 가운데서 죽으리라 하였
노라 너희가 만일 내가 그인 줄 믿지 아니하면 너희 죄 가운데서 죽으리
라 [25]그들이 말하되 네가 누구냐 예수께서 이르시되 나는 처음부터 너희
에게 말하여 온 자니라 [26]내가 너희에게 대하여 말하고 판단할 것이 많
으나 나를 보내신 이가 참되시매 내가 그에게 들은 그것을 세상에 말하
노라 하시되 [27]그들은 아버지를 가리켜 말씀하신 줄을 깨닫지 못하더라
[28]이에 예수께서 이르시되 너희가 인자를 든 후에 내가 그인 줄을 알고
또 내가 스스로 아무것도 하지 아니하고 오직 아버지께서 가르치신 대
로 이런 것을 말하는 줄도 알리라 [29]나를 보내신 이가 나와 함께 하시도
다 나는 항상 그가 기뻐하시는 일을 행하므로 나를 혼자 두지 아니하셨
느니라 [30]이 말씀을 하시매 많은 사람이 믿더라

[8:21-30] 죄인인 유대인들과 생명의 주권자인 예수와의 논쟁이 계속되며 예수가 누구인지가 계시된다. "내가 간다."와 "내가 가는 곳에 너희가 오지 못한다."는 주제로 앞 단락과 연결된다(7:33; 8:14, 21, 참조. 3:8; 13:33, 36; 14:4, 5, 28; 16:5, 17). 적대자들은 예수의 십자가의 죽음에서야 예수가 하나님께서 보내신 아들임을 알게 될 것이다. 이 땅에서 예수의 목적지가 되는 십자가 죽음과 그를 통한 세상의 구원이 예수의 파송 목적이다(19:30). '예수의 신적 기원'이 말씀으로 계시되는 본 단락은 예수께서 어디로 가는가(21-24절, 예수의 선포 21절, 유대인들의 오해와 질문 22절, 예수의 답변과 설명 23-24절), 예수가 누구인가(25-30절, 유대인들의 질문 25a절, 예수의 답변 25b-26절, 유대인들의 오해 27절, 예수의 답변과 설명 28-29절, 무리들의 반응 및 많은 사람이 믿게 됨 30절)로 구성된다.

21절 예수께서 아버지께 돌아가심으로 그를 믿는 자들에게 영생이 주어진다.

그가 돌아감은 십자가의 죽음으로 인간의 죄를 대신 속량함을 의미하기 때문이다(13 : 1 ; 14 : 3). 유대인들이 예수를 찾을 것이나(7 : 34, 36 ; 13 : 33) 예수를 믿지 못하므로 불신앙의 죄에 빠진 유대인들은 스스로 멸망에 이르다(신 24 : 16 ; 겔 3 : 18-20 ; 18 : 24, 26). 그들은 예수의 부재 시에 성령으로 임재하시는 예수와 함께 하지 못하므로 구원에 이르지 못한다(14 : 3).

22절 유대인들은 예수의 말을 이해하지 못한다. 그들은 먼저 예수의 목적지를 헬라 지역으로 오해하였고(7 : 35), 이제 그의 죽음을 추측하며 자신들이 죄인임을 지적하는 예수에 맞서 예수가 자결하여 음부('아래')로 내려가기를 원하는 죄인임을 상정(想定)하려 한다(삼상 31 : 1-7 ; 삼하 17 : 23 ; 비교. 2 마카 14 : 41-46). 예수를 죄인으로 몰고자 하는 유대인들의 억측은 역설적으로 예수의 수난과 구원의 역사를 더 앞당기고 있다. 생명의 주권자이신 예수만이 죽음으로 구원을 베푸실 수 있는 유일한 분이시다(10 : 18).

23절 하나님의 계시자인 생명의 주권자 예수와 죄에 속한 세상이 구별된다. 여기서 '아래'는 부정적 의미의 '세상'(1 : 5), 곧 하나님을 대적하여 멸망에 이르는 영역(陰府)을 상징한다. '위'는 하나님의 통치 영역을 상징한다. 유대인들이 예수를 적대하는 세력, 부정적인 의미의 '세상'을 대표한다(참조. 15-17장).

24절 하나님을 알지 못하는 것이 죄이다. 하나님께서 보내신 아들인 '위'에 속한 예수의 자기계시를 믿지 못하는 유대인들의 죄와 불신앙으로 말미암는 참혹한 결과인 죽음과 멸망을 예수께서 다시 강조하여 경고한다. 예수가 바로 유대인들이 바라는바 메시야이다. "내가 그이다"(12, 28, 58절; 사 41 : 4 ; 43 : 10-13 ; 48 : 12).

25a절 자신들의 죄를 지적하는 예수의 자기계시 앞에 유대인들은 예수의 정체를 질문한다.

25b~26절 예수께서 지금까지 유대인들을 향해 말한 것으로 예수가 누구인지를 충분히 알 수 있다. 예수의 말씀은 예수께서 아버지로부터 들은 아버지의

말씀이다(7 : 16). 따라서 아버지가 세상의 주권자이며 심판자이므로 예수의 말씀으로 세상을 향한 아버지의 심판이 실행된다(16절). 예수는 세상과 유대인들을 향해 불신앙의 죄를 지적할 수 있다(16 : 8-11). 예수는 이스라엘의 하나님이신 참되신 아버지로부터 보냄을 받았기 때문이다(신 32 : 4 ; 시 33 : 4 ; 사 25 : 2 ; 롬 15 : 8).

27절 예수께서 자신이 하나님께서 보내신 아들임을 직접적(16, 18, 19절), 간접적으로(14, 26절) 선포했으나 유대인들은 알지 못하였다.

28~29절 유대인들의 무지와 오해, 불신앙으로 인하여 인자 예수께서 들리어(12 : 32 이하) 십자가에 못 박혀질 때가 온다(18 : 31 ; 19 : 16 ; 레 24 : 16 ; 신 21 : 22 이하; 살전 2 : 14 이하; 행 2 : 23 ; 3 : 15 ; 5 : 30). 그때가 곧 불신앙하는 유대인들의 심판의 날이다(15절 이하, 21, 26절). 십자가의 수난에서 예수께서 세상의 죄를 대속하므로 하나님의 사랑을 계시하므로(3 : 16) 세상의 구주이신 하나님의 아들이심이 온 세상에 알려지고 드러난다(1 : 34 ; 5 : 25 ; 10 : 36 ; 19 : 7 ; 20 : 31). 하나님 아버지로부터 보냄을 받은 하나님의 아들 예수는 언제나 아버지께서 가르치신 대로 말하며, 아버지께서 기뻐하시는 하나님의 뜻을 행하고, 십자가의 죽음에서 아버지께 순종하여 아버지의 파송 목적을 온전하게 이룬다. 예수는 하나님과 언제나 함께하며 하나님과 하나이다.

30절 유대인들의 불신앙과 달리 많은 유대인들이 예수의 선포를 통해 예수가 그리스도임을 믿는다(비교. 6 : 66).

15. 참 자유와 진리(8 : 31-36)

31그러므로 예수께서 자기를 믿은 유대인들에게 이르시되 너희가 내 말
에 거하면 참으로 내 제자가 되고 32진리를 알지니 진리가 너희를 자유
롭게 하리라 33그들이 대답하되 우리가 아브라함의 자손이라 남의 종이

된 적이 없거늘 어찌하여 우리가 자유롭게 되리라 하느냐 [34]예수께서 대
답하시되 진실로 진실로 너희에게 이르노니 죄를 범하는 자마다 죄의
종이라 [35]종은 영원히 집에 거하지 못하되 아들은 영원히 거하나니 [36]그
러므로 아들이 너희를 자유롭게 하면 너희가 참으로 자유로우리라

[8 : 31–36] 예수와 유대인들과의 논쟁은 예수와 믿는 유대인들(30절)과의 대화로 발전되어 중요한 국면으로 접어든다. 논쟁에서 아브라함의 자손에게 주어진 약속, 예수의 참된 기원과 참 제자도, 진리와 자유, 죄의 관계가 설명된다. 본 단락은 믿는 유대인들을 향한 기본 권면과 약속(31–32절), 유대인들의 오해와 반문(33절), 종과 아들에 관한 예수의 비유(34–36절)로 구성된다.

31~32절 예수를 믿은 유대인들(30절)을 향해 기본 권면과 세 가지 약속이 주어진다. 믿는 자들은 예수의 말씀에 거하여야 한다(5 : 38 ; 6 : 56 ; 8 : 31 ; 12 : 46 ; 14 : 17 ; 15 : 1–10, 16 ; 21 : 22 이하). 예수의 말씀에 거하는 경우에만 예수의 참 제자가 되고, 진리를 알게 되고, 진리로 인하여 자유하게 된다. 여기서 진리는 예수가 그리스도로 계시된 말씀으로 선포되는 진리이다(비교. 3 : 2 ; 8 : 40, 45 이하; 14 : 6 ; 18 : 37).

33절 믿은 유대인들이 자유에 대하여 회의적으로 반문한다(비교. 19, 27절; 12 : 42 이하). 그들은 하나님과 맺은 아브라함의 계약에 기초하여 하나님의 백성으로 종교적 자유를 누린다는 자의식을 갖고 있었다(시락 44 : 19–21 ; 1 마카 2 : 52 ; 4에스라 3 : 13 이하; 저스틴의 대화 44 : 1 ; 140 : 2). 기원전 150~63년의 마카베오 통치 기간을 제외하고 기원전 586년 이후부터 유대인들이 줄곧 외세의 통치를 받았지만 그들은 종이 된 적이 없고 미래에 다른 자유가 필요하다고 생각하지 않았다. 예수를 믿기는 하나 유대교의 전통을 고수하려는 유대 기독교인들이 논쟁에 참여했을 것으로 추측된다.

34절 예수께서 참 자유에 대해 일깨우신다. 아브라함의 백성이 갖는 신분이

참 자유를 보증하지 않는다. 참 자유와 참 진리는 예수로만 주어진다. 아브라함의 백성으로 유대인들에게 주어진 하나님의 모든 은사를 막는 세력으로 죄가 언급된다(참조. 갈 4 : 7 ; 롬 6 : 16, 17, 20). 유대인들도 죄의 통치권 아래 예속되므로 죄의 종이며 자유롭지 못하다(5 : 14 ; 9 : 2 이하, 34 ; 20 : 23). 하나님의 아들 예수 그리스도를 믿지 못함이 죄이다(8 : 24 ; 9 : 41 ; 15 : 22, 24 ; 18 : 28–19 : 16).

35~36절 예수께서 '종과 아들'의 비유로 생명의 주권자인 아버지 하나님의 아들 예수 그리스도 안에 거하므로 죄와 죽음의 세력에서 벗어나(1 : 29 ; 8 : 21, 24 ; 겔 18 : 4–20 ; 신 27 : 15 이하; 28 : 15 이하; 30 : 15) 참 자유가 주어짐을 설명한다(참조. 창 21장 '사라와 이삭', '하갈과 이스마엘'). 아들에게 아버지의 집에 거할 권리와 자유가 주어진다. 예수는 아버지의 전권으로(3 : 35 ; 5 : 21 이하, 27 ; 17 : 2) 아버지의 일을 행한다(5 : 20). 아브라함의 계약과 모세의 율법으로 주어진 이스라엘 백성의 구원 사역은 오직 아들이신 예수 그리스도께서만 완성하실 수 있다(마 5 : 17 ; 비교. 롬 3 : 21 ; 갈 5 : 4 ; 6 : 12).

16. 아브라함의 자녀와 마귀의 자녀(8 : 37–47)

37나도 너희가 아브라함의 자손인 줄 아노라 그러나 내 말이 너희 안에
있을 곳이 없으므로 나를 죽이려 하는도다 38나는 내 아버지에게서 본
것을 말하고 너희는 너희 아비에게서 들은 것을 행하느니라 39대답하여
이르되 우리 아버지는 아브라함이라 하니 예수께서 이르시되 너희가 아
브라함의 자손이면 아브라함이 행한 일들을 할 것이거늘 40지금 하나님
께 들은 진리를 너희에게 말한 사람인 나를 죽이려 하는도다 아브라함
은 이렇게 하지 아니하였느니라 41너희는 너희 아비가 행한 일들을 하는
도다 대답하되 우리가 음란한 데서 나지 아니하였고 아버지는 한 분뿐
이시니 곧 하나님이시로다 42예수께서 이르시되 하나님이 너희 아버지

였으면 너희가 나를 사랑하였으리니 이는 내가 하나님께로부터 나와서
왔음이라 나는 스스로 온 것이 아니요 아버지께서 나를 보내신 것이니
라 43어찌하여 내 말을 깨닫지 못하느냐 이는 내 말을 들을 줄 알지 못함
이로다 44너희는 너희 아비 마귀에게서 났으니 너희 아비의 욕심대로 너
희도 행하고자 하느니라 그는 처음부터 살인한 자요 진리가 그 속에 없
으므로 진리에 서지 못하고 거짓을 말할 때마다 제 것으로 말하나니 이
는 그가 거짓말쟁이요 거짓의 아비가 되었음이라 45내가 진리(또는 참된
것)를 말하므로 너희가 나를 믿지 아니하는도다 46너희 중에 누가 나를
죄로 책잡겠느냐 내가 진리를 말하는데도 어찌하여 나를 믿지 아니하느
냐 47하나님께 속한 자는 하나님의 말씀을 듣나니 너희가 듣지 아니함은
하나님께 속하지 아니하였음이로다

[8:37-47] 아브라함의 자손에게 주어진 약속과 예수의 기원 문제가 계속 논쟁의 초점이 된다. 본 단락은 예수와 적대자들의 기원에 관한 예수의 선포(37-38절), 유대인들의 첫 번째 주장("우리 아버지는 아브라함이다"-39a절), 유대인들의 오해에 관한 예수의 책망(39b-41a절), 유대인들의 두 번째 주장("우리 아버지는 하나님이다"-41b절), 유대인들의 오해에 관한 예수의 책망과 설명(42-47절)으로 구성된다.

37절 예수께서 아브라함의 자손에게 주어진 약속을 일부 인정하면서 아브라함의 자신을 죽이려는 유대인들의 음모가 예수 그리스도와 그의 말씀에 대한 불신앙에 있음을 지적한다. 유대인들의 불신앙으로 아브라함의 자녀 됨과 예수를 죽이려는 음모가 서로 모순되게 만든다.

38절 하나님의 아들 예수 그리스도의 계시 앞에서 유대인들의 기원이 밝혀진다. 예수 그리스도를 믿지 못하므로 적대적인 유대인들은 그들이 아브라함의 자녀가 아니라 마귀의 자녀임을 드러낸다(44절). 하나님 아버지에게서

본 것을 말하는 예수는 하나님의 아들이다(3 : 11, 32 ; 5 : 19 ; 7 : 16 ; 8 : 26, 28). 하나님의 아들 예수를 죽이려는 적대자들은 그 행위로 그들의 아버지가 누구인지를 드러낸다. 그들은 자신들의 아버지에게서 들을 것을 행하기 때문이다(23절).

39a절 대답 예수 자신과 유대인들의 기원에 관한 말씀에 대해 유대인들은 자신들의 아버지가 아브라함이라고 주장한다(33, 37절 ; 사 63 : 16).

39b~41a절 아브라함을 아버지로 주장하는 유대인들을 향해 아브라함의 행위와 유대인들의 행위가 모순됨을 책망한다. 하나님의 진리를 말하는 하나님의 아들 예수 그리스도를 불신앙 하고 죽이려 하므로(44절) 유대인 적대자들은 하나님 아버지를 믿고 개종하여 유대인이 된 '믿음의 조상' 아브라함에 반역하는 행위를 하였다(56절). 그로써 유대인들은 아브라함의 참 자손이 아님을 드러낸다(마 3 : 9).

41b절 예수의 비난에 맞서 유대인들은 이제 한 분이신 하나님이 자신들의 아버지라고 주장하므로 불법적인 관계에서가 아니라(호 1 : 2 ; 2 : 6) 적법한 아브라함의 자손임을 입증하려 한다(사 64 : 8 ; 빌러벡 I 828).

42~43절 유대인들의 오해에 맞서 예수께서 그들의 불신앙을 지적한다. 하나님께서 보내신 아들 예수 그리스도를 믿고 사랑하며 그의 말을 알고 들어 순종하므로 유대인들은 하나님이 아버지임을 드러내야 한다. 하나님의 자녀들이 하나님의 아들을 죽일 수 없다.

44~45절 유대인들이 참 진리이며 진리를 말하는 하나님의 아들 예수를 믿지 못하고 죽이려 하므로(6 : 70 ; 13 : 2, 28) 그들은 거짓을 말하는 거짓말쟁이, 거짓의 아버지, '처음부터' 살인자(요일 3 : 8 ; 3 : 12) 마귀의 통치권 아래 영향을 받고 있는 마귀의 자녀임을 드러낸다(3 : 19 ; 7 : 7 ; 12 : 31 ; 14 : 30 ; 16 : 11 ; 요일 5 : 19 ; 계 2 : 9 ; 3 : 9). 그들의 불신앙은 죄의 세력, 마귀로 말미암음이다(요일 3 : 8).

46절 예수께서 진리를 말하며 죄 없는 자인 하나님의 아들 예수를 죽이려는 유대인들의 불신앙을 다시 비난한다(지혜서 2 : 10–20).

47절 하나님의 말씀을 듣고도 알지 못하고 깨닫지 못하는(36절, 15 : 22, '보지 못함' 9 : 39–41 ; 15 : 24) 유대인들의 불신앙은 하나님께 속하지 않은 그들의 기원에서 비롯된다. 마귀로 소급할 수밖에 없는 그들의 기원에 대한 질문으로만 유대인들의 불신앙을 설명할 수 있다.

17. 예수와 아브라함(8 : 48–59)

48유대인들이 대답하여 이르되 우리가 너를 사마리아 사람이라 또는 귀
신이 들렸다 하는 말이 옳지 아니하냐 49예수께서 대답하시되 나는 귀신
들린 것이 아니라 오직 내 아버지를 공경함이거늘 너희가 나를 무시하는
도다 50나는 내 영광을 구하지 아니하나 구하고 판단하시는 이가 계시니
라 51진실로 진실로 너희에게 이르노니 사람이 내 말을 지키면 영원히 죽
음을 보지 아니하리라 52유대인들이 이르되 지금 네가 귀신 들린 줄을 아
노라 아브라함과 선지자들도 죽었거늘 네 말은 사람이 내 말을 지키면
영원히 죽음을 맛보지 아니하리라 하니 53너는 이미 죽은 우리 조상 아브
라함보다 크냐 또 선지자들도 죽었거늘 너는 너를 누구라 하느냐 54예수
께서 대답하시되 내가 내게 영광을 돌리면 내 영광이 아무 것도 아니거
니와 내게 영광을 돌리시는 이는 내 아버지시니 곧 너희가 너희 하나님
이라 칭하는 그이시라 55너희는 그를 알지 못하되 나는 아노니 만일 내가
알지 못한다 하면 나도 너희 같이 거짓말쟁이가 되리라 나는 그를 알고
또 그의 말씀을 지키노라 56너희 조상 아브라함은 나의 때 볼 것을 즐거
워하다가 보고 기뻐하였느니라 57유대인들이 이르되 네가 아직 오십 세
도 못되었는데 아브라함을 보았느냐 58예수께서 이르시되 진실로 진실로
너희에게 이르노니 아브라함이 나기 전부터 내가 있느니라 하시니 59그
들이 돌을 들어 치려 하거늘 예수께서 숨어 성전에서 나가시니라

[8 : 48-59] 유대인들의 기원, 아브라함의 자녀라는 주제가 예수와 아버지, 아브라함의 관계 문제로 계속 논쟁의 초점이 된다. 예수는 아브라함과 선지자들 보다 앞서 선재하신 분이며 영원히 하나님과 함께하시는 하나님의 아들이시다. 본 단락은 예수를 향한 유대인들의 비난(48절), 예수의 부인과 선포(49-51절), 유대인들의 오해와 질문(52-53절), 예수의 설명과 선포(54-56절), 유대인들의 오해와 질문(57절), 예수의 자기 계시 선포(58절), 유대인들의 살해 시도와 예수께서 성전을 나가심(59절)으로 구성된다.

48절 유대인들은 마귀의 자녀들이라고 비난하는 예수를 향해 유대인들은 예수가 '사마리아 사람'이며 '귀신이 들렸다'고 반박한다. 사마리아 사람은 마법 및 마술을 행하는 그룹으로 알려졌다(저스틴 변증 26). 예수는 종종 '귀신에 사로잡힌 자'로 비난받았다(마 12 : 22-32 ; 막 3 : 20-30 ; 눅 11 : 14-23 ; 참조. 10 : 20).

49~51절 예수께서 귀신이 들렸다는 유대인들의 비난을 부인한다. 예수께서 자신의 영광을 구하지 아니하고 아버지를 공경하므로 유대인들이 예수를 무시한다고 지적한다. 하나님께서 심판하시는 분이므로 유대인들의 불신앙의 죄가 영원한 죽음으로 정죄를 받을 것이다. 반면에 예수의 말씀을 지키는 자들에게 영생이 약속된다. 예수의 말씀이 영생을 보증한다.

52절 유대인들은 예수가 선포한 영생의 약속이 그가 '귀신에 사로잡힌 자'임을 나타내는 결정적 단서로 삼으려 한다. 아브라함과 선지자들이 죽은 지 이미 오래이기 때문이다.

53절 유대인들은 예수가 아브라함과 선지자들 보다 큰 자인지, 예수의 자기 이해는 무엇인지 예수의 정체에 대해 다시 질문한다.

54절 예수께서 자신이 하나님께서 보내신 하나님의 아들임을 밝힌다. 유대인들이 '우리 아버지'라고 부르는 하나님이 예수를 영화롭게 하셔서 십자가의 수난을 통해 세상의 구원주가 되게 하시기 때문이다.

55절 유대인들은 아들을 통해 자신을 계시하시는 하나님을 알지 못한다. 예수는 자신을 보내신 하나님 아버지를 알고 그의 말씀을 지킨다. 예수께서 하나님을 모른다고 하면 유대인들처럼 거짓말쟁이가 될 것이다.

56절 조상들이 기다린 메시야가 바로 예수 그리스도이다. 유대인들이 '우리 아버지'라고 부르는 아브라함은 '믿음의 조상'으로 예수가 누구인지를 알았다. 아브라함은 예수의 '때', 곧 십자가의 수난과 죽음을 통해 세상에 구원과 심판이 임하는 때를 볼 것을 즐거워하며 기다렸고 '그때'가 임하였음을 보고 이미 기뻐하였다(창 17 : 17 ; 약 2 : 23 ; 참조. 눅 16 : 19–31). 예수의 등장으로 이미 종말적 구원의 시대가 시작되었기 때문이다. 유대인들은 메시야가 임할 때 조상들이 메시야의 심판과 구원에 참여한다는 메시야 대망 사상을 가지고 있었다(빌러벡 Ⅱ, 525). 아브라함도 예수가 하나님의 아들 그리스도임을 증언하는 증언자이다.

57절 연대기적으로만 사고하는 유대인들은 예수의 말을 이해하지 못하고 예수께서 아브라함을 보았는지를 질문한다.

58절 예수는 자신이 언제나 하나님과 함께 있었던 영원토록 '선재하신 하나님의 아들'임을 계시한다(1 : 1이하, 30 ; 6 : 62 ; 17 : 5, 24). 시간의 주인이신 예수께서 영원과 영생의 주권자이시다.

59절 적대적인 유대인들은 하나님의 아들 예수의 자기 계시를 오해하고 신성모독으로 예수를 돌로 쳐 죽이려 한다(레 24 : 16). 그러나 아직 때가 이르지 않아 그들의 계획은 실패하고 예수는 자신을 드러내지 않고 '숨어서'(12 : 36 ; 비교. 7 : 4, 10 ; 18 : 20) 성전 밖으로 나가신다.

18. 안식일에 시각장애인의 치유 : 여섯 번째 이적(9 : 1–7)

빛의 주제로 8장과 9장이 연결된다(8 : 12 ; 9 : 5 ; 참조. 1 : 4, 5, 7, 8[2회], 9 ; 3 : 19[2회], 20[2회], 21 ; 11 : 9, 10 ; 12 : 35[2회], 36[3회], 46). 8 :

12에서 "나는 세상의 빛이니 나를 따르는 자는 어둠에 다니지 아니하고 생명의 빛을 얻으리라"는 예수의 자기 계시 선포와 함께 생명의 구원이 약속되므로 기독론과 구원론의 문제, 곧 예수의 메시야성에 대한 질문이 바리새인들과 유대인들 가운데 논쟁으로 발전한다. 9 : 5에서 "내가 세상에 있는 동안에는 세상의 빛이로라"는 예수의 자기 계시 선포는 9 : 4의 "때가 아직 낮이매 나를 보내신 이의 일을" 우리가 마땅히 하여야 한다는 말씀과 함께 예수의 구원 사역을 구체적으로 제시한다. 세상을 비추는 빛이신 예수로 인해 어둠 가운데 있던 시각장애인이 육신의 눈이 열려(10, 14, 17, 21, 26, 30, 32절; 참조. 1 : 51 ; 10 : 3, 21 ; 11 : 37) 빛을 보게 될 뿐만 아니라('보다'-7, 15, 19, 21, 25절; '다시 보다'-11, 15, 18[2회]절) 믿음의 눈이 열려 인자(1 : 51)를 믿고(35-38절) 구원을 얻는다. 반면에 예수가 빛이심을 부인하는 자들은 육신의 눈은 열려 있으나 믿음의 눈이 멀어 어둠 가운데 거하여 참 구주를 보지 못하고 불신앙의 죄 가운데 멸망의 심판을 받는다(39-41절, '빛과 심판' 3 : 19 이하). 8장에서 음란의 죄 가운데 구원 받은 간음한 여인과 불신앙으로 죽음에 이른 적대적인 바리새인들, 유대인들이 대조되었다. 9장에서 치유받고 믿음에 이른 시각장애인과 불신앙으로 심판을 받아 맹인이 된 적대적인 바리새인들 유대인들이 대조되고 있다. 예루살렘에서 '실로암' 못가를 배경으로 '안식일'에 치유 받고 유대인들 가운데 논쟁을 야기한 날 때부터 보지 못하는 시각장애인의 치유 이적은 베데스다 연못가에서 치유 받은 걷지 못하는 병자 치유 이적과 유사하다(5 : 1-18).

네 복음서가 시각장애인의 치유에 대해 종종 보고하지만(마 9 : 27-31 ; 20 : 29-34 ; 막 10 : 46-52 ; 막 8 : 22-26 ; 눅 18 : 35-43), 날 때부터 시각장애인인 사람을 예수께서 고치신 이적에 관한 기사는 요한복음 9 : 1~12에만 등장한다. 고대세계에서 시각 장애인의 치유에 침으로 만든 진흙을 치료제로 사용하는 일이 종종 소개된다(비교. 막 7 : 33 이하; 8 : 22이하). 침이 악한 영을 제어하는 도구라고 믿는 마술적 악습도 있었다. 마술적 악습을 침과 결부시키는 것으로 인해 후대에 와서 유대교 랍비들이 침의 사용을 금하기도 한다. 초대 교회 교부들은 땅에서 '진흙'을 이기는 행동을 흙으로 사람을 창조하는 일과 비교하기도 하였다(예. 이레네우스, 『이단에 반박하여』, 15 : 2).

시각장애인이 치유를 받도록 보내어진 실로암 못은 히스기야 시대에 기혼강의 위쪽 샘물을 막아 그 아래로부터 다윗 성 서쪽으로 곧게 끌어들인 관개시설과 관련되는 것으로 추정된다(역대하 32 : 30). 오늘날 실로암 못은 옛 다윗의 도성이 있었던 작은 산의 남서쪽 끝에서 발견된다. '실로암'은 '보냄을 받은 자'라는 의미를 갖는다. 이사야 8 : 6은 '실로아'의 물을 하나님의 행하심과 관련지으며, 창세기 49 : 10은 '실로'라는 메시야적 인물의 도래를 언급한다. 보냄을 받은 자라는 의미를 갖는 '실로암' 못은 치료하는 광천수로 창세기 49 : 10의 메시야의 도래와 관련되며, 곧 예수를 가리킨다.

요한복음 9장 전체가 시각장애인의 치유 사건과 그로 인한 논쟁을 보도하며 그 내용은 예수의 치유 이적(1-7절), 눈을 뜬 자와 유대인들의 논쟁(8-34절), 눈을 뜬 자와 예수와의 만남 및 예수 말씀 선포(35-41절)로 구성된다. 특히 단락 전체가 ① 예수와 제자들(1-7절), ② 시각장애인과 이웃 사람들(8-12절), ③ 시각장애인과 바리새인들(13-17절), ④ 시각장애인의 부모와 유대인들(18-23절), ⑤ 시각장애인과 유대인들(24-34절), ⑥ 예수와 시각장애인(35-38절), ⑦ 예수와 바리새인들(39-41절)의 7개 대화로 구성되고 세상의 빛이신 예수를 믿는 믿음의 눈을 뜨는 주제와 관련되므로 요한 교회의 문답식 '신앙' 교육을 본 단락의 배경으로 추정할 수 있다. 첫 대화에서 예수의 대화 상대자로 '제자들'이 등장하고, 다섯 번째 대화에서 '모세의 제자' 및 '예수의 제자'가 논쟁되면서(27-28절) 시각장애인이 믿음을 가르치므로(34절) 회당의 심문에서 축출되고 있고, 여섯 번째 대화에서 시각장애인이 예수 앞에 신앙을 고백하고 무릎을 꿇으므로(38절) 전체 본문은 참 제자도에 대한 가르침에 집중한다.

1예수께서 길을 가실 때에 날 때부터 맹인 된 사람을 보신지라 2제자들
이 물어 이르되 랍비여 이 사람이 맹인으로 난 것이 누구의 죄로 인함
이니이까 자기니이까 그의 부모니이까 3예수께서 대답하시되 이 사람이
나 그 부모의 죄로 인한 것이 아니라 그에게서 하나님이 하시는 일을 나
타내고자 하심이라 4때가 아직 낮이매 나를 보내신 이의 일을 우리가 하
여야 하리라 밤이 오리니 그때는 아무도 일할 수 없느니라 5내가 세상에
있는 동안에는 세상의 빛이로라 6이 말씀을 하시고 땅에 침을 뱉어 진흙
을 이겨 그의 눈에 바르시고 7이르시되 실로암 못에 가서 씻으라 하시니
(실로암은 번역하면 보냄을 받았다는 뜻이라) 이에 가서 씻고 밝은 눈으로
왔더라

[9 : 1–7] 본 단락 1~7절은 안식일에 예수께서 행하신 시각장애인 치유 이적 사건의 과정을 구체적으로 보도한다. 그 내용은 상황 설명(1절), 질병과 죄에 관한 제자들의 질문(2절), 예수의 답변(3–5절), 시각장애인의 치유(6–7절)로 구성된다.

1절 예루살렘으로 가는 길에(7 : 10) 태어날 때부터 시각장애로 앞을 보지 못하는 한 사람을 예수께서 목격하신다.
2절 예루살렘을 향해 은밀하게 가시는 중이므로(7 : 10) 요한복음 6 : 67 이후 언급되지 않았던 제자들이 갑자기 등장한다. 그들이 예수께 시각장애의 원인에 대해 질문한다. 유대사회에서 태어날 때부터 갖는 장애는 본인이나 그의 부모의 죄에 대한 형벌이라는 견해가 있었다(신 5 : 9 ; 참조. 렘 1 : 5).
3절 예수께서 인간의 범죄와 관련시켜 병의 원인을 추궁하는 인간적인 전제를 묻지 않으신다. 오히려 병자를 향하고 계시는 하나님의 사랑과 구원의 목적에 관심을 두신다. 생명을 부여하시는 창조주 하나님의 사역은 오늘도 계속된다. 하나님 앞에서 인간의 고난과 질병은 치유와 생명을 가능하게 하며

소망하는 새로운 목표를 향해야 한다.

4절 낮과 밤의 비유로 '때'의 의미가 설명된다. 십자가의 고난을 당하시기 전까지 예수의 공생애 사역기간이 낮이다(13 : 30-'밤').

5절 예수는 세상의 빛으로 어둠을 밝히시며 인간에게 구원을 주시는 구원자이시다(1 : 4-5, 9 ; 3 : 19-21 ; 5 : 35 ; 9 : 5 ; 11 : 9-10 ; 12 : 35-36). 예수께서 빛으로 자신을 계시하신다(8 : 12 ; 12 : 46). 현재가 예수 안에서 행하시는 하나님께서 계시의 사역을 행하실 때이다(5 : 36 ; 10 : 32).

6절 말씀 한마디로 병자를 치유하는 이적을 행하셨던 것(4 : 50 ; 5 : 8)과 달리 시각장애인의 치유를 위한 준비과정이 묘사된다. 예수께서 땅에 침을 뱉어 진흙을 이겨 시각장애인의 눈에 바르신다.

7절 이어서 실로암 못에 가서 씻으라고 예수께서 명령하시자 그 장애인이 곧바로 순종하여 행한다. 시각장애인이 하나님으로부터 보내심을 받은 자인 예수에 의해 보내질 때 예수의 능력으로 치유를 받는다. 영생의 샘물인 예수의 보혈이 갖는 죄를 씻기시는 능력으로 인간이 구원을 받는다(3 : 5 ; 4 : 14 ; 5 : 17 ; 7 : 38 ; 19 : 34). 치유 받은 시각장애인이 보면서 사람들에게 나아온다.

19. 눈을 뜬 자와 유대인들(9 : 8-34)

8이웃 사람들과 전에 그가 걸인인 것을 보았던 사람들이 이르되 이는 앉
아서 구걸하던 자가 아니냐 9어떤 사람은 그 사람이라 하며 어떤 사람은
아니라 그와 비슷하다 하거늘 자기 말은 내가 그라 하니 10그들이 묻되
그러면 네 눈이 어떻게 떠졌느냐 11대답하되 예수라 하는 그 사람이 진
흙을 이겨 내 눈에 바르고 나더러 실로암에 가서 씻으라 하기에 가서 씻
었더니 보게 되었노라 12그들이 이르되 그가 어디 있느냐 이르되 알지
못하노라 하니라 13그들이 전에 맹인이었던 사람을 데리고 바리새인들
에게 갔더라 14예수께서 진흙을 이겨 눈을 뜨게 하신 날은 안식일이라

[15]그러므로 바리새인들도 그가 어떻게 보게 되었는지를 물으니 이르되
그 사람이 진흙을 내 눈에 바르매 내가 씻고 보나이다 하니 [16]바리새인
중에 어떤 사람은 말하되 이 사람이 안식일을 지키지 아니하니 하나님
께로부터 온 자가 아니라 하며 어떤 사람은 말하되 죄인으로서 어떻게
이러한 표적(이적)을 행하겠느냐 하여 그들 중에 분쟁이 있었더니 [17]이
에 맹인되었던 자에게 다시 묻되 그 사람이 네 눈을 뜨게 하였으니 너
는 그를 어떠한 사람이라 하느냐 대답하되 선지자니이다 하니 [18]유대인
들이 그가 맹인으로 있다가 보게 된 것을 믿지 아니하고 그 부모를 불러
묻되 [19]이는 너희 말에 맹인으로 났다 하는 너희 아들이냐 그러면 지금
은 어떻게 해서 보느냐 [20]그 부모가 대답하여 이르되 이 사람이 우리 아
들인 것과 맹인으로 난 것을 아나이다 [21]그러나 지금 어떻게 해서 보는
지 또는 누가 그 눈을 뜨게 하였는지 우리는 알지 못하나이다 그에게 물
어 보소서 그가 장성하였으니 자기 일을 말하리이다 [22]그 부모가 이렇게
말한 것은 이미 유대인들이 누구든지 예수를 그리스도로 시인하는 자는
출교하기로 결의하였으므로 그들을 무서워함이러라 [23]이러므로 그 부모
가 말하기를 그가 장성하였으니 그에게 물어 보소서 하였더라 [24]이에 그
들이 맹인이었던 사람을 두 번째 불러 이르되 너는 하나님께 영광을 돌
리라 우리는 이 사람이 죄인인 줄 아노라 [25]대답하되 그가 죄인인지 내
가 알지 못하나 한 가지 아는 것은 내가 맹인으로 있다가 지금 보는 그
것이니이다 [26]그들이 이르되 그 사람이 네게 무엇을 하였느냐 어떻게 네
눈을 뜨게 하였느냐 [27]대답하되 내가 이미 일렀어도 듣지 아니하고 어찌
하여 다시 듣고자 하나이까 당신들도 그의 제자가 되려 하나이까 [28]그들
이 욕하여 이르되 너는 그의 제자이나 우리는 모세의 제자라 [29]하나님
이 모세에게는 말씀하신 줄을 우리가 알거니와 이 사람은 어디서 왔는
지 알지 못하노라 [30]그 사람이 대답하여 이르되 이상하다 이 사람이 내
눈을 뜨게 하였으되 당신들은 그가 어디서 왔는지 알지 못하는도다 [31]하

나님이 죄인의 말을 듣지 아니하시고 경건하여 그의 뜻대로 행하는 자
의 말은 들으시는 줄을 우리가 아나이다 32창세 이후로 맹인으로 난 자
의 눈을 뜨게 하였다 함을 듣지 못하였으니 33이 사람이 하나님께로부터
오지 아니하였으면 아무 일도 할 수 없으리이다 34그들이 대답하여 이르
되 네가 온전히 죄 가운데서 나서 우리를 가르치느냐 하고 이에 쫓아내
어 보내니라

[9:8-34] 본 단락(8-34절)은 이웃들의 질문(8-12절, 이웃 사람들의 질문-8-10절, 치유 받은 자의 설명-11절, 예수가 어디 계시냐?-12절), 치유 받은 자를 향한 바리새인들의 질문(13-17절, 치유 받은 자의 부모를 향한 바리새인들의 질문 18-23절, 치유 받은 자를 향한 바리새인들의 두 번째 질문, 24-34절)으로 구성된다.

8~10절 태어날 때부터 앞을 보지 못하므로 앉아서 구걸하며 살던 자가 치유 받아 보면서 걸어오는 것에 놀란 이웃 사람들이 자신들이 보는 것을 의심하자 눈을 뜬 자가 스스로 증거 한다. "내가 그라." 놀란 사람들이 그에게 일어난 치유 사건에 대해 질문한다.

11절 눈을 뜬 자가 예수의 능력으로 자신이 치유를 받은 그 과정을 상세하게 증거한다.

12절 신적인 권세를 행하신 예수를 그리스도로 믿을 수 없는 이웃 사람들이 눈을 뜬 자에게 예수의 현재 체류지에 대해 질문한다. "그가 어디 있느냐?" 눈을 뜬 자가 답변한다. 나는 "알지 못하노라." 표면적인 부재의 자리 중심에 생명을 살리시는 권세자로 예수께서 현존하신다.

13절 이웃 사람들이 치유 받아 눈을 뜬 자를 바리새인들에게 인도하므로 심문이 시작된다.

14절 예수께서 치유 이적을 행하신 날이 안식일임이 주목되므로 고조되는 논

쟁이 예고된다(16절). 안식일에 진흙을 이기는 행위는 안식일을 범하는 것으로 금지되고 있었다(5 : 9, 10, 16, 18 ; 7 : 22, 23[2회]; 빌러벡 Ⅱ, 530).

15절 바리새인들이 치유의 경위를 묻고 눈을 뜬 자가 이적의 실제과정을 구체적으로 다시 한 번 상세하게 설명한다(11절).

16절 예수의 이적 행사 앞에 바리새인들이 분열된다(7 : 43 ; 8 : 48 ; 10 : 21). 일부는 안식일 규범 침해를 이유로 예수의 신적 기원을 문제 삼는다. 다른 일부는 믿음에 이르게 하는 '이러한 이적들'이(예루살렘 2 : 23 ; 5 : 1 이하; 갈릴리 2 : 1 이하; 4 : 46 이하; 6 : 5 이하; 6 : 16 이하; '이러한 이적들을 행하다' 2 : 11, 23 ; 4 : 54 ; 6 : 14, 30 ; 7 : 31 ; 10 : 41 ; 11 : 47 ; 12 : 18, 37 ; 20 : 30) 죄인의 행위가 아님을 언급한다(32-33절).

17절 바리새인들의 분열로 예수의 정체와 기원에 관한 질문이 예수의 치유로 눈을 뜬 맹인에게 다시 던져진다(참조. 8 : 13). "그를 어떠한 사람이라 하느냐?"는 말씀은 "너는 예수에 관하여 무엇을 말하느냐?"라는 질문이다. 이웃 사람들 앞에서 예수를 '그 사람'으로 명명했던 눈을 뜬 자가 바리새인들을 향해 예수는 '선지자'라고 답변한다.

18~19절 유대인들은 치유 받아 눈을 뜬 자가 이전에 시각장애인과 동일한 사람인지를 의심하면 눈을 뜬 자의 부모를 심문하기 시작한다. '유대인들'이 여기서 '바리새인들'과 동일하게 사용되고 있다(1 : 19-24 ; 7 : 32-36 ; 18 : 3, 12). 눈을 뜬 자의 부모는 예수의 치유를 경험하고 증언하는 자가 자신들의 아들임과 치유과정이 사실임을 밝혀야 한다.

20~23절 눈을 뜬 자의 부모는 치유를 경험한 자가 날 때부터 눈이 멀었던 자신들의 아들임을 시인한다. 그러나 그들은 아들의 치유과정에 대해 무지함을 말하며 답변을 회피하고 그 경위에 대한 설명을 장성한 아들에게 돌린다. 예수가 자신의 아들에게 이적을 행하여 치유를 베푼 자로 말하는 것이 예수를 그리스도로 시인하는 것임을 그들이 잘 알았고 있었고(16절), 유대인들이 예수를 그리스도로 고백하는 자에게 출교를 명하였기 때문이다. 유대교와

초기 기독교가 분리되기 시작하는 역사적 배경을 본 구절에서 읽을 수 있다.

24절 눈을 뜬 자에 대한 두 번째 심문이 시작된다(13-17절). 심문을 받는 자는 하나님께 영광을 돌리므로 진실을 말해야 한다. 예수의 정체에 대한 질문이 심문의 초점이 된다. 심문하는 유대인들의 입장은 분명하다. 예수는 죄인이므로 하나님으로부터 오지 않았다(16절).

25절 눈을 뜬 자가 기적의 실제를 강조면서 예수가 죄인임을 부인한다.

26절 유대인들이 기적의 경과를 다시 질문한다(15절).

27절 눈을 뜬 자가 이미 기적의 경과를 설명했음을 지적하며 유대인들을 향해 냉소적으로 그들이 예수의 제자가 되기를 원하는 지를 되묻는다(8 : 31 ; 9 : 2).

28~29절 유대인들은 자신들의 논증이 불리해지자 눈을 뜬 자를 욕하기 시작한다. 그들은 눈을 뜬 자를 예수의 제자로 명명하며 '모세의 제자'임을 자처하고 자신들이 우월함을 내세운다(빌러벡 Ⅱ, 535). 하나님의 말씀에 의한 모세의 권위는 입증되었으나(출 33 : 11), 예수의 기원을 알 수가 없다(5 : 45-47).

30~33절 유대인들의 논증에 눈을 뜬 자가 이의를 제기한다. 날 때부터 눈이 먼 자의 눈을 뜨게 하는 창세 이래 유일무이한 치유 이적 자체가 예수의 신적기원을 입증하므로 그는 죄인이 아니다. 하나님은 죄인의 말을 듣지 않으시기 때문이다(사 1 : 15 ; 시 109 : 7). 하나님은 경건하며 그의 뜻을 행하는 자의 말을 들으신다(요일 3 : 21, 22 ; 시 66 : 18 ; 잠 15 : 8, 29). 예수가 행하는 일이 그의 신적 기원을 입증하며 계시한다. 하나님께로부터 온 자(16절)만이 그러한 일을 행할 수 있기 때문이다. 심문하는 '우리'(29절)에 속하는 유대인들과 눈을 뜬 자가 속하는 믿는 자들의 '우리'(31절)가 예수의 신적 기원의 인식(ὁρᾶν) 문제로 서로 맞선다.

34절 유대인들은 눈을 뜬 자의 가르침에 분노한다. 그들은 예수의 설명과 달리(3절) 날 때부터 눈이 먼 것을 죄로 해석하며 그를 회당 밖으로 축출한다(22절).

20. 눈을 뜬 자와 예수(9 : 35-41)

35예수께서 그들이 그 사람을 쫓아냈다 하는 말을 들으셨더니 그를 만나
사 이르시되 네가 인자를 믿느냐 36대답하여 이르되 주여 그가 누구시오
니이까 내가 믿고자 하나이다 37예수께서 이르시되 네가 그를 보았거니
와 지금 너와 말하는 자가 그이니라 38이르되 주여 내가 믿나이다 하고
절하는지라 39예수께서 이르시되 내가 심판하러 이 세상에 왔으니 보지
못하는 자들은 보게 하고 보는 자들은 맹인이 되게 하려 함이라 하시니
40바리새인 중에 예수와 함께 있던 자들이 이 말씀을 듣고 이르되 우리
도 맹인인가 41예수께서 이르시되 너희가 맹인이 되었더라면 죄가 없으
려니와 본다고 하니 너희 죄가 그대로 있느니라

[39 : 35-41] 본 단락은 눈을 뜬 자가 예수를 직접 보고 믿음에 이르는 눈을 뜬 자와 예수의 만남(35-38절), 예수와 바리새인과의 대화 및 보는 것과 죄에 대한 예수의 말씀(39-41절)으로 구성된다.

35절 예수의 치유 이적으로 눈을 뜬 자가 회당에서 축출되었음을 예수께서 들으신 후 그를 만나 그가 '인자' 예수를 믿는 지를 물으신다(1 : 41 ; 5 : 14).
36절 눈을 뜬 자가 예수를 '주'로 칭하며 그가 믿어야 할 이가 누구인지를 오히려 반문한다.
37절 예수께서 눈을 뜬 자가 이미 예수를 보았음을 말하는 것을 통해 간접적으로 자신을 계시하므로 눈을 뜬 자의 믿음을 촉구한다.
38절 예수의 이적으로 육신의 눈이 밝았으나 예수를 그리스도로 직접 보고 알지 못했던 눈을 뜬 자가 예수의 계시로 예수가 누구인지를 바로 보고 예수가 '주'이심을 고백하고 예수께 무릎을 꿇고 예배를 드리므로 하나님께 '영광'을 돌린다(24절). 예수의 이적이 믿음에 이르는 하나님의 계시이다(3절). 한

편으로 예수를 '직접 보고' 나서야 믿음에 이르러 '주'와 '하나님'으로 고백한 도마를(20 : 28) 다른 한 편으로 예배에 관해 질문하고 '참된 예배'를 드리게 되었던 사마리아 여인의 '믿음의 인식 과정'을 상기시킨다(4 : 20-24).

39절 예수의 자기 계시 앞에서 인간은 믿음을 고백하든지 불신앙에 있든지 결정하도록 요청받는다. 예수의 계시가 믿는 자에게는 은총임을 믿지 않는 자에게는 심판으로 작용됨을 말씀하신다(8 : 12 ; 12 : 35 이하; 12 : 46). 예수가 '세상의 구주'이기 때문이다. 눈을 뜬 자는 '참 빛'이신 예수로 인해 이중적으로 육신의 눈과 믿음의 눈을 뜨게 되었다. 볼 수 있는 적대적인 유대인들은 예수의 치유 이적을 육신으로 보았으나 믿음의 눈이 멀어 예수가 메시야임을 보지 못하고 그 사실을 부인하므로 심판에 이르게 된다(8 : 21 ; 15 : 22, 24 ; 16 : 9 ; 19 : 11).

40절 예수와 함께 있던 바리새인들의 일부가 예수의 말씀을 듣고 눈이 멀었는지를 그들 스스로 반문한다.

41절 모든 것을 보고도 예수가 메시야임을 보지 못하는 그들의 불신앙의 죄를 지적하여 꾸짖는다.

21. 선한목자 말씀 및 유대인들과 논쟁(10 : 1–21 ; 세 번째 "나는 ……이다" 말씀, 10 : 9 ; 네 번째 "나는 ……이다" 말씀, 10 : 11, 14)

10장에서 예수와 바리새인들과의 논쟁이 강화되고(9 : 40, 41 ; 10 : 19), 9장의 시각장애인의 치유가 언급되므로(10 : 21) 본문은 앞 단락과 긴밀하게 연결된다. 9장의 시각장애인의 치유가 10장에 언급된 선한 목자이신 예수 사역의 한 예일 수 있다(10 : 14-19). 10 : 7~21의 선한목자 설교를 듣고 사람들이 즉각 반응하므로 10 : 22~39의 상황은 첨예하게 전개된다. 봄의 유월절(2 : 13 ; 6 : 4)과 가을의 초막절(7 : 2)에 이어 겨울의 수전절(22절) 언급은 차갑게 얼어붙어 긴장된 분위기를 고조시킨다. 예수 그리스도의 계시에 직면하여 분열되는 그룹인 유대인들의 주제가 예수와 유대인들 사이의 논쟁이 부각되는 5-11장의 맥락에서(비교. 1-4장. 2:6, 13; 4:9a, 22; 비교. 3:1; 7:50; 19:39) 6:52과 7:11에 이어 10:19~21에서 그 절정에 이르고 무리들의 분열(7:43), 바리새인들의 분열(9:16)을 상기시킨다. 이 분열이 예수에 대한 핍박(33절; 요 5:16, 18; 6:41; 7:12)과 예수를 죽이려는 음모(31-33절; 요 5:18; 7:1, 19; 8:22-24, 59; 11:8; 참조. 11:50)로 연결되며 참 생명의 수여자로서 아버지의 계명을 따르는 예수 권세(18절)의 실현인 십자가 수난으로 이어진다. 예수께서 생명을 주신다는 4중적 언급(11, 15, 17, 18절)인 수난의 예고를 통해 "내가 진실로 진실로 너희에게 이르노니 한 알의 밀이 땅에 떨어져 죽지 아니하면 한 알 그대로 있고 죽으면 많은 열매를 맺느니라"(12:24)는 인간을 구원하시는 예수의 말씀을 깨달을 수 있다.

9장의 치유 받은 시각장애인처럼 바리새인들은 그들의 시각장애로 어두운 상태에서 오직 예수만이 이스라엘 백성을 진실로 구원으로 이끌고 인도하는 분이심을 깨달았어야 했다. 요한교회와 믿는 자들은 내적이며 외적인 그 어떤 위험에 직면해도 오직 예수 그리스도만이 그들을 안전하게 이끌게 될 참된 '선한 목자', 풍성한 꼴을 주시는 '참 생명의 수여자'임을 인식해야 한다. 10:1~21 전체가 대화(1, 6, 7, 19, 20, 21절)로 구성되어 '예수 그리스도'와 '교회'에 관한 문답식 교육을 본 단락의 배경으로 추정할 수 있다. 예수 그리스도는 종말 시의 선한 목자이다. 그는 믿는 자들에게 자신의 생명을 주시므로 그들을 안전하게 인도하고 그들에게 참 생명을 주신다. 목자 설교는 요한의 기독론과 교회론의 이해를 위한 기본 본문으로 요한복음 전체에서 주요한 위치를 차지한다.

목자 비유의 배경으로 에스겔 34장(참조. 시 23; 슥 11:4-17; 13:7-9; 이디오피아 에녹 89:19-22)을, 병행본문으로 요한복음 15:1~8을 관련지을 수 있다. 예수께서 말씀하신 문과 선한 목자의 비유(6절. 감추어진 설교인

'파로미아', 참조. 벧후 2:22; 요 16:25, 29)를 요한 교회가 다양한 관점에서 숙고하고 해석하였고 복음서 기자가 현재의 문맥 가운데 우리에게 전달하였을 것으로 추정할 수 있다.

1내가 진실로 진실로 너희에게 이르노니 문을 통하여 양의 우리에 들어
가지 아니하고 다른 데로 넘어가는 자는 절도며 강도요 2문으로 들어가
는 이는 양의 목자라 3문지기는 그를 위하여 문을 열고 양은 그의 음성
을 듣나니 그가 자기 양의 이름을 각각 불러 인도하여 내느니라 4자기
양을 다 내놓은 후에 앞서 가면 양들이 그의 음성을 아는 고로 따라오되
5타인의 음성은 알지 못하는 고로 타인을 따르지 아니하고 도리어 도망
하느니라 6예수께서 이 비유로 그들에게 말씀하셨으나 그들은 그가 하
신 말씀이 무엇인지 알지 못하니라 7그러므로 예수께서 다시 이르시되
내가 진실로 진실로 너희에게 말하노니 나는 양의 문이라 8나보다 먼저
온 자는 다 절도요 강도니 양들이 듣지 아니하였느니라 9내가 문이니 누
구든지 나로 말미암아 들어가면 구원을 받고 또는 들어가며 나오며 꼴
을 얻으리라 10도둑이 오는 것은 도둑질하고 죽이고 멸망시키려는 것뿐
이요 내가 온 것은 양으로 생명을 얻게 하고 더 풍성히 얻게 하려는 것
이라 11나는 선한 목자라 선한 목자는 양들을 위하여 목숨을 버리거니와
12삯꾼은 목자가 아니요 양도 제 양이 아니라 이리가 오는 것을 보면 양
을 버리고 달아나나니 이리가 양을 물어 가고 또 헤치느니라 13달아나는
것은 그가 삯꾼인 까닭에 양을 돌보지 아니함이나 14나는 선한 목자라
나는 내 양을 알고 양도 나를 아는 것이 15아버지께서 나를 아시고 내가
아버지를 아는 것 같으니 나는 양을 위하여 목숨을 버리노라 16또 이 우
리에 들지 아니한 다른 양들이 내게 있어 내가 인도하여야 할 터이니 그
들도 내 음성을 듣고 한 무리가 되어 한 목자에게 있으리라 17내가 내 목
숨을 버리는 것은 그것을 내가 다시 얻기 위함이니 이로 말미암아 아버

지께서 나를 사랑하시느니라 [18]이를 내게서 빼앗는 자가 있는 것이 아니
라 내가 스스로 버리노라 나는 버릴 권세도 있고 다시 얻을 권세도 있으
니 이 계명은 내 아버지에게서 받았노라 하시니라 [19]이 말씀으로 말미암
아 유대인 중에 다시 분쟁이 일어나니 [20]그중에 많은 사람이 말하되 그
가 귀신 들려 미쳤거늘 어찌하여 그 말을 듣느냐 하며 [21]어떤 사람은 말
하되 이 말은 귀신 들린 자의 말이 아니라 귀신이 맹인의 눈을 뜨게 할
수 있느냐 하더라

[10 : 1–21] 본 단락은 선한목자 비유(1–6절), 양들을 위한 '문'이신 예수(7–10절), 양들의 선한 목자인 예수(11–18절), 유대인들의 이중적 반응(19–21절)으로 구성된다.

1절 "진실로 진실로"는 예수의 계시의 내용을 분명하게 한다(3 : 3 ; 6 : 26, 32 ; 8 : 34). 절도와 도적(겔 34 : 2 이하, 8 이하)은 문이 아니라, 다른 데로 넘어서 양들에게 나아가므로 목자와 대조되고 구별된다.

2절 참 목자는 양들에게 이르는 올바른 길을 택하므로 자신이 목자임을 증명한다.

3절 목자에게 문지기가 문을 열어준다. 문지기는 목자의 조력자로 양떼들을 직접 지킨다. 양떼는 목자의 음성을 알고 신뢰한다(시 37 : 18 ; 나 1 : 7 ; 사 43 : 1 ; 45 : 3 이하; 49 : 1).

4절 목자는 우리에서 양떼를 밖으로 인도한다. 목자가 앞서 가고 양들이 친숙한 그의 음성을 따라간다. 여기서 믿음의 제자도를 배울 수 있다(8 : 12).

5절 양떼는 낯선 음성을 가진 낯선 자를 따르지 않고 그를 피해 도망한다. 믿는 자들은 낯선 인도자들, 유혹자들을 따르지 않는다.

6절 1절에서 "진실로 진실로"로 강조된 예수의 말씀으로 시작된 이 비유는 사람들이 "그가 하신 말씀이 무엇인지 알지 못하니라."는 설명으로 끝맺는다

(16 : 25–29).

7절 "나는 양의 문이라."는 예수의 "나는 ……이다."의 자기 말씀으로 시작된다. 1절에서 언급된 "진실로 진실로"가 반복되고 있다. 9절에서 "내가 문이다."라고 말씀하므로 예수 자신이 양들을 풍성한 생명에 이르게 하는(10절) 문이심을 강조하고 있다. '진실로, 진실로' 말씀으로 예수께서 자신을 '양의 (그)문', '양에게로 접근하는 문'으로 소개한다. 정관사의 사용은 예수께서 '그 문', 구원자이심을 분명하게 밝힌다. 9절에 나오는 '양들을 위한 문'과 구별할 수 있다. "나는 ……이다." 말씀은 예수께서 행하시는 구원의 의미를 계시한다. 참된 목자는 문을 통하여 양에게 간다. 예수는 목자이며 동시에 문이므로 구원에 이르는 접근을 보장한다. 아무도 그를 지나쳐서 구원에 이르지 못한다. 예수께서 구원을 가져오시는 유일한 분이시기 때문이다.

8절 예수 앞에 온 자들, 유대 백성의 인도자들, 자칭 메시야들은 모두 절도요 강도이다. 양들이 그들을 듣고 따르지 않는다. '나보다 먼저'라는 말씀은 비유영역 안에서 설명되어져야 한다.

9절 두 번째 "나는 ……이다." 말씀에서 예수께서는 양들을 위한 문, 구원으로 나아가는 유일한 문이다. 이 문을 통하여 들어가고 나오는 자가 구원을 받는다(3 : 17 ; 5 : 34 ; 12 : 47). "꼴을 얻는다"(시 23 : 1–3 ; 겔 34 : 12–15)는 생명을 얻는 것을 비유한다. 예수께서 자기 사람들에게 생명을 주신다.

10절 대조적으로 절도는 양들을 인도하여 구원하지 않고 멸망시킨다. 그는 생명의 수여자가 아니라 유혹자이고 파괴자이다. 여기서 유대전쟁의 발단을 추측할 수도 있다. 오직 예수만이 생명을 풍성하게 얻도록 하기 위해 오셨다(11 : 25 ; 14 : 6).

11절 생명의 수여자로 예수께서 자기 생명을 희생하신다. 거기서 예수께서 종말 시의 선한목자이며 그가 하나님의 백성의 목자인 메시야이심이 드러난다(겔 34장).

12절 삯꾼과 선한 목자가 대조된다. 양은 삯꾼에게 속하지 않고 삯꾼도 양에게 관심이 없다. 양의 적인 이리가 오면 삯꾼은 양을 버린다. 삯꾼은 자신의 안전과 유익만을 추구한다(슥 11 : 9, 16 이하; 슥 13 : 7; 렘 10 : 21; 23 : 1-8; 겔 34 : 5, 6; 마 9 : 36).

13절 삯꾼은 임금을 받기 위해서만 일한다. 양을 위해 일하지 않는다.

14절 두 번째 선한목자에 관한 "나는 ……이다." 말씀은 상호인식이라는 목자와 양사이의 상호 관계를 규명한다. 선한목자가 먼저 양을 알고 그 은혜의 계시에 기초하여 양들이 목자를 알 수 있다.

15절 예수와 믿는 자들의 상호인식 배후에 아버지와 아들의 인식이 있다. 아버지가 먼저 아들을 알고 그 후 아들이 아버지의 계시에 응답한다. 그 관계는 아버지의 사랑에서 비롯된다(17절; 참조 3 : 16; 15 : 13).

16절 다른 양들에 대한 언급으로 비유영역이 확대된다. "이 우리(=이스라엘)에 들지 아니한 다른 양들"도 있다. 그들도 목자의 음성을 듣고 유대인들과 이방인들로 구성된 새로운 '우리'로 인도된다(3 : 16; 4 : 42). 하나님의 사랑은 온 인류를 향한다. 이방인들을 향한 선교가 필연적이다. 하나님의 사랑, 요한 교회의 교회에 대한 꿈이 '한 우리와 한 목자'로 확장된다.

17절 아들이 자신의 생명을 희생하고 다시 얻는 인류 구원의 사랑은 아버지와 아들 사이의 사랑(3 : 35; 17 : 24)에 근거한다. 예수의 수난을 통한 영광과 부활에 대한 이 언급은 하나님의 아들 예수께서 종말시 생명을 주시는 참 생명의 수여자, 생명의 주이심을 말한다.

18절 아버지의 뜻과 계명에 따라 예수는 십자가로 향하는 자신의 고난의 시점을 스스로 결정한다(18 : 1-11; 19 : 11 등). 예수는 유대인들과 이방인들 중에서 하나님의 백성을 모으고 아버지의 뜻을 이루는 선한 목자이다.

19~21절 비유 말씀에 대한 유대인들의 반응이 여러 말들을 통해 이중적으로 나타난다. 예수의 비유 말씀에 대해(19절, '이 말씀으로 말미암아') 한 편으로 많은 사람이 부정적인 말들로(20절, '말하되') 다른 한 편으로 어떤 사람은 긍정적인 말로(21절, '말하되') 반응한다.

22. 수전절에 유대인들과 논쟁(10 : 22–39)

[22]예루살렘에 수전절이 이르니 때는 겨울이라 [23]예수께서 성전 안 솔로
몬 행각에서 거니시니 [24]유대인들이 에워싸고 이르되 당신이 언제까지
나 우리 마음을 의혹하게 하려 하나이까 그리스도이면 밝히 말씀하소
서 하니 [25]예수께서 대답하시되 내가 너희에게 말하였으되 믿지 아니하
는도다 내가 내 아버지의 이름으로 행하는 일들이 나를 증거하는 것이
거늘 [26]너희가 내 양이 아니므로 믿지 아니하는도다 [27]내 양은 내 음성을
들으며 나는 그들을 알며 그들은 나를 따르느니라 [28]내가 그들에게 영생
을 주노니 영원히 멸망하지 아니할 것이요 또 그들을 내 손에서 빼앗을
자가 없느니라 [29]그들을 주신 내 아버지는 만물보다 크시매 아무도 아버
지 손에서 빼앗을 수 없느니라 (어떤 사본에, 내 아버지께서 내게 주신 것
이 만물보다 크매) [30]나와 아버지는 하나이니라 하신대 [31]유대인들이 다
시 돌을 들어 치려 하거늘 [32]예수께서 대답하시되 내가 아버지로 말미암
아 여러 가지 선한 일로 너희에게 보였거늘 그중에 어떤 일로 나를 돌
로 치려 하느냐 [33]유대인들이 대답하되 선한 일로 말미암아 우리가 너를
돌로 치려는 것이 아니라 신성모독으로 인함이니 네가 사람이 되어 자
칭 하나님이라 함이로라 [34]예수께서 이르시되 너희 율법에 기록된 바 내
가 너희를 신이라 하였노라 하지 아니하였느냐(시 82 : 6) [35]성경은 폐하
지 못하나니 하나님의 말씀을 받은 사람들을 신이라 하셨거든 [36]하물며
아버지께서 거룩하게 하사 세상에 보내신 자가 나는 하나님의 아들이라
하는 것으로 너희가 어찌 신성모독이라 하느냐 [37]만일 내가 내 아버지의
일을 행하지 아니하거든 나를 믿지 말려니와 [38]내가 행하거든 나를 믿지
아니할지라도 그 일은 믿으라 그러면 너희가 아버지께서 내 안에 계시
고 내가 아버지 안에 있음을 깨달아 알리라 하시니 [39]그들이 다시 예수
를 잡고자 하였으나 그 손에서 벗어나 나가시니라

[10:22-39] 요한복음에서 예루살렘 성전을 중심으로 사람들이 많이 모이는 유대교의 명절이 예수 그리스도의 계시와 그로 인해 야기된 예수와 적대적인 유대인들 사이의 논쟁에 중요한 시점을 제공하였다(2:13; 5:1; 6:4; 7:2; 10:22; 11:55). 예수는 6장에서 유월절의 완성자로('나는 생명의 떡'-6:35), 7장과 8장에서 초막절의 완성자로('누구든지 목마르거든 내게로 와서 마시라'-7:37, '나는 세상의 빛'-8:12) 자신을 계시한다. 10장에서 예수는 자신을 수전절(22절) 성전 봉헌의 완성자로 계시하며, 그로 인해 성전에서 예수를 죽이려는 음모가 노골적으로 드러난다(11:53; 12:27 이하; 18:19-24). 수전절은 기원전 167년에 시리아 통치자 안티오코스 에피파네스 4세(기원전 175-164)가 예루살렘 성전에 제우스 신전을 세우게 하고 유대교를 헬라 종교화 하려는 움직임에 맞서 주전 164년 12월에 유다 마카베오가 예루살렘 성전을 다시 봉헌한 사건을 기념하여 해마다 8일 동안 지켜온 절기이다(1마카 4:36-52, 59; 2마카 1:9). 축제에 많은 등불이 사용되어 요세푸스가 빛의 축제로 명명하기도 하였다. 이미 유월절에 예수는 자신을 새로운 성전으로 계시하셨고(2:13-22, 21절), 수전절에 자신을 거룩하게 드리심으로(10:36) 유대교 예배의 완성자임을 밝히신다.

본 단락은 예수가 그리스도인가에 관한 논쟁(22-30절, 시간과 장소 안내 22-23절, 유대인들의 메시야 질문 24절, 예수의 답변 25-30절), 예수가 하나님의 아들인가에 관한 논쟁(31-39절, 예수를 죽이려는 유대인들의 시도-31절, 예수의 질문-32절, 유대인들의 답변-33절, 예수의 선포-34-38절), 예수 체포계획의 실패와 예수의 피신(39절).

22~23절 가을 초막절(7:2, 14, 37)을 지내고 2개월 이상이 지난 이후 수전절에 예수께서 성전 안 솔로몬 행각을 거니신다. 초막절 명절 중간에 예수께서 성전에 올라가 가르치셨고(7:14, 28), 감람산에 가셨다가 다시 성전과(8:2) 성전 헌금함 앞에서 가르치시고(8:20), 성전에서 나가셔서(8:59) 길을 가

시며(9 : 1), 시각장애인을 치유하시고(9장) 선한 목자 말씀을 전하신 후 다시 성전 안 솔로몬 행각을 거니신다. 초기 교회의 회합 장소였던(행 5 : 12) 솔로몬 행각은 성전의 동쪽 벽에 위치하였다. 예수께서 예루살렘 체류 중에 늘 성전을 찾으신다(2 : 14 이하; 5 : 14 ; 7 : 14, 28 ; 8 : 20 ; 12 : 20–36, 44–50 ; 참조. 마 4 : 5).

24절 예수가 메시야, 그리스도인가에 대한 '유대인들'의 직접적인 질문이 처음 등장한다(비교. 예루살렘 사람들 7 : 25–29, 무리들 7 : 40 이하; 사마리아 여인 4 : 25 이하; 시각장애인 '인자' 9 : 35–38 ; 막 14 : 61 ; 눅 22 : 67–70). 이미 유대인들 가운데 일부는 예수를 그리스도로 고백하였고(9 : 22), 예수께서 바로 앞서 '선한 목자'이신 그리스도임을 선포하셨다(10 : 1–18). 예수의 자기 계시를 전혀 깨닫지 못한 유대인들이 예수가 공개적으로 자신의 정체를 밝힐 것을 요구한다(공개적으로 7 : 4, 13, 26 ; 11 : 14, 54 ; 16 : 25, 29 ; 18 : 20 ; 비교. 드러내지 않고 7 : 4, 10 ; 18 : 20).

25절 예수 그리스도의 자기 계시 앞에 무지와 몰이해로 반응하는 유대인들의 불신앙을 예수께서 지적하시며 예수의 사역을 그리스도의 증거로 제시한다. 예수의 사역은 예수가 그리스도임을 입증하는 하나님의 사역이다. 아버지의 이름으로 예수께서 행하시기 때문이다.

26~27절 목자 설교에서(1–18절) 양들은 믿는 자들의 은유이다(6절; 16 : 25, 29). 유대인들이 믿지 않으므로 양에 속하지 않는다(8 : 43–47 ; 12 : 39 ; 17 : 6–13). 믿는 자들은 예수께서 하시는 말씀을 듣고(3, 4절), 양들이 목자를 따르듯이 예수를 따르므로 예수의 제자가 된다.

28절 예수와 그를 따르는 예수의 제자들이 서로 하나가 되는 것은 예수께서 그들에게 영생 곧 구원의 선물을 주시기 때문이다(롬 8 : 38 이하).

29~30절 예수를 보내신 하나님 자신이 양들을 예수에게 주셨으므로(6 : 37, 44 이하) 모든 것 보다 크신 하나님의 전권을 예수께서 소유하며(14 : 28), '양들', 자기 사람들을 통치하시며 보호하고 지켜 준다. 아버지는 처음부터 실

제로 하나이며 하나로 계시된다(1 : 1 ; 12 : 45 ; 14 : 9 ; 17 : 20–22 ; 눅 22 : 69). 하나님 아버지가 오직 예수 그리스도를 통하여 자신을 계시한다.

31절 아들 예수와 하나님 아버지의 유일한 관계를 몰이해하고 아버지와 아들이 하나라는 예수의 답변을 신성모독으로 받아들여 분노한 유대인들이 다시 예수를 죽이려고 돌을 든다(8 : 59 ; 막 14 : 64).

32절 유대인들의 분노에 예수께서 자신의 선한 사역을 언급하며 꾸짖는다. 예수의 사역은 '아버지로부터' 시작되었고 '인간을 살리는 구원사역'이므로 선하다.

33절 유대인들이 자신들의 분노의 이유가 예수가 행한 '사역' 때문이 아니라 인간 예수 자신이 자신을 하나님이라고 하였다는 신성모독 때문이라고 반박한다. 유대인들은 하나님과 예수 그리스도를 올바르게 하나로 이해하지 못한다. 하나님에 대한 이해는 예수 그리스도에 대한 이해와 긴밀하게 연결된다.

34~36절 예수께서 시편 82 : 6을 인용하며 '작은 것에서 큰 것으로'(a minori ad maius) 논증하는 방식으로 유대인들을 향해 증언한다(참조. 롬 5 : 15–17). 이스라엘의 재판관들이 하나님의 말씀을 받아 백성들을 판단하는데도 그들을 '하나님'이라 한다면 아버지께서 선택하셔서 거룩하게 하시고 세상의 구원을 위해 세상에 보내신 예수를 하나님의 아들이라 부르므로 율법(34절)의 말씀을 지킨다. 율법(34절)이 성경(35절) 전체에 대한 명칭으로 사용된다(12 : 34 ; 15 : 25 ; 롬 3 : 19 ; 고전 14 : 21). 한편으로 성경이 예수가 하나님의 아들임을 증언하며 예수의 말씀은 신성모독이 아니다.

37~38절 다른 한편으로 예수께서 행하신 사역이 아들 예수와 하나님 아버지의 관계를 증언한다. 유대인들은 최소한 예수께서 행하시는 사역으로 예수와 함께 아버지께서 행하심을 인식하고 알았어야만 했다(30절). 예수께서 아버지의 일을 행하셨기 때문이다.

39절 그러나 유대인들은 예수의 말씀을 영접하지 않았다. 그들은 다시(7 : 30, 32, 44) 예수를 체포하려 하였고, 예수께서 그들의 손을 벗어나 그곳에서 나가셨다. 예수의 수난과 죽음의 때가 도래하지 않았고 그 시간과 때는 인간이 아니라 하나님이 정하시기 때문이다(8 : 20). '성전'을 다시 봉헌한 수전절을 지키며 유대인들은 거꾸로 '참된 성전'(2 : 21)인 예수를 체포하려 한다. 그러나 8 : 59 이후 더 긴박해진 상황 가운데 예수께서 선한 목자로 자신의 수난으로 '믿는 자들의 교회', '그리스도의 몸'인 '성전'을 새로 세우는 때가(2 : 19-20) 예수의 수난으로 시작될 것을 알린다(12 : 23, 27 ; 13 : 1 ; 17 : 1).

23. 요단강 저편, 요한이 세례 주던 곳에서 믿는 자들을 얻음(10 : 40-42)

40다시 요단 강 저편 요한이 처음으로 세례(또는 침례) 베풀던 곳에 가사
거기 거하시니 41많은 사람이 왔다가 말하되 요한은 아무 표적도 행하지
아니하였으나 요한이 이 사람을 가리켜 말한 것은 다 참이라 하더라 42그
리하여 거기서 많은 사람이 예수를 믿으니라

40절 예수께서 유대인들과의 논쟁을 피하기 위해 다시 세례 요한이 세례를 베풀었던 요단 강 저편 장소로 가셔서 일정 시간 그 곳에 머무른다(1 : 28).

41절 적대적인 유대인들의 불신앙과 달리 많은 사람들이 예수께 나아와 세례 요한의 증언을 확인한다(1 : 19-34 ; 3 : 28). 예수께서 행하시는 이적의 사역이 예수께서 하나님께서 보내신 것을 사람들이 믿을 수 있게 하는 표적이 된다.

42절 선구자로 세례 요한이 예수 그리스도에 대해 증언한 사역이 열매를 거두어 그곳에서 많은 사람이 예수를 믿는다.

C. 예루살렘에서 예수 그리스도의 마지막 공식적 사역(11 : 1-12 : 50)

예수의 마지막 공적 사역은 예루살렘에서 행해진다. 10장에서 이미 예수를 신성모독죄로 비난하여 돌로 쳐 죽이려는 시도가 있었다. 11장은 예수의 죽음이 임박했음을 공공연하게 드러낸다. 예수께서 나사로가 병이 들었음을 알고 유대로 향하고자 할 때 제자들은 유대인들이 예수를 죽이려 시도했던 유대 땅으로 돌아가지 말 것을 경고한다(11 : 7 이하; 참조. 10 : 31). 나사로의 부활 이적 후에 바리새인들과 대제사장들은 공식적으로 예수를 죽이고자 모의(謀議)를 진행하고(11 : 45–53) 예수께서 유대인들을 피해 빈 들 가까운 에브라임에 머무신다. 대제사장들과 바리새인들은 유월절 명절 전후로 예수의 거처 장소를 아는 자는 그를 신고하고 체포할 것을 명령한다(11 : 54–57). 12장은 예수의 수난 직전 공생애 사역의 마지막을 설명한다. 예수의 고난과 죽음이 점점 더 그 절정을 향해 달려간다. 본 단락은 나사로의 죽음과 부활(11 : 1–44), 공의회의 사형결정(11 : 45–53), 예수의 피신과 유월절 준비(11 : 54–57), 기름 부음을 받으심(12 : 1–8), 나사로를 죽이려 함(12 : 9–11), 예루살렘 입성(12 : 12–19), 들림과 수난의 영광 예고(12 : 20–36, 헬라인들의 질문 20–26절, 인자의 들림 받음 27–36절), 공생애 마감과 예수의 선포(12 : 37–43, 44–50)로 구성된다.

1. 나사로의 부활 : 일곱 번째 이적(11 : 1–44 ; 다섯 번째 "나는 ……이다" 말씀, '부활, 생명', 11 : 25)

1어떤 병자가 있으니 이는 마리아와 그 자매 마르다의 마을 베다니에 사
는 나사로라 2이 마리아는 향유를 주께 붓고 머리털로 주의 발을 닦던
자요 병든 나사로는 그의 오라버니더라 3이에 그 누이들이 예수께 사람
을 보내어 이르되 주여 보시옵소서 사랑하시는 자가 병들었나이다 하니
4예수께서 들으시고 이르시되 이 병은 죽을 병이 아니라 하나님의 영광
을 위함이요 하나님의 아들이 이로 말미암아 영광을 받게 하려 함이라

하시더라 [5]예수께서 본래 마르다와 그 동생과(형제) 나사로를 사랑하시
더니 [6]나사로가 병들었다 함을 들으시고 그 계시던 곳에 이틀을 더 유하
시고 [7]그 후에 제자들에게 이르시되 유대로 다시 가자 하시니 [8]제자들이
말하되 랍비여 방금도 유대인들이 돌로 치려 하였는데 또 그리로 가시
려 하나이까 [9]예수께서 대답하시되 낮이 열두 시간이 아니냐 사람이 낮
에 다니면 이 세상의 빛을 보므로 실족하지 아니하고 [10]밤에 다니면 빛
이 그 사람 안에 없는 고로 실족하느니라 [11]이 말씀을 하신 후에 또 이
르시되 우리 친구 나사로가 잠들었도다 그러나 내가 깨우러 가노라 [12]제
자들이 이르되 주여 잠들었으면 낫겠나이다 하더라 [13]예수는 그의 죽음
을 가리켜 말씀하신 것이나 그들은 잠들어 쉬는 것을 가리켜 말씀하심
인 줄 생각하는지라 [14]이에 예수께서 밝히 이르시되 나사로가 죽었느니
라 [15]내가 거기 있지 아니한 것을 너희를 위하여 기뻐하노니 이는 너희
로 믿게 하려 함이라 그러나 그에게로 가자 하시니 [16]디두모라고도 하는
도마가 다른 제자들에게 말하되 우리도 주와 함께 죽으러 가자 하니라
[17]예수께서 와서 보시니 나사로가 무덤에 있은 지 이미 나흘이라 [18]베다
니는 예루살렘에서 가깝기가 한 오 리쯤 되매 [19]많은 유대인이 마르다와
마리아에게 그 오라비의 일로 위문하러 왔더니 [20]마르다는 예수께서 오
신다는 말을 듣고 곧 나가 맞이하되 마리아는 집에 앉았더라 [21]마르다가
예수께 여짜오되 주께서 여기 계셨더라면 내 오라버니가 죽지 아니하였
겠나이다 [22]그러나 나는 이제라도 주께서 무엇이든지 하나님께 구하시
는 것을 하나님이 주실 줄을 아나이다 [23]예수께서 이르시되 네 오라비가
다시 살아나리라 [24]마르다가 이르되 마지막 날 부활 때에는 다시 살아날
줄을 내가 아나이다 [25]예수께서 이르시되 나는 부활이요 생명이니 나를
믿는 자는 죽어도 살겠고 [26]무릇 살아서 나를 믿는 자는 영원히 죽지 아
니하리니 이것을 네가 믿느냐 [27]이르되 주여 그러하외다 주는 그리스도
시요 세상에 오시는 하나님의 아들이신 줄 내가 믿나이다 [28]이 말을 하

고 돌아가서 가만히 그 자매 마리아를 불러 말하되 선생님이 오셔서 너
를 부르신다 하니 29마리아가 이 말을 듣고 급히 일어나 예수께 나아가
매 30예수는 아직 마을로 들어오지 아니하시고 마르다가 맞이했던 곳에
그대로 계시더라 31마리아와 함께 집에 있어 위로하던 유대인들은 그가
급히 일어나 나가는 것을 보고 곡하러 무덤에 가는 줄로 생각하고 따라
가더니 32마리아가 예수 계신 곳에 가서 뵈옵고 그 발 앞에 엎드리어 이
르되 주께서 여기 계셨더라면 내 오라버니가 죽지 아니하였겠나이다 하
더라 33예수께서 그가 우는 것과 또 함께 온 유대인들이 우는 것을 보시
고 심령에 비통히 여기시고 불쌍히 여기사 34이르시되 그를 어디 두었느
냐 이르되 주여 와서 보옵소서 하니 35예수께서 눈물을 흘리시더라 36이
에 유대인들이 말하되 보라 그를 얼마나 사랑하셨는가 하며 37그중 어떤
이는 말하되 맹인의 눈을 뜨게 한 이 사람이 그 사람은 죽지 않게 할 수
없었더냐 하더라 38이에 예수께서 다시 속으로 비통히 여기시며 무덤에
가시니 무덤이 굴이라 돌로 막았거늘 39예수께서 이르시되 돌을 옮겨 놓
으라 하시니 그 죽은 자의 누이 마르다가 이르되 주여 죽은 지가 나흘이
되었으매 벌써 냄새가 나나이다 40예수께서 이르시되 내 말이 네가 믿으
면 하나님의 영광을 보리라 하지 아니하였느냐 하시니 41돌을 옮겨 놓으
니 예수께서 눈을 들어 우러러 보시고 이르시되 아버지여 내 말을 들으
신 것을 감사하나이다 42항상 내 말을 들으시는 줄을 내가 알았나이다
그러나 이 말씀 하옵는 것은 둘러선 무리를 위함이니 곧 아버지께서 나
를 보내신 것을 그들로 믿게 하려 함이니이다 43이 말씀을 하시고 큰 소
리로 나사로야 나오라 부르시니 44죽은 자가 수족을 베로 동인 채로 나
오는데 그 얼굴은 수건에 싸였더라 예수께서 이르시되 풀어 놓아 다니
게 하라 하시니라

[11:1-4] 나사로의 부활사건은 요한복음에서 예수의 공적 사역의 최고 절

정이며 동시에 유대 공의회가 예수를 죽이려는 사형결정에 직접적인 동기를 제공한다(53, 57절). 이 사건으로 적대적인 유대인들의 불신앙이 첨예화된다(47, 53절). 반대로 많은 유대인들이 예수를 믿게 된다(45절). 나사로(Lazarus)는 히브리어로 '하나님께서 도우시는 자'라는 의미를 갖는 엘리어저(Eleazar)의 축약어 '라자르'(Lazar)의 라틴어 형태이다. 베다니(1, 18절)는 예루살렘에서 약 3km 떨어진 동쪽에 위치하며 요한이 세례를 베풀던 곳 요단강 건너편(Perea 지역, 1 : 28 ; 10 : 40) 베다니와 구별되는 마을로 '마리아와 그 자매 마르다의 마을'로 명명된다(11 : 1) 나사로의 무덤이 현재 베다니 마을 안에 있지만, 죽은 자와 접촉하는 것이 부정하다는 이유로 원래는 마을 밖에 있었을 것으로 추정된다. 예수께서 죽은 나사로를 살리신 사건을 보도하는 11 : 1~44는 상황설명(1-6절, 병든 나사로 1절, 예수께 보고된 나사로의 병 2-3절, 질병의 목적 4절, 예수의 지체〈遲滯〉 5-6절), 예수와 제자들과의 대화(7-16절, 나사로가 있는 유대로 가는 것에 관한 예수와 제자들과의 대화 7-10절, 나사로의 죽음에 관한 예수와 제자들과의 대화 11-16절), 부활과 생명에 관한 예수와 마르다의 대화(17-27절, 베다니에 도착 17-19절, 마르다의 보고와 간청 20-22절, 나사로의 부활을 확언하시는 예수 23절, 부활의 시기에 대한 마르다의 답변 24절, 부활과 생명이신 예수의 자기계시 25-26절, 마르다의 신앙고백 27절), 예수와 마리아의 슬픔과 대화(28-37절, 마리아를 부르는 마르다 28절, 예수께 나아가는 마리아 29-30절, 뒤따르는 유대인들 31절, 마리아의 간청 32절, 예수의 질문과 눈물 33-35절, 유대인들의 반응 36-37절), 죽은 자를 살리는 예수의 이적(38-44절, 예수의 비통과 돌을 치우라는 명령 38-40절, 예수의 감사기도 41-42절, 예수의 명령과 나사로의 부활 43-44절)으로 구성된다.

1절 베다니에 사는 마리아와 마르다의(눅 10 : 38-42) 오빠인 나사로가 병이 들었음을 보고하므로 전개될 사건의 긴급한 상황을 설명한다.

2절 마리아가 누구인지를 소개한다(비교. 니고데모 7 : 50 ; 19 : 39. 가야바 11 : 49 ; 18 : 14. 유다 12 : 4 ; 13 : 2 ; 18 : 2, 3, 5) 마리아의 향유사건에 대한 언급은 12 : 3-8의 사건을 앞서 요약하며 죽은 나사로의 시체 냄새에 대한 마르다의 언급과(39절) 대조된다. 나아가 예수의 시체에 바른 몰약과 침향 섞은 것과 관련지을 수 있으므로(19 : 39) 나사로의 죽음과 부활 사건이 예수의 죽음과 부활을 예고함을 알린다. 향유를 붓고 머리털로 발을 닦았다는 보도는 예수의 세족식(13 : 1-20)을 상기시킨다.

3절 마리아와 마르다가 도움을 받기 위하여(4 : 47 ; 막 5 : 35 ; 행 9 : 38) 나사로가 병들었음을 예수에게 사람을 보내어 알린다. 나사로를 예수께서 '사랑하시는 자'로 언급하므로 나사로 가족과 예수의 친밀한 관계를 알린다. 두 자매가 예수를 부르는 '주' 호칭에서 그들이 예수를 따르는 여자 제자이었을 것으로 추측할 수 있다. 세 남매는 예수의 제자 그룹의 일원이었을 것으로 추측된다.

4절 예수께서 나사로의 병이 하나님의 영광이 드러나게 될 동기를 제공하므로 죽을병이 아님을 알린다(참조 9 : 3 ; 17 : 24). 구약의 유대교 전통에서 죄인이 마땅히 하나님께 영광을 돌려야 하나(9 : 24) 인간의 병의 치료를 통한 하나님의 영광의 계시는 하나님을 믿는 믿음과 직접 상관관계를 갖는다(12 : 40-41). 이 사건은 예수 수난의 길을 직접 유발한다. 예수의 죽음으로 그가 하나님의 아들임이 계시되고 그를 믿는 자들에게 인류의 대속이 성취되어 하나님께 영광을 돌리게 된다. 하나님의 영광은 예수의 수난을 통해 계시된다(7 : 39 ; 8 : 54 후반절 ; 12 : 16, 23, 28 ; 13 : 31-32 ; 17 : 1 ; 참조. 21 : 19).

5절 나사로의 상태가 나사로의 누이인 마리아를 중심으로 설명된 1-4절과 달리 5-27절까지(특히 20-27절) 마르다를 중심으로 설명되고 있다. 죽음을 넘어 부활에 이르는 예수 사랑의 절정인 십자가 구원 사건 이전에 끝까지 '자기 사람들'(1 : 11 ; 13 : 1 ; 비교. '자기 양들' 10 : 3, 12)을 사랑하신(13 : 1) 구체적인 예표로 나사로 사건이 전개된다.

6절 나사로가 병들었음을 예수께서 들으시는 것이 4절에 이어 다시 강조된다. 나사로의 치유를 위해 예수께서 속히 움직일 것을 기대한(비교. 마 8 : 7 ; 막 7 : 24) 사람들의 기대와 달리 오히려 예수께서 계시던 곳에 이틀을 더 머무르신다. 나사로의 병은 죽을병이 아니라 죽음과 부활을 통해 드러나는 하나님의 아들 예수 영광의 계시의 예표로 부활로 이어지나 나사로의 죽음을 전제로 한다(17, 39절).

7~8절 6 : 66 이후 모습을 드러내지 않았던 제자들이 다시 사건에 등장한다. 예수는 병든 나사로가 있는 유대 지역으로 가기를 원하고 제자들은 예수를 죽이려는 유대인들의 음모와(5 : 16, 18 ; 7 : 30 ; 8 : 37 ; 10 : 39) 유대지역에서 예수의 생명을 위협하는 위험을 상기시킨다(8 : 59 ; 10 : 31). 유대지역으로 향하는 길은 예수의 수난의 길의 시작이다.

9~10절 낮과 밤의 비유가 기독론적으로 설명되고 있다(비교. 9 : 4 이하; 12 : 35 이하; 마 6 : 22-23). 빛은 인간 외부로부터 오며 예수는 세상 가운데 세상을 위한 생명의 빛이다. 참 빛이신 예수와 함께 있어 빛을 보고 믿으므로 세상 가운데 거할 수밖에 없는 인간은 어둠 가운데서도 넘어지지 않는다.

11~16절 나사로의 죽음에 관하여 예수와 제자들과의 대화가 이어진다. 제자들은 나사로가 죽었다고 생각한다. 예수는 나사로를 '친구'로 부르며 그가 잠들어 깨우러 간다고 말하며 또 그가 죽었다고 언급한다. 나사로의 죽음을 통해 예수의 죽음과 부활이 예고된다. 예수께서 생명의 주관자이심을 드러낸다. 제자들은 예수가 누구이신지 알지 못하고 그의 말을 이해하지도 못한다. 예수의 부활을 의심하게 될 도마가(20 : 19-29) 예수와 함께 죽으러 가자고 다른 제자들을 권유한다. 나사로의 죽음 앞에서 예수께서는 예수를 생명의 구주로 믿는 믿음을 일깨우고자 한다(15절).

17절 유대인들은 사람이 죽은 지를 확인하기 위해 영혼이 육체로 되돌아 올 수 있는 기간이 사흘이라 생각하고 사흘 후에 죽은 자를 매장하는 관례가 있었다. 나사로가 무덤에 있은 지 나흘이라 함은 그의 완전한 죽음을 의미한다.

18~19절 많은 유대인들이 관례대로 죽은 자의 가족을 위로하기 위해 베다니 마르다와 마리아의 집으로 온다(11 : 1).

20절 마르다는 그녀들이 나사로를 살리기 위해 모시려 했던(11 : 1–6) 예수께서 오신다는 말을 듣고 나가 예수를 마중한다. 마리아는 애도하며 집에 앉아 있다(참조. 눅 10 : 38–42 이하).

21~22절 마르다는 예수께서 나사로와 함께 계셨더라면 그가 죽지 아니하였을 것이고 지금도 주님의 원하시는 것이 이루어질 것을 안다고 예수께 고백한다.

23절 예수께서 죽은 남자 형제 나사로가 다시 살아날 것임을 예고하신다.

24절 유대인의 일반적인 부활신앙을 따라(마 25 : 31 이하; 막 13 : 24–27 ; 고전 15 : 51–57) 앞에 계신 예수가 아니라 먼 종말을 바라보면서 종말의 날에는 죽은 자가 살아날 것을 안다고 마르다가 예수께 답한다.

25절 예수와 만날 때 생명의 부활이 주어진다. 예수께서 부활이요 생명이심을 스스로 계시하신다(6 : 35 ; 14 : 6). 종말의 구원은 생명과 영생의 주님이신 그리스도를 만나는 역사적인 순간에 이미 선취된다. 예수를 믿는 자는 따라서 이 땅에서 죽음을 경험해도 부활하여 살 것이다.

26절 이 땅에서 생명이신 예수를 믿는 자는 생명을 가진 자로 죽음이 그를 파괴할 수 없을 것이다(10 : 27–29).

27절 예수께서 생명이신 주님을 믿는 지를 마르다에게 질문한다. 마르다가 성숙한 신앙을 고백한다(1 : 14, 16, 49 ; 4 : 19, 42 ; 6 : 69 ; 9 : 38 ; 16 : 30 ; 20 : 28, 31). 마르다의 고백은 초기 기독교 교회 공동체의 믿음의 고백과 가르침을 상기시킨다(고전 8 : 6 ; 12 : 3 ; 빌 2 : 11).

28절 마르다가 집으로 돌아와서 애통하는 사람들 가운데 있는 마리아를 가만히 불러 예수께서 오셔서 그녀를 부르심을 전한다.

29~32절 마리아는 마르다가 그러하였듯이(20절) 급히 일어나 예수께 나아가고, 함께 있던 유대인들이 그녀를 뒤따른다. 마리아는 마르다가 했듯이 예수

가 함께 하셨더면 나사로가 죽지 않았을 것이라는 비통함을 예수께 전한다.

33~35절 나사로의 무덤 앞에 계신 생명이신 예수를 보지 못하고 죽음만을 보고 슬퍼하는 마리아와 유대인들의 우는 모습에 죽음의 권세 앞에 무력한 인간의 한계에 동요하신 예수가 그들을 불쌍히 여기시고 함께 눈물을 흘린다.

36~37절 유대인들이 예수의 사랑을 보며(11 : 3, 5) 이적이 행사되지 않은 것을 의아해 한다.

38~39a절 다시 동요하신 예수께서 나사로의 시체가 놓인 무덤의 굴 앞에 놓인 돌을 치울 것을 명하신다.

39b절 마르다가 죽은 지 나흘이 지난 시체에서 나는 악취를 염려한다.

40절 염려하는 마르다를 향해 예수께서 믿음을 통한 하나님의 영광의 계시를 상기시킨다(11 : 4, 15, 23, 25–26절).

41~42절 예수께서 하늘을 우러러 나사로의 부활에 대해 아버지께 감사하며 기도하신다. 사람들이 믿도록 아들을 보내신 하나님을 찬양하신다. 예수의 말씀과 이적 가운데 하나님 자신이 함께 하시며 그의 영광이 계시된다.

43~44절 나사로를 향해 예수께서 무덤에서 나올 것을 큰 소리로 명하시고, 수족이 베로 감싸져 있고 얼굴이 수건으로 싸인(비교. 20 : 6–7) 죽은 나사로가 무덤에서 나온다. 예수께서 나사로를 감싼 베와 수건을 풀어서 그가 다닐 수 있게 할 것을 명하신다. 종말 시에 일어날 죽은 자의 부활이 생명의 주이신 예수의 권능으로 이 땅에서 이미 선취되고 계시되었다(참조. 5 : 25, 28–29).

2. 공의회의 사형 결정(11 : 45–53)

45마리아에게 와서 예수께서 하신 일을 본 많은 유대인이 그를 믿었으
나 46그중에 어떤 자는 바리새인들에게 가서 예수께서 하신 일을 알리
니라 47이에 대제사장들과 바리새인들이 공회를 모으고 이르되 이 사람

이 많은 표적을 행하니 우리가 어떻게 하겠느냐 48만일 그를 이대로 두
면 모든 사람이 그를 믿을 것이요 그리고 로마인들이 와서 우리 땅과 민
족을 빼앗아 가리라 하니 49그중의 한 사람 그 해의 대제사장인 가야바
가 그들에게 말하되 너희가 아무 것도 알지 못하는도다 50한 사람이 백
성을 위하여 죽어서 온 민족이 망하지 않게 되는 것이 너희에게 유익한
줄을 생각하지 아니하는도다 하였으니 51이 말은 스스로 함이 아니요 그
해의 대제사장이므로 예수께서 그 민족을 위하시고 52또 그 민족만 위할
뿐 아니라 흩어진 하나님의 자녀를 모아 하나가 되게 하기 위하여 죽으
실 것을 미리 말함이러라 53이 날부터는 그들이 예수를 죽이려고 모의하
니라

[11 : 45–53] 예수께서 죽은 나사로를 살리신 부활 이적은 결국 예수를 죽음으로 몰고 가는 공의회의 사형결정(45–53절)으로 이어진다. 나사로가 다시 살아나는 이적은 예수의 죽음과 부활을 예고하고 하나님과 그의 아들의 영광을 계시하고 믿는 자들이 예수의 십자가와 부활의 능력을 믿으므로 예수의 영광에 참여하게 되는 하나님의 구원을 강조한다. 나사로가 다시 살아나는 이적은 시기적으로 수전절과(10장) 예수의 마지막 유월절(11 : 55–57) 이전 시기에 일어났을 것으로 추정된다.

45절 19, 31, 33, 36절에 언급되었던 '많은 유대인들'이 다시 등장한다(12 : 9). 그들 중 일부가 죽은 나사로를 살리는 예수의 이적을 목도하고 예수를 믿는다. 무리들이 메시야의 사역을 구하였듯이(6 : 30 ; 참조 7 : 31) 예수가 행하는 이적은 예수가 구원자임을 믿고(2 : 11 ; 4 : 48, 53 ; 7 : 31 ; 20 : 31), 따르고(6 : 2), 선포하고(6 : 14), 만나고(12 : 37), 생명을 얻게(20 : 31) 하는 표적이 된다.

46절 그러나 37절과 같이 예수의 구원 사건을 목격한 유대인들 가운데 분열

이 일어난다(참조. 6 : 60이하). 유대인들 중의 일부가 바리새인들에게 예수의 사역을 고한다. 결국 나사로의 부활사건이 한 편으로 많은 사람을 믿게 하였으나(45절), 다른 한 편 예수를 죽이려는 음모를 결정하는 결과를 가져온다(46–57절).

47~48절 무리들로부터 바리새인들에게 전달된 예수의 이적 행사로 인해 바리새인들과 대제사장들이 공회를 소집하고 예수를 죽이려는 음모에 힘을 합한다(7 : 32 ; 11 : 57). 그들은 예수의 구원행위가 당시 유대 지역을 지배한 로마 정치세력에 대항하는 메시야 움직임이 될 것을 우려하는 듯하다. 그러나 그 이면에 로마와 결탁하여 얻는 자신들의 정치 경제적 이권을 뺏길 것에 대한 두려움이 있었을 것이다. '로마인'에 대한 언급은 신약성경에서 이 구절과 사도행전에서만 등장한다(참조. 마카베오 1, 2서, 단 11 : 30 ; 비교. 19 : 20).

49~50절 예수께서 죽으시던 해에 대제사장직을 맡았던 가야바는 한 사람의 죽음이 민족을 구할 수 있을 것을 상기시킴으로 유대 공회가 처한 곤경을 정치적으로 피해갈 것을 시도한다.

51~52절 대제사장 직제에 임하는 성령의 역사를 알지 못한 채 가야바는 한 사람이 백성(λαός)을 위하여 온 민족(ὅλον τὸ ἔθνος)을 망하지 않게 하는 예수의 죽음을 무의식중에 예언적으로 선포한다(1 : 29 ; 6 : 33, 51 ; 10 : 11, 15 ; 15 : 13 ; 17 : 19). 기원전 722년 북이스라엘의 멸망이후 전 세계에 흩어져 살았던 유대인들은 종말에 하나님께서 유대백성(ἔθνος)을 하나로 모으실 것이라는 희망을 가졌다(사 11 : 12 ; 49 : 5 이하; 렘 23 : 2 이하; 겔 11 : 17 ; 20 : 34 ; 28 : 25). '하나님의 자녀'(τὰ τέκνα τοῦ θεου)는 예수를 믿는 자들을 의미하므로 결국 예수의 죽음은 예수를 믿는 유대인들과 이방인들을 함께 모아 구하는 하나님의 구원 약속의 성취이며 종말적 구원사건이다.

53절 공회가 사형 판결과 거의 동일하게 예수의 사형을 공식적으로 결정한다(비교. 마 26 : 65 이하; 막 14 : 63 이하). 5 : 16 이후 공공연하게 언급된 예수를 죽이려는 유대인들의 음모가 실제 행동으로 옮겨져(7:1; 8:37, 40, 59; 10:31) 여러 날이 지난 후 예수가 체포된다(18:1 이하).

3. 예수의 피신과 유월절 준비(11 : 54–57)

> [54]그러므로 예수께서 다시 유대인 가운데 드러나게 다니지 아니하시고
> 거기를 떠나 빈 들 가까운 곳인 에브라임이라는 동네에 가서 제자들과
> 함께 거기 머무르시니라 [55]유대인의 유월절이 가까우매 많은 사람이 자
> 기를 성결하게 하기 위하여 유월절 전에 시골에서 예루살렘으로 올라
> 갔더니 [56]그들이 예수를 찾으며 성전에 서서 서로 말하되 너희 생각에는
> 어떠하냐 그가 명절에 오지 아니하겠느냐 하니 [57]이는 대제사장들과 바
> 리새인들이 누구든지 예수 있는 곳을 알거든 신고하여 잡게 하라 명령
> 하였음이러라

54절 바리새인들과 대제사장들을 포함하여 유대 공회가 공식적으로 예수의 사형을 모의(謀議)한 후에(11:45–53) 예수께서 유대인들을 피해 빈 들 가까운 에브라임에 머무신다. 거기에서도 예수는 제자들과 함께 머무신다(6:3; 18:2).

55절 자신을 성결하게 하기 위하여 많은 사람이 유월절 전에 예루살렘으로 올라간다. 유월절 언급은 요한복음에서 예수의 죽음을 암시한다(성전 비유 2:13, 21; 생명의 떡 말씀 6:4, 52). 동사형 '성결하게 하다'(ἁγνίζω)는 요한복음에서 이 구절에서만 나온다. 유사한 동사로 '거룩하게 하다'(ἁγιάζω)가 10:36; 17:17, 19(2회)에 등장한다. 성령(1:33; 14:26; 20:22)과 하나님(17:11), 예수님이 거룩하신 분(ἅγιος, 6:69; 비교. 10:36)으로 설명된다. 예수께서 제자들도 거룩하게 될 것을 하나님께 간구한다(17:17, 19).

56~57절 그와 달리 사람들은 예수께서 명절에 오실 것을 기다리며 그를 체포

하기 위해 예수를 서로 찾는다. 대제사장들과 바리새인들이 유월절 명절을 전후로 예수께서 거처하시는 장소를 아는 자는 예수를 신고하고 체포할 것을 명령하였기 때문이다(11 : 54-57).

4. 기름 부음을 받으심(12 : 1-8)

1유월절 엿새 전에 예수께서 베다니에 이르시니 이 곳은 예수께서 죽은
자 가운데서 살리신 나사로가 있는 곳이라 2거기서 예수를 위하여 잔치
할새 마르다는 일을 하고 나사로는 예수와 함께 앉은 자 중에 있더라 3마
리아는 지극히 비싼 향유 곧 순전한 나드 한 근을 가져다가 예수의 발에
붓고 자기 머리털로 그의 발을 닦으니 향유 냄새가 집에 가득하더라 4제
자 중 하나로서 예수를 잡아 줄 가룟 유다가 말하되 5이 향유를 어찌하
여 삼백 데나리온에 팔아 가난한 자들에게 주지 아니하였느냐 하니 6이
렇게 말함은 가난한 자들을 생각함이 아니요 그는 도둑이라 돈궤를 맡
고 거기 넣는 것을 훔쳐 감이러라 7예수께서 이르시되 그를 가만 두어
나의 장례할 날을 위하여 그것을 간직하게 하라 8가난한 자들은 항상 너
희와 함께 있거니와 나는 항상 있지 아니하리라 하시니라

1절 에브라임에 몸을 피하셨던(11 : 54) 예수께서 유월절 엿새 전에 나사로의 부활 이적을 행하셨던 베다니에 이르신다. 11 : 57에 언급된 유대인들의 음모와 기대를 상기시킨다. 나사로를 '죽은 자 가운데서'(2 : 22 ; 12 : 1, 9, 17 ; 20 : 9 ; 21 : 14) 살리셨다는 표현은 나사로의 죽음과 부활이 예수의 죽음과 부활의 전조(前兆)임을 다시 알리며(11 : 4, 11, 40), 예수의 죽음과 부활을 암묵적으로 예고한다. 수난의 때가 임박하고 있다(7 : 30 ; 8 : 20).

2~3절 '거기서'로 표현된 잔치가 베풀어진 장소는 마태복음과 마가복음에 따르면 베다니 시몬의 집이었을 것이다(마 26 : 6 ; 막 14 : 3). 다른 한 편 11장

에 이어 나사로의 가족, 일하는 마르다와 향유를 붓는 마리아가 함께 등장하는 것으로 보아 나사로의 집으로 추정할 수도 있다(οἰκία 12 : 3, οἶκος 11 : 20). 예수와 식사 자리에 함께 앉은 나사로의 모습은 나사로의 부활을 강조한다(6 : 11 ; 13 : 23, 28). '예수를 위한 잔치'(αὐτῷ δεῖπνον)는 예수께서 고별만찬(참조. 13 : 2, 4 ; 21 : 20 ; 고전 11 : 20, 21 ; 계 19 : 9, 17)을 베푸실 것과 유월절 양으로 희생의 죽음을 맞으실 것을 예고한다(고전 11 : 20 κυριακὸν δεῖπνον). 마리아가 값비싼 순전한 나드 한 근(로마식 단위 λίτρα는 12온스, 327.45g)의 향유를 가져와 예수의 발에 붓고 머리털로 그의 발을 닦는다. 마태복음과 마가복음은 예수의 머리에 향유를 부으므로 예수의 왕적 통치를 알리는 반면, 요한복음에서 발에 향유를 부음은(11 : 2, 32) 제자도의 모범으로 예수의 겸손과 섬김과 희생을 알리는 제자들의 발을 씻기시는 사건(13장)과 그의 죽음 및 매장을 미리 예고하며 준비하는 행동이다. 누가복음 7 : 36–50에서는 죄 지은 여인의 죄용서 사건과 관련된다. 집에 가득한 향유냄새는 죽어가는 나사로의 집안과 그의 시체가 있는 무덤에서 나는 죽음의 냄새와 대조된다(11 : 39).

4~6절 유다의 눈에는 마리아가 낭비와 사치를 행한 것으로만 보인다. 300 데나리온은 일꾼이 300일을 일한 값에 해당한다. 예수를 위해 마리아가 사용한 향유의 값을 계산하며 마리아를 비난하는 유다의 실제 동기는 돈에 대한 탐욕으로 설명된다. 마리아가 십계명의 제일 계명인 하나님 사랑을 실천하였다면 유다는 도둑질 하지 말 것과 이웃의 재물을 탐내지 말 것에 대한 계명을 범하고 있다(비교. 출 20장과 신 5장).

7~8절 마리아의 향유는 인류의 구원을 위한 임박한 예수의 죽음과 장례를 준비한 것임을 예수께서 알리신다(막 10 : 38 ; 14 : 25 ; 눅 22 : 16 ; 요 7 : 33 ; 8 : 21, 28 ; 9 : 4 ; 10 : 17 ; 11 : 9 등). 가난한 자들은 수시로 도울 수 있다. 예수께서 지상에 머무는 시간은 한정되어 있다. 긴급할 때 전심을 다한 사랑의 행위가(막 12 : 41–44 ; 눅 21 : 1–4) 의무에 따라 자기 의를 추구하는 표면

적 구제를 앞선다(신 15 : 11). 유대전통은 여러 다양한 상황을 전제로 의무에 따른 사회 구제와 자유롭게 행하는 진정한 사랑의 행위를 종종 구별한다(마 6 : 2-4 ; 25 : 35이하; 사 58 : 6이하). 요한복음에서 예수의 죽음 이후 그의 시체는 유대인의 장례법에 따라 향품과 함께 세마포로 싸여 매장된다(19 : 40). 마가와 누가는 향유 사건을 매장 이후 빈 무덤에 이른 여인들이 준비한 것으로 보도한다(막 16 : 1 ; 눅 23 : 56 ; 24 : 1).

5. 나사로를 죽이려 함(12 : 9-11)

9유대인의 큰 무리가 예수께서 여기 계신 줄을 알고 오니 이는 예수만
보기 위함이 아니요 죽은 자 가운데서 살리신 나사로도 보려 함이러라
10대제사장들이 나사로까지 죽이려고 모의하니 11나사로 때문에 많은 유
대인이 가서 예수를 믿음이러라

9절 예수를 죽이려는 공회의 결정에 따라 예수를 찾던 많은 유대인들은(11 : 55-57) 나사로와 함께 있는(12 : 1) 예수의 소재를 파악하고 예수를 보기 위해 나온다. 그들은 예수로 인해 죽음에서 생명으로 부활한 나사로도 함께 보기를 원한다(5 : 24).

10~11절 대제사장들은 믿음을 일으키는 표적의 주인공이 된 나사로도(10 : 41-42) 죽일 것을 모의한다(11 : 57 ; 15 : 18이하; 16 : 2).

6. 예루살렘 입성(12 : 12-19)

12그 이튿날에는 명절에 온 큰 무리가 예수께서 예루살렘으로 오신다는
것을 듣고 13종려나무 가지를 가지고 맞으러 나가 외치되 호산나 찬송하
리로다 주의 이름으로 오시는 이 곧 이스라엘의 왕이시여 하더라 14예수

는 한 어린 나귀를 보고 타시니 [15]이는 기록된 바 시온 딸아 두려워하지
말라 보라 너의 왕이 나귀 새끼를 타고 오신다 함과 같더라(슥 9 : 9) [16]제
자들은 처음에 이 일을 깨닫지 못하였다가 예수께서 영광을 얻으신 후
에야 이것이 예수께 대하여 기록된 것임과 사람들이 예수께 이같이 한
것임이 생각났더라 [17]나사로를 무덤에서 불러내어 죽은 자 가운데서 살
리실 때에 함께 있던 무리가 증언한지라 [18]이에 무리가 예수를 맞음은
이 표적 행하심을 들었음이러라 [19]바리새인들이 서로 말하되 볼지어다
너희 하는 일이 쓸 데 없다 보라 온 세상이 그를 따르는도다 하니라

[12 : 12–19] 예수의 공적 사역의 마지막이자 수난의 길의 시작이 되는 예수의 예루살렘 입성을 네 복음서 모두 보고한다(마 21 : 1–11 ; 막 11 : 1–11 ; 눅 19 : 28–38 ; 요 12 : 12–19). 사람들은 주의 이름으로 오시는(마 21 : 9 ; 막 11 : 9 ; 눅 19 : 38 ; 요 12 : 13 ; 비교. 마 21 : 3 ; 막 11 : 3 ; 눅 19 : 31, 34) 다윗의 자손(마 21 : 9 ; 막 11 : 10), 이스라엘의 왕(눅 19 : 38 ; 요 12 : 13) 예수를 환호한다. 그러나 그 환호로 인해 다시 사람들이 예수를 거부하며 배척하고 법정에 세워 죽음에 이르게 한다. 이제 예수께서 죽음으로 인간의 죄를 구속하고 부활의 영광에 이를 때가 왔다(12 : 23). 예수께서 정치적 메시야를 넘어서는 세상의 참 구주임이 계시될 것이다. 향유사건은 메시야의 강림과 연결된다. 공관복음서와 달리 12 : 17이하에서 나사로가 언급된다.

12~13절 베다니에서 향유사건 이후 예수께서 예루살렘에 입성하신다. 공관복음서와 달리 예수를 영접하며 환호하는 무리는 예수를 따라 온 무리가 아니라 유월절 명절을 지키러 온 순례자들이다(비교. 마 21 : 8 ; 막 11 : 9 ; 눅 19 : 37). 공관복음에서 많은 사람들이 겉옷(마 21 : 8 ; 막 11 : 8 ; 눅 19 : 35)과 벤 나뭇가지를(마 21 : 8 ; 막 11 : 8) 길에 펴서 예수를 맞이한 반면 요한은 무리가 종려나무 가지를 가지고 예수를 맞아 찬양했다고 기록한다. 아마도

여리고에서 공급되었을 종려나무가지는 마카베 시대(기원전 164년) 이래 승리의 통치자를 상징하였다(1 마카 13 : 51 ; 2 마카 10 : 7 ; 14 : 4 ; 계 7 : 9). 바코흐바 시대의 주화에 승리의 표시로 등장한다. '호산나'는 아람어 '호사나'의 헬라어 음역으로 "도와주소서!" 또는 "구원하소서!" 또는 "찬양하라"를 의미하며 예배 시에 왕적 메시야를 향한 찬송이다(시 118 : 25). 유대인들이 예수 시대 이전에 이미 종말적으로 해석하여 유월절과 장막절에 부른 찬송인 할렐루야 시편(113–118)이 기독론적으로 예수에게 적용되고 있다. 마태복음은 '다윗의 자손, 주의 이름으로 오시는 이'(마 21 : 9), 마가복음은 '주의 이름으로 오시는 이', '오는 우리 조상 다윗의 나라', 누가복음은 '주의 이름으로 오시는 왕'으로 예수를 칭하는 반면 요한은 '주의 이름으로 오시는 이 곧 이스라엘의 왕'(1 : 49 ; 6 : 15 ; 습 3 : 15)을 부르는 환호를 인용하므로 예수의 왕적 통치를 강조한다. 이스라엘 백성에게 약속된 민족적이고 정치적인 메시야의 종말론적 구원이 임할 것에 대한 열광적 기대를 그리고 있다.

14~15절 민족을 구하는 승리의 왕을 기대한 무리들과 달리 예수는 평강의 왕으로 어린 나귀를 타고 오신다(14 : 27 ; 16 : 23 ; 20 : 19, 21, 26). 어린 나귀는 겸손과 평화를 상징한다(비교. 18 : 33이하). 요한은 공관복음이 언급하는 두 제자를 파송하는 나귀의 준비를 생략한다(마 21 : 1–3 ; 막 11 : 1–6 ; 눅 19 : 29–34). 예수께서 이미 왕으로 입성하셨다. 스가랴 9 : 9–10의 말씀이 성취되고 있다(창 49 : 11). 하나님의 뜻대로 예루살렘에 입성하는 예수는 시온에서 기다렸던 이스라엘의 왕, 세상의 구주이다(스바냐 3 : 14–17).

16절 제자들은 성경에 기록된 말씀과 예수의 예루살렘 입성 및 사람들이(12절) 예수를 왕으로 환호한 일의 관계를 제자들은 예수께서 죽음을 통해 영광을 받으신 후에야 알게 되었다(14 : 26 ; 16 : 13).

17~19절 9~11절과 같이 나사로가 다시 언급된다. 나사로와 함께 있던 자들이 그의 부활을 증언하며 예수의 표적행사를 들은 자들이 예수를 왕으로 환호한다. 예수를 죽이려 음모가 헛되게(11 : 57) 바리새인들의 염려가(11 : 48)

현실이 되었다. 세상이 예수의 뒤를 따른다(12 : 20 이하).

7. 들림과 수난의 영광 예고(12 : 20-36a)

[20]명절에 예배하러 올라온 사람 중에 헬라인 몇이 있는데 [21]그들이 갈릴
리 벳새다 사람 빌립에게 가서 청하여 이르되 선생이여 우리가 예수를
뵈옵고자 하나이다 하니 [22]빌립이 안드레에게 가서 말하고 안드레와 빌
립이 예수께 가서 여쭈니 [23]예수께서 대답하여 이르시되 인자가 영광을
얻을 때가 왔도다 [24]내가 진실로 진실로 너희에게 이르노니 한 알의 밀
이 땅에 떨어져 죽지 아니하면 한 알 그대로 있고 죽으면 많은 열매를
맺느니라 [25]자기의 생명(영혼)을 사랑하는 자는 잃어버릴 것이요 이 세
상에서 자기의 생명을 미워하는 자는 영생하도록 보전하리라 [26]사람이
나를 섬기려면 나를 따르라 나 있는 곳에 나를 섬기는 자도 거기 있으리
니 사람이 나를 섬기면 내 아버지께서 그를 귀히 여기시리라 [27]지금 내
마음이 괴로우니 무슨 말을 하리요 아버지여 나를 구원하여 이 때를 면
하게 하여 주옵소서 그러나 내가 이를 위하여 이 때에 왔나이다 [28]아버
지여, 아버지의 이름을 영광스럽게 하옵소서 하시니 이에 하늘에서 소
리가 나서 이르되 내가 이미 영광스럽게 하였고 또다시 영광스럽게 하
리라 하시니 [29]곁에 서서 들은 무리는 천둥이 울었다고도 하며 또 어떤
이들은 천사가 그에게 말하였다고도 하니 [30]예수께서 대답하여 이르시
되 이 소리가 난 것은 나를 위한 것이 아니요 너희를 위한 것이니라 [31]이
제 이 세상에 대한 심판이 이르렀으니 이 세상의 임금이 쫓겨나리라 [32]내
가 땅에서 들리면 모든 사람을 내게로 이끌겠노라 하시니 [33]이렇게 말씀
하심은 자기가 어떠한 죽음으로 죽을 것을 보이심이러라 [34]이에 무리가
대답하되 우리는 율법에서 그리스도가 영원히 계신다 함을 들었거늘 너
는 어찌하여 인자가 들려야 하리라 하느냐 이 인자는 누구냐 [35]예수께서

이르시되 아직 잠시 동안 빛이 너희 중에 있으니 빛이 있을 동안에 다녀 어둠에 붙잡히지 않게 하라 어둠에 다니는 자는 그 가는 곳을 알지 못하느니라 [36a]너희에게 아직 빛이 있을 동안에 빛을 믿으라 그리하면 빛의 아들이 되리라

[12:20-36a] 예수의 구원은 전 인류를 향한 것이다(12:47). 헬라인들의 언급은 예수께서 세상에 오신 구주임을 강조한다. 예수의 공생애 사역을 마감하는 12:20-50은 세상을 향한 예수의 '고별설교'로 읽혀질 수 있다. 그 후 예수께서 제자들을 향해 '고별설교'를 하시고(13:31-16:33) 아버지를 향해 기도한다(17:1-26). 본 단락은 헬라인들의 질문과 예수의 답변(12:20-26), 예수의 기도 및 무리를 향한 말씀(12:27-33; 비교. 겟세마네 사건 마 26:36-46; 막 14:32-42; 눅 22:39-46), 무리의 반문과 예수의 답변(12:34-36)으로 구성된다.

20절 '헬라인들'은 믿음에 이르게 된 이방세계의 대표자로 기능한다. 유대인들이 5장 이후로 적의에 찬 의도로 예수를 '찾는' 반면에 헬라인들은 진실하게 예수를 찾는 자들로 등장한다(비교. 1:11). 이들은 헬라지역에 사는 디아스포라 유대인이 아니라 에게해와 소아시아에 거주하는 유대교에 동조적인 헬라인들로 예루살렘에 유월절에 참여하기 위해 왔을 것이다. 이들이 직접 유월절 예배에는 참여하지 못하고 희생제물은 가져왔을 수 있을 것이다.

21~22절 헬라인들은 직접적으로 예수께 나아가지 않고 빌립에게 가며, 빌립은 또 안드레에게 가고, 다시 안드레와 빌립이 예수께 나아가 질문한다. 요한복음 1장의 제자를 부르시는 소명사화를 상기시킨다(1:35-51과 수미상관). 애제자와 함께 벳새다 출신인 빌립과 안드레가 예수 곁에 있었을 것이다. 안드레는 시몬 베드로보다 먼저 부르심을 받고(1:40-42), 안드레와 베드로를 부르신 이후, 예수께서 빌립을 직접 부르신다(12회 등장 1:43, 44,

45, 46, 48 ; 6 : 5, 7 ; 12 : 21, 22〈2회〉; 14 : 8, 9). 그들은 요한교회에서 선교 역할을 감당했을 것이다.

23절 예수께서 자신의 죽음의 의미를 알려주신다. “때가 아직 이르지 않았다”고 말씀하는 2 : 4 ; 7 : 30 ; 8 : 20과는 달리 이제 ‘예수의 때’가 임하였다고 말씀하신다. 영광은 십자가의 죽음과 부활을 통한 생명의 구원사건을 말한다.

24절 한 알의 밀의 비유(비교. 고전 15 : 35–41 몸의 부활)는 결실을 위해 예수께서 죽으셔야 함을 말한다. 예수의 죽음으로 생명을 얻게 된다.

25절 다른 사람을 위해 자신을 내어놓으시는 예수의 모범이 제시된다. 그를 통해 그를 믿는 자가 생명을 얻게 된다(마 10 : 39 ; 막 8 : 35 ; 눅 17 : 33).

26절 섬김에 관한 제자도 말씀이 언급된다(눅 17 : 33 ; 마 10 : 39 ; 막 8 : 35). 예수를 섬기는 것이 곧 아버지를 섬기는 것이다.

27절 인자의 들림으로 비유된 예수의 죽음의 의미가 설명된다(27–36절). 임박한 죽음 앞에서 괴로워하는(11 : 33 ; 13 : 21 ; 비교. 5 : 7 ; 14 : 1, 27) 예수의 모습은 겟세마네 전승과 관련된다(마 26 : 36–46 ; 막 14 : 32–42 ; 눅 22 : 39–46 ; 시편 6 : 4 ; 41 : 7).

28절 “내가 이미 영광스럽게 하였고 또 다시 영광스럽게 하리라”는 하늘의 음성은 아버지께 영광을 돌린 예수에 대한 응답으로 예수의 공생애 사역의 시작과 수미상관을 이루며 대단원을 종결한다(1 : 33–34). 하늘의 음성에 대한 간접적 언급은 1 : 32~34에서 성령으로 행하시는 2~12장의 예수의 사역을, 12 : 28에서 하늘의 직접적 음성은 18~20장의 예수의 수난과 영광을 계시한다.

29절 무리들은 하늘의 소리를 이해하지 못한다. 천둥소리와 천사의 소리로 달리 이해하며 분열(schisma)이 발생한다.

30절 그 소리는 ‘너희’ 곧 믿는 자들 모두를 위한 것이다.

31절 인자의 영광의 때(23절)는 동시에 세상에 대한 종극적인 심판의 때이다.

불신앙으로 죽을 운명에 처한 옛 세상이 끝나고 이제 하나님이 그리스도 안에서 통치하시는 새 창조가 시작된다. 세상의 임금, 사탄은 예수의 죽음과 부활로 멸망한다. 우주적인 통치권의 변경이 일어나며 예수가 세상의 통치자로 즉위한다.

32~33절 예수께서 십자가에 들리어지시는 죽음은 아버지께 돌아가시는 것이고, 세상을 구원하는 우주의 통치자로 들리는 승귀(昇歸)이며 영광이다(사 52:13).

34절 무리들의 질문이 예수가 메시야이심을 명확하게 한다. 이스라엘 백성이 기대한 인자, 메시야가 바로 십자가에 달려 들리는 예수이다. 유대인들은 메시야의 영원성을 기대하였다(50절, 사 9:6; 겔 37:25 등).

35~36a절 예수는 고난을 받고 십자가에 들려야 하는(δεῖ ὑψωθῆναι) 인자로 믿는 자들의 빛이시다. 이제 어둠이 도래할 것이다(13:30). 어둠의 권세에 사로잡히지 않기 위해(46절. 1:4-9; 3:19-21; 8:12; 9:5; 11:9-10; 요일 1:5, 7; 2:8-10) 빛이신 예수를 믿으므로 빛의 아들이 되어야 한다. 곧 십자가의 죽음으로 인류를 구원하는 예수의 통치 가운데 믿는 자들이 빛의 아들로 살 수 있다. 십자가가 영광을 담보한다(δοξασθῆναι).

8. 예수 그리스도의 공생애 마감(12:36b-50)

36b예수께서 이 말씀을 하시고 그들을 떠나가서 숨으시니라 37이렇게 많
은 표적을 그들 앞에서 행하셨으나 그를 믿지 아니하니 38이는 선지자
이사야의 말씀을 이루려 하심이라 이르되 주여 우리에게서 들은 바를 누
가 믿었으며 주의 팔이 누구에게 나타났나이까 하였더라(사 53:1) 39그
들이 능히 믿지 못한 것은 이 때문이니 곧 이사야가 다시 일렀으되 40그
들의 눈을 멀게 하시고 그들의 마음을 완고하게 하셨으니 이는 그들로
하여금 눈으로 보고 마음으로 깨닫고 돌이켜 내게 고침을 받지 못하게

하려 함이라 하였음이더라(사 6 : 10) 41이사야가 이렇게 말한 것은 주의
영광을 보고 주를 가리켜 말한 것이라 42그러나 관리 중에도 그를 믿는
자가 많되 바리새인들 때문에 드러나게 말하지 못하니 이는 출교를 당
할까 두려워함이라 43그들은 사람의 영광을 하나님의 영광보다 더 사랑
하였더라 44예수께서 외쳐 이르시되 나를 믿는 자는 나를 믿는 것이 아
니요 나를 보내신 이를 믿는 것이며 45나를 보는 자는 나를 보내신 이를
보는 것이니라 46나는 빛으로 세상에 왔나니 무릇 나를 믿는 자로 어둠
에 거하지 않게 하려 함이로라 47사람이 내 말을 듣고 지키지 아니할지
라도 내가 그를 심판하지 아니하노라 내가 온 것은 세상을 심판하려 함
이 아니요 세상을 구원하려 함이로라 48나를 저버리고 내 말을 받지 아
니하는 자를 심판할 이가 있으니 곧 내가 한 그 말이 마지막 날에 그를
심판하리라 49내가 내 자의로 말한 것이 아니요 나를 보내신 아버지께서
내가 말할 것과 이를 것을 친히 명령하여 주셨으니 50나는 그의 명령이
영생인 줄 아노라 그러므로 내가 이르는 것은 내 아버지께서 내게 말씀
하신 그대로니라 하시니라

[12 : 36b–50] 신앙과 불신앙에 대한(38–40절) 이사야 53 : 1(12 : 38)과 6 : 10(12 : 40)의 인용으로 예수의 공생애 시작 처음 부분(1 : 23)과 끝 부분이 수미상관을 이룬다.[4)] 모세(5 : 46), 아브라함(8 : 56), 이사야(12 : 41) 등 구약성경이 예수 그리스도를 증언한다(막 9 : 4 ; 행 3 : 13, 18, 22–26 ; 눅 24 : 27). 과거의 오랜 기간 예수의 미래 영광이 계시되었다(37–41절). 예수가 자신을 계시하였다(1 : 18 ; 1–12장). 유대인들 중에 믿는 자들 일부가 출교의 두려움으로 자신들의 믿음을 드러내지 못한다(42–43절). 믿음은 인간의 이성

---

4) 벳새다 안드레와 빌립(12 : 22 ; 1 : 44) 인자(12 : 23, 34 ; 1 : 51) 인자의 승귀(12 : 32 ; 1 : 51) 천사의 소리(12 : 29 ; 1 : 51) 하늘의 소리(12 : 28, 30 ; 1 : 23) 들음(12 : 29 ; 1 : 37) 빛과 어둠(12 : 35, 46 ; 1 : 4–9) 이사야 인용(12 : 38, 40 ; 1 : 23)

과 이해를 넘어서며 하나님이 주체가 되어 역사하는 은혜이다. 신앙과 불신앙은 예수 그리스도의 계시 앞에 과거, 현재, 미래를 구원과 심판으로 연결된다. 본 단락은 세상의 불신앙(12 : 37–43, 예수께서 자리를 떠나심 36b절, 무리의 불신앙 37절, 불신앙에 대한 이사야의 예언 38–40절, 이사야 예언의 설명 41절, 관리들의 두려움 42절, 관리들의 두려움에 대한 설명 43절)과 요한복음 1–12장의 주제가 잘 요약된 예수의 종말심판 선포 및 구원과 영생에 이르는 마지막 신앙 권고(12 : 44–50, 보는 것과 믿는 것, 예수와 하나님의 동일시 44–45절, 빛으로 세상에 오신 예수 46절, 구원과 종말 심판 47–48절, 예수의 말씀과 아버지 말씀의 동일시 49–50절)로 구성된다.

36b절 빛이신 예수를 오해하며(34절) 죽음으로 위협하는 무리들을 피해 예수께서 그들을 떠나 숨으신다(8 : 59).

37절 예수의 많은 표적은 사람들이 예수께서 하나님의 아들 그리스도이심을 믿고 그 이름으로 생명을 얻게 함이었으나(20 : 31) 사람들은 믿음으로 예수를 영접하지 않는다. 이제 하나님의 영광이 계시되어 보이는 표적이 아니라 예수께서 말씀을 선포하므로 사람들을 향해 믿음을 호소한다.

38~40절 예수의 말씀('들은 바')과 표적('주의 팔이 나타남')에 대한 불신앙은 이사야 예언의 성취로 설명된다(사 53 : 1 ; 비교. 9 : 39 ; 사 6 : 10 ; 막 4 : 12 ; 마 13 : 14 이하; 눅 8 : 10 ; 행 28 : 26 이하; 비교. 롬 11 : 8). 불신앙은 한 편으로 사람들이 믿기를 '원하지 않은' 거부에(37–38절; 비교. 9 : 39–41) 다른 한 편으로 사람들을 '믿을 수 없게' 하시고 '고치기를 원하지 않은' 하나님께 근거한다(40절). 8 : 44에서 불신앙은 마귀로 인한 것으로 설명한다.

41절 예수의 영광을 앞서 본 이사야는 이스라엘의 불신앙을 함께 보았고 하나님께서 주도적으로 행하시는 구원의 계획 가운데 있는 불신앙에 대해 말할 수 있었다.

42~43절 그러나 예수의 계시 앞에 인간 스스로 믿음과 불신앙으로 응답할

수 있다. 유대 공회의 구성원이었을 관리들 중 많은 이들이 예수를 그리스도로 믿었음에도(3:1; 7:26, 48) 출교로 인한 불이익으로 두려워하여(9:22; 16:2) 공적인 신앙고백을 하지 못함으로 사람의 영광을 더 사랑하는 불신앙에 동참한다(5:42-47). 출교에 대한 유대인들의 두려움은 기원후 1세기에도 계속 지속된다.

44~45절 예수를 그리스도로 믿지 못하는 유대인들을 향해 외쳐 믿음을 권면한다(7:28, 37; 비교. 1:15). 보는 것과 믿는 것, 예수를 보고 믿는 것과 예수를 보내신(34절) 하나님을 보고 믿는 것이 동일시된다(10:30). 예수 그리스도 안에서 하나님 자신의 계시와 아들을 보내신 하나님의 파송(5:23, 24; 13:20)이 강조된다.

46절 인류를 어둠에 거하지 않고 구원하기 위해 예수께서 세상의 빛으로 오셨다(1:4-5, 9; 3:19-21; 세상의 빛 8:12; 9:5; 11:9-10; 12:35-36) 이 구절 이후로 21장까지 '빛'에 대한 언급이 없다.

47~48절 심판(2회 47a, b절)-구원(1회 47c절)-심판(2회 48a, b절)의 원형구조를 이루며 구원을 강조한다. 예수께서 세상을 구원하기 위해 오셨다. 예수의 말을 듣고 지키지 않으며 받지 않고 예수를 버리는 자를 예수가 심판하기를 원하지 않는다. 그러나 성육신하신 말씀인 하나님의 아들 예수 그리스도를 영접하지 못하는 자는 종말 시에 심판을 받는다. 요한복음에서 이 구절에서만 예수와 예수의 말씀이 구별된다.

49~50절 예수와 예수를 보내신 아버지가 하나이므로 예수의 말씀은 아버지의 말씀이다(10:30). 예수는 하나님께서 보내신 성육신 하신 말씀이며 그 말씀을 믿는 자에서 영생, 종말적 구원에 주어진다. 예수와 예수의 말씀이 파송하신 아버지, 아버지의 말씀과 함께 다시 동일시된다. 예수의 말씀은 아버지께서 주신 계명(ἐντολή)이며 동시에 영생이다.

빛으로 오신 예수께서 세상에 생명을 주시기를 원한다(12:46). 성령과 성부와 성자로 삼위일체 되시는 예수 그리스도는 세상에 사람들이 영생을 얻고 구원에 이르도록 사람들을 향해 예수 그리스도를 믿는 믿음을 촉구한다. 그를 믿는 자는 영생에 이르고 구원을 받으나 그를 믿지 않는 자는 심판을 받고 멸망에 이른다. 요한복음 2:1~12:50까지 예수의 공생애 사역은 이 믿음을 촉구하는 하나님의 자기 계시 사건이다. 예수의 표적과 이적은 사람들이 예수가 구원자임을 알고 그를 믿어 구원을 받음을 알리는 행동의 메시지이다. 예수와 사람들 사이에 수많은 대화, 때로는 많은 논쟁, 질문과 답변은 예수의 선포적인 설교와 함께 예수가 구원자임을 알고 그를 믿어 구원에 이를 것을 알리는 복음의 말씀이다. 성육신하신 하나님이신 예수께서 세상 가운데 자신을 계시한다. 예수께서 사람들을 만나고 많은 종류의 사람들이 예수를 만난다. 여기서 사회과학 또는 사회심리학적 이론 등을 그대로 적용할 수는 없으나 미국의 심리학자 Joseph Luft(1916-2014)와 Harrington Ingham(1914-1995)이 개발한 자기 개방 모형으로 자아 및 소통 이해, 대인인지훈련과 대인관계능력에 활용되는 조하리의 창(Johari's Window) 이론을 생각할 수 있다. '조하리'란 고안자인 루프트(Luft. J.)와 잉햄(Ingham. H.)의 이름을 결합한 것으로, '조하리의 창'이란 일명 '마음의 창', '마음의 4가지 창'이라고 한다. 이 창은 대인관계 및 개인의 마음의 상태를 설명한다.[5] 여기에 정사각형의 창문이 하나 있다. 그 속에는 '나에 관한 모든 것'이 담겨 있다. 그 창은 네 개로 나뉠 수 있다. 첫 번째 창은 '열린 창'으로 개방 또는 공공영역(open area)이다. 이 영역은 공공영역으로 나도 알고 남도 아는 나의 모습이다. 이름, 성별, 직업, 가족 사항 등 다른 사람들이 잘 아는 부분이다. 두 번째 창은 '숨겨진 창'으로 은폐 또는 사적영역(hidden or private area)이다. 이 영역은 사적영역으로 자기만 알고 남들은 잘 모르는 나의 모습이다. 자신의 숨겨진 부분이 다른 사람에게 노출될 때 다른 사람들의 반응에 상처를 입을까 두려워하여 숨기는 감정의 영역이다. 세 번째 창은 '보이지 않는 창'으로 맹인 또는 맹목영역(blind area)이다. 이 영역은 보이지 않는 영역으로 성격, 습관, 장점, 단점 등 남들은 잘 알지만 자신은 모르고 있는 객관적인 자기 모

5) 인터넷 "조하리의 창(Johari's Window)," 『네이버 지식백과』(HRD 용어사전, 2010. 9. 6., 중앙경제).

습이다. 인간은 자기에 대하여 잘 안다고 생각하지만 잘 모르는 경우가 많이 있다. 네 번째 창은 '암흑의 창'으로 미지영역(unknown area)이다. 자신도 타인도 모르는 자기 모습이다. 무의식의 측면, 어린 시절의 강한 경험, 심리적 외상 등으로 형성된 영역이다. 이 '조하리의 창' 이론에서는 대인관계나 인성 향상을 위해서 '열린 창'을 넓혀가는 것이 중요하고, 그러기 위해서 적극적으로 자기를 보여줄 필요가 있으며, 그것이 상대의 마음을 열어 의사소통을 원활하게 하며 개인을 넘어서 조직, 그룹이나 사회를 긍정적으로 발전시킬 수 있다는 것이다. 정확하게 들어맞는 것은 아니지만 세상과 세상에 사는 사람들을 '하나님의 창'에 견주어 비유할 수 있다면 요한복음이 전하는 예수의 공생애 시대와 오늘날도 세상에 사는 사람들은 마치 '조하리의 창'의 네 영역에 속하는 것처럼 보인다. 먼저 전제가 되는 것은 만물을 창조하신(1 : 3) 하나님의 아들 예수 그리스도는 모든 것의 주인이시며(1 : 11) 모든 것을 아시고 특별히 사람의 마음의 중심을 아신다는 명확한 사실이다(2 : 24-25). 사회과학과 문명이 발달하고 조직이나 그룹이 세분화 될수록 인간은 자기 탐구에 몰두하며 자기의 정체성을 찾으려 한다. 그러나 자기 정체성 탐구를 통해서가 아니라 자신을 만드신 하나님을 알 때에야 비로소 인간은 자신이 누구인지를 알 수 있다. 예를 들어 '조하리의 네 가지 창' 모두를 아시고 볼 수 있는 분은 인간을 창조하신 하나님 한 분이시기 때문이다. 그러므로 말씀으로 이 땅에 성육신하셔서 자신을 계시하시는 하나님, 아들의 모습으로 오신 예수 그리스도를 보고 알고 믿어 그의 제자로 증인의 삶을 살 때 인간이 자신을 알고 자신의 정체성을 찾을 수 있다. 인간은 그리스도인이 될 때 비로소 참 인간이 될 수 있다. 예수의 자기 계시 앞에 사람들은 네 가지로 반응한다. 첫 번째 유형의 사람들은 예수의 자기 계시 앞에서 '열린 창'에 속하는 사람들로 자신들을 공적으로 개방한다. 자신도, 타인도 그가 예수를 믿는 사람임을 안다. 그는 예수를 믿으므로 자신이 죄인임을 알고 예수의 구원으로 자유하게 되고 구원을 얻고 공개적으로 믿음을 고백하고 증언하는 참 믿음의 사람이다. 베드로(6 : 68)와 마르다(11 : 27) 같은 인물이다. 두 번째 유형의 사람들은 '숨겨진 창'에 속하는 사람들로 예수를 믿기는 하나 자신의 믿음만을 지키려하고, 그 믿음으로 인해 혹여나 사회생활에서 불이익이 오거나 상처를 받게 될까 두려워 그 믿음을 숨긴다. 니고데모와 같은 사람이다(3 : 1). 다른 사람들은 이들이 그리스도인임을 알지 못한다. 세 번째 유형의 사람들은 '보이지 않는 창'에 속하는 사람들로 자신이 예수를 믿는 다고 또 하나님을 안다고 스스로 생각하나 타인이 볼 때 그리스도인이 아닌 사람이다. 하나님을 향한 열심히 있다고 스스로 생각하며 예수를 죽음으로 몰고간 유대인들을 포함하여 종교적인 사람들이 여기 해당될 것이다(9 : 39–41). 복음서에서 시각장애인의 비유가 많이 등장하는 이유가 있다(참조. 요 9장). 예수를 볼 수 있는 사람, 보지 않고도 믿을 수 있는 사람들에게 하나님의 영생과 구원의 복락이 주어진다(20 : 29). 네 번째 유형의 사람들은 '암흑의 창'에 속한다. 하나님 앞에서 하나님을 보려하지도 않고 따라서 타인도 그를 알지 못한다. 예수의 계시 앞에서 그들의 눈에는 떡과 자기 한 몸이나 자기가 속한 그룹이나 조직만의 기적, 영달(榮達)만을 바라는 믿음 없는 무리들이다(6 : 2, 15). 예수께서는 모든 사람들이 예수를 보고 알고 믿어 제자도의 길에 오를 것을 촉구한다. 복음서는 이를 위해 기록되었다(20 : 31). "너 자신을 알라!"(γνῶθι σεαυτόν)는 유명한 말이 있다. 고대 그리스의 7현인(賢人) 중 한 사람인 탈레스가 쓴 것이라고도 하고 7현인 중 다른 한 사람인 스파르타의 킬론이 한 말이라고도 전해진다. 이 유명한 말에 관하여 많은 사람들이 사색했다. 소크라테스는 하나님께 비하면 "인간의 지혜가 하찮은 것에 불과하다는 입장에서 무엇보다 먼저 자기의 무지(無知)를 아는 엄격한 철학적 반성이 중요하다고 말하며 이 격언을 자신의 철학적 활동의 출발점에 두었다. 사람에게 어려운 일이 무엇이냐는 질문을 받고 탈레스는 자기 자신을 아는 것이 어려운 일이며, 쉬운 일이라면 남을 충고하는 일이라고 대답하였다 한다. 이와는 반대로 희극작가 메난드로스는 오히려 '남을 알라.'고 하는 쪽이 더 유익하다고 비판하였다. 키케로는 소크라테스와 마찬가지로 외적인 신체가 아닌 자기의 마음을 아는 것이라고 해석하였다. 플루타르코스가 전하는 데모크리토스도 신의 어려운 명령이라고 해석하였다."고 한다.[6] 인간이 자신을 아는 것은 예수 그리스도를 믿고 그를 영접할 때에만 가능하다. 자기 정체성 탐구가 아니라 자신과 세상을 창조하시고 아들 예수 그리스도 안에서 자신을 계시하신 하나님을 향한 탐구가 자신을 알 수 있도록 하는 유일한 길이다. 인간은 죄인인 자신을 성찰 할 수 있을 때에만 피조물임을 깨닫고 하나님을 볼 수 있는 길이 열린다(14 : 6). 자신을 지으신 창조주 하나님을 보고, 알고, 믿어 제자의 길에서 하나님 인식이 열리고 세상 가운데 참 빛이신 그리스도의 빛을 받아 그 빛을 반사하며 구원자이신 예수의 증인으로 살 때 죄인이며 피조물로서의 자기인식이 가능하다(5 : 46 ; 12 : 46–48).

6) 인터넷, "너 자신을 알라," 『네이버 지식백과』(두산백과 제공).

제 Ⅲ 부

제자들을 향한 고별설교와 기도

요한복음 13 : 1-17 : 26

| 요한복음 13 : 1-17 : 26 |

제자들을 향한 고별설교와 기도

유월절에 예수께서 예수를 따르는 무리와 불신앙의 세상을 향해 말씀을 마치시고(1-12장), 이제 임박한 죽음 앞에서 세상을 떠나시기 전 제자들을 향해 고별의 말씀을 전하신다(13-17장). 이 고별설교는 크게 고별만찬(13 : 1-30)에서 세족식(13 : 1-20, 도입 1-3절, 세족식 4-17절[첫 번째 해석 '대화' 6-11절; 두 번째 해석 '독백' 12-17절], 배신 예고 18-20절)과 애제자와 배신자('밤' 21-30절), 첫 번째 고별설교(13 : 31-14 : 31, 서두 '영광을 얻음' 13 : 31-32, 예수의 떠나심 예고 13 : 33[비교. 13 : 36-38; 14 : 2], 본문 '믿음'과 '두려움'으로 수미상관 14 : 1-30[14 : 1, 27, 29], 결론 14 : 31), 두 번째 고별설교(15 : 1-16 : 33, 첫 번째 설교 15 : 1-16 : 4a['경첩 Diptychon' 15 : 1-17/15 : 18-16 : 4a], 포도나무-비유설교 15 : 1-17, 믿는 자들의 핍박 15 : 18-16 : 4a, 결론 16 : 4a, 두 번째 설교 '슬픔과 기쁨'으로 수미상관 16 : 4b-33[16 : 7/33], 새로운 시작과 고별 예고(16 : 4b-6), 세상에서 보혜사 사역 16 : 7-15, 임박한 재회 말씀 16 : 16-33), 결론적 위로

(16 : 33), 고별기도(17 : 1-26)로 구성된다.[1] 각 단락은 '아버지께로 돌아갈 때의 도래'(13 : 1-38 ; 17 : 1-26), '내가 간다'(πορεύομαι 14 : 2 ; ὑπάγω 16 : 5), '사랑'(끝까지 사랑 13 : 1, 너희도 서로 사랑 15 : 12, 17, 더 큰 사랑 15 : 13) 등으로 관련된다. 계시 설교의 형태인 고별설교는 복음서의 대략 5분의 1에 해당되는 설교이다. 죽음을 앞둔 자의 유언 혹은 고별로서 고별설교의 문학적 특성은 이미 구약성경에서 야곱(창 49), 요셉(창 50 : 24-25), 모세(신 31-34), 사무엘(삼상 12), 다윗(왕상 2 : 1-10 ; 삼하 23 : 1-7 ; 대상 28-29), 여호수아(수 23-24)의 고별설교[2] 신약성경에서 바울(행 20 : 17-35 ; 딤후), 베드로(벧후 1 : 12-15), 스데반(행 7 : 56, 59 이하), 시므온(눅 2 : 29-32)의 고별설교에서도 발견된다. 13-17장의 고별설교는 간접적으로 공관복음서에서 예수의 종말설교(막 13 ; 마 24 ; 눅 21), 마태복음 23~25장의 바리새인들을 향한 저주 및 비유설교의 틀, 누가복음 22 : 21-38, 네 복음서에 나오는 십자가상의 칠언과 관련된다. 1~12장까지 예수의 공생애와 관련하여 유월절이 세 번(성전 정화 사건 2 : 13 ; 오병이어 기적 6 : 4 ; 수난 11 : 55 ; 12 : 1, 12) 언급되며 약 2년 반 동안의 기간을 서술한다. 예수의 고별설교는 유월절 주간 금요일 해질 때 시작되어 예수의 수난까지 안식일 시작 이전 하루를 다룬다(13 : 1-19 : 42). 13~19장까지 하루 동안 일어난 사건을 묘사한다.

---

1) Christina Hoegen-Rohls, Christina, *Der nachösterliche Johannes*, WUNT II-84, Tübingen, 1996. 13 : 31~38의 도입은 전체 내용을 안내한다. 두개의 고별설교가 분명하게 구별 된다. 두 번째 고별설교는 여러 개의 설교로 구성된다. M. Stibbe, John, 1996, 141 이하.

2) 마카베 1서 2 : 47~70 ; 요세푸스, Antiquities of Jews 12권 6장 3, 279-284, 12족장의 유언, 모세의 유언, 희년서에서 야곱의 유언 22 : 10~30에서도 고별설교 양식이 발견되다. 그리스-로마 문헌 중에도 플라톤의 작품 가운데 소크라테스의 고별연설을 볼 수 있다. 쿠르츠(William Kurz, *Farewell Addresses in the New Testament*, 1990)는 고별설교의 형태상의 특징들을 열거한다. 문맥(context)과 관련하여 1. 후계자를 부름, 2. 축복, 3. 고별 행동, 4. 남아 있는 자들의 슬픔, 내용(content)과 관련하여 1. 본보기로서 고별하는 자의 위탁, 2. 생애 설명, 3. 임박한 죽음 예고, 4. 권고, 5. 경고와 마지막 명령, 6. 후계자를 위한 과업, 7. 역사에 대한 신학적 개관, 8. 미래의 계시, 9. 약속, 10. 후계자의 질문, 11. 미래의 악화, 12. 계약의 갱신, 13. 남겨진 자들에 대한 관심, 14. 측근 그룹을 향한 위로 15. 교훈적 연설, 16. 죽음의 양태(Ars moriendi).

13–17장은 예수께서 세상을 떠나는 현재, 18~21장과 관련된 예수 수난의 임박한 미래(16 : 32, 비교. 13 : 19 ; 14 : 29), 제자들과 교회가 겪을 미래(긍정적 측면 16 : 4, 22, 23, 24, 33 ; 부정적 측면 15 : 18–20 ; 16 : 2–3), 나아가 종말 재림 시의 미래(14 : 3 ; 16 : 22)를 선취하여(prolepsis) 함께 설명하며 다시간적 효과를 갖는다(polytemporal effect).[3)]

A. 고별설교(13 : 1–16 : 33)

1. 세족식(13 : 1–20)

1유월절 전에 예수께서 자기가 세상을 떠나 아버지께로 돌아가실 때가
이른 줄 아시고 세상에 있는 자기 사람들을 사랑하시되 끝까지 사랑하
시니라 2마귀가 벌써 시몬의 아들 가룟유다의 마음에 예수를 팔려는 생
각을 넣었더라 3저녁 먹는 중 예수는 아버지께서 모든 것을 자기 손에
맡기신 것과 또 자기가 하나님께로부터 오셨다가 하나님께로 돌아가실
것을 아시고 4저녁 잡수시던 자리에서 일어나 겉옷을 벗고 수건을 가져
다가 허리에 두르시고 5이에 대야에 물을 떠서 제자들의 발을 씻으시고
그 두르신 수건으로 닦기를 시작하여 6시몬 베드로에게 이르시니 베드
로가 이르되 주여 주께서 내 발을 씻으시나이까 7예수께서 대답하여 이
르시되 내가 하는 것을 네가 지금은 알지 못하나 이 후에는 알리라 8베
드로가 이르되 내 발을 절대로(또는 영원히) 씻지 못하시리이다 예수께
서 대답하시되 내가 너를 씻어 주지 아니하면 네가 나와 상관이 없느니
라 9시몬 베드로가 이르되 주여 내 발뿐 아니라 손과 머리도 씻어 주옵

3) G. O'Day, '"I have Overcome the World"(John 16. 33) : Narrative Time in John 13–17', *Semeia 53*, 153–66. Mark W. G. Stibbe, John, 1996, 141에서 재인용.

소서 10예수께서 이르시되 이미 목욕한 자는 발밖에 씻을 필요가 없느니
라 온 몸이 깨끗하니라 너희가 깨끗하나 다는 아니니라 하시니 11이는
자기를 팔 자가 누구인지 아심이라 그러므로 다는 깨끗하지 아니하다
하시니라 12그들의 발을 씻으신 후에 옷을 입으시고 다시 앉아 그들에게
이르시되 내가 너희에게 행한 것을 너희가 아느냐 13너희가 나를 선생이
라 또는 주라 하니 너희 말이 옳도다 내가 그러하다 14내가 주와 또는 선
생이 되어 너희 발을 씻었으니 너희도 서로 발을 씻어 주는 것이 옳으
니라 15내가 너희에게 행한 것 같이 너희도 행하게 하려 하여 본을 보였
노라 16내가 진실로 진실로 너희에게 이르노니 종이 주인보다 크지 못하
고 보냄을 받은 자가 보낸 자보다 크지 못하나니 17너희가 이것을 알고
행하면 복이 있으리라 18내가 너희 모두를 가리켜 말하는 것이 아니니라
나는 내가 택한 자들이 누구인지 앎이라 그러나 내 떡을 먹는 자가 내게
발꿈치를 들었다 한 성경을 응하게 하려는 것이니라(시 41 : 9) 19지금부
터 일이 일어나기 전에 미리 너희에게 일러 둠은 일이 일어날 때에 내가
그인 줄 너희가 믿게 하려 함이로라 20내가 진실로 진실로 너희에게 이
르노니 내가 보낸 자를 영접하는 자는 나를 영접하는 것이요 나를 영접
하는 자는 나를 보내신 이를 영접하는 것이니라

[13 : 1–20] 13 : 1의 세 번째 '유월절'의 언급으로 13장은 앞 단락 12 : 1 '유월절 엿새 전'과 11 : 55 '유대인의 유월절이 가까우매'와 연결된다(참조. 2 : 13, 23 ; 6 : 4). 수많은 수난예고와 성전 정화(2 : 14–22)외에 예수를 죽이려는 유대인들의 반복된 음모(5 : 18 ; 7 : 32 ; 8 : 59 ; 10 : 31 ; 11 : 46–53), 겟세마네 사건에 대한 참조(12 : 27–33)에 이어 13 : 1–20의 세족식은 예수의 십자가 수난을 예고한다. 13 : 1~20은 13장부터 21장 내용의 서론이면서 수난사화의 입문이다. 고별설교의(13–16장) 중심 주제가 13 : 1~20에 등장한다. 임박한 예수의 죽음(13 : 1, 3)과 제자들과 교회의 행동 모범인 세족식이 믿는

자들의 모범(15절, 12 : 24-26 ; 13 : 34-35 ; 막 10 : 42-45 ; 눅 22 : 24-27 ; 막 9 : 33-37)으로 제시되고 설명된다(대화체 6-10절, 독백 12-17절). 네 복음서 중에서 요한복음서만이 예수께서 수난의 죽음을 당하시기 전에 제자들의 발을 씻기신 사건을 보고한다. 그 당시 유대인들에게 보통 식사 전에 손님의 발을 씻어주는 관습이 있었고 다른 사람의 발을 씻어주는 행위는 노예의 임무였다. 예수께서 식사 도중에 노예를 대신하여 행하신 세족식은 섬기는 종으로 오신 예수께서 세상을 구원하시는 온전한 사랑의 성취인 십자가 수난의 예표이다. 믿는 자들을 끝까지 사랑하시는 예수의 자발적 헌신의 모범이 세족식을 통하여 제자들과 믿는 자들에게 참된 가르침으로 주어진다. 유월절은 유대 백성이 출애굽을 기념하는 절기로(출 12 : 13, 23, 27) 요시야 왕의 개혁 이후(왕하 23 : 21-23) 순례의 절기가 되어 유대인들이 예루살렘에 모여 지켜 왔다. 이스라엘의 포로기 이후에는 서서 급히 식사하는 출애굽의 식사전통을(출 12 : 11) 대신하여 하나님이 선사하신 구속의 표로 헬라 로마 풍습과 유사하게 누워서 식사하는 관습이 생겼다(눅 7 : 37-38 ; 요 13 : 23, 25 ; 21 : 20). 고대세계에서 다른 사람의 발을 씻기는 것은 일반적으로 예식을 준비하는 행위이며 이방인 종들이 자신의 주인에게, 부인이 남편에게, 자녀가 아버지에게 행하는 의무에 속한다. 위생 관리나 손님을 영접할 때 혹은 높은 사람이나 스승에 대해 존경을 표할 때도 발을 씻겨 주었다. 칼리굴라(Caligula)가 의도적으로 로마 원로원 회원들을 낮추기 위해 그들에게 칼리굴라의 발을 씻길 것을 명령한다. 아세네트가는 식사 전에 요셉의 발을 씻긴다(Joh As 20 : 1-5). 초기교회에서 성도들의 발을 씻기는 일이 '참 과부' 직제의 한 임무로 언급된다(딤전 5 : 10). 13장에서 세족식으로 사랑으로 섬기는 종과 주인의 관계가 강조된다(13절 이하, 16절). 십자가 죽음이 노예에게 가하는 형벌이듯이 종이 주인의 발을 씻는 세족을 통해 제자들을 섬기는 예수의 사랑은 세상을 위한 예수의 섬김과 사랑이 완성되는 십자가 죽음을 알린다. 예수의 섬김과 사랑이 교회 안에서 제자들 서로 간의 섬김과 사랑의 윤리적 실천을 가능하게 한다. 본 단락은 상황설명(수난의 때의 시작-1절; 유다와 마귀의 유혹-2절; 저녁식사-3절), 세족식의 준비(4절), 세족식(5절), 베드로의 질문과 예수의 답변(대화 1:6-7), 베드로의 거부와 예수의 답변(대화 2:8), 베드로의 간청과 예수의 답변(9-11절, 대화 3:9-10; 설명-11절), 세족식 이후 예수의 설교말씀(12-20절)으로 구성된다. '진실로 진실로'의 언급이 13장 전체 흐름을 하나로 연결시킨다. 13:1~20은 16~17절과 20절에서 중복된 '진실로 진실로'로 종결되고 다시 21~38절은 '진실로 진실로'로 시작부분 21절과 종결부분 38절을 구성한다.

1절 유월절이 되기 전에 예수께서 자신의 죽음의 때가 온 것을 아시고 제자들을 마지막 순간까지 최고의 전력을 다하여 사랑하셨다. 유월절 전에 공적 사역이 끝난 후(1-12장) 예수께서 영광으로 이끌게 될(12:23) 고난의 때가 도래했음을 아신다(요 2:4c; 7:30; 8:20; 12:27). 십자가는 '세상에 있는 자기 사람들'(τοὺς ἰδίους τοὺς ἐν τῷ κόσμῳ)을 향하신 예수의 사랑의 끝이며 목표이자 완성(εἰς τέλος)이다(19:30 '다 이루었다' τετέλεσται). 세족식도 사랑의 행위이다.

2절 마귀는 이미 가룟 유다에게 예수를 배신하고 팔라는 생각을 갖게 한다. 사랑의 절정과 함께 설명되지 않은 증오가 함께 시작된다. 예수께서도 배신자 유다를 알고 있다(6:64, 70-71; 12:5, 6; 13:11, 27; 18:5; 막 14:10 이하).

3절 예수께서 제자들과 함께 저녁 식사를 하실 때에 하나님께서 예수께 전권을 맡기신 것과 다시 하나님께로 되돌아가실 것을 아신다(참조. 1절). 세족식은 심포지엄의 저녁 식사 틀에서 거행된다. 유다의 배신이 예수께서 메시야이심을 반대하는 행동이나 유다 스스로 예수께 어떤 권세도 행할 수 없다. 유다의 배신은 하나님의 구원 의지 가운데 구약의 메시야 예언의 성취로 아버지와 아들이 아시는 가운데 허용된다. 전권은 예수께 있다(3:35; 10:29;

17 : 2). 마귀는 예수를 넘겨 죽음으로 내몰 것을 의도하나(2절), 예수께서는 아버지께로 돌아가실 것을 안다(16 : 28).

4~5절 세족식의 시작과 실행을 간략하게 묘사한다. 예수는 그의 온전한 사랑의 절정이 될 죽음을 통한 영광을 세족식의 상징적 행위를 통해 몸소 준비한다. 자리에서 일어나 겉옷을 벗고 수건을 취하여 허리에 두르고 대야에 물을 담아 제자들의 발을 차례로 씻기고 허리에 두른 수건으로 물기를 닦기 시작한다. 수건을 허리에 두르는 섬기는 종의 모습으로 제자들이 뒤따라야 할 모범을 가르친다(15절). 세족식이 시작되고(5절 ἤρξατο νίπτειν), 예수께서 자신을 섬기는 자들인 제자들의 발을 씻긴다. 예수가 종으로 섬기는 낮아짐으로 제자들을 향한 사랑을 드러낸다(비교. 19 : 1-5). 세족식에서 구체화된 사랑을 통해 예수께서 하나님께로부터 오셨음이 계시되고 세상을 사랑하시는 아버지의 파송을 완성한다. 6~10ab절에서 세족식의 구원의 의미가 베드로와 예수의 대화 가운데 밝혀진다(비교. 20 : 24-29).

6~7절 베드로가 예수로부터 섬김을 받는 것에 의아해 하며 질문한다(참조. 마 16 : 22 ; 막 8 : 32-33 ; 눅 5 : 8). 베드로는 예수의 수난과 부활을 경험한 후에 그 의미를 깨달을 것이다. 6절은 제자들 중에 베드로만이 예수의 행위에 이의를 제기한다. 베드로의 몰이해가 이후에(μετὰ ταῦτα) 극복될 것을 예수께서 말씀하신다. 예수께서 부활 하신 후에 세족식을 통해 예수께서 십자가의 사랑을 교훈하셨음을 베드로가 알게 될 것이다(2 : 22 ; 12 : 16 ; 비교. 13 : 36). 7절은 예수께서 아버지께로 돌아간 후에 진리의 영인 성령이 오심으로 요한 교회 공동체가 세족식의 참된 의미를 깨닫는다(7 : 39 ; 16 : 7 ; 20 : 22).

8~9절 베드로가 단정적으로 세족식을 거부한다. 세족식은 죽음을 통한 구원의 영광을 준비하며 선취하고, 예수와 함께하는 참된 제자도에 참여하는 자기 헌신의 순종이며 시작이다. 예수의 수난에 동참할 때 그의 영광의 구원의 몫에 참여함이 약속된다. 8절에서 예수의 답변이 베드로의 또 다른 질문을

야기한다. 예수와 함께하는 참된 관계는 예수 자신으로부터 비롯된다. 예수에 의해 발이 깨끗해지는 자들이 예수와 참된 관계를 갖게 된다(12 : 26). 세족식은 섬김과 사랑의 절정인 십자가 죽음을 예고하므로 구원의 의미를 지닌다. 세족식으로 예수께서 베푸신 참된 관계 안에 참여된 자들에게 서로를 섬기는 사랑을 실천하는 가능성이 주어진다(12 : 24-26). 9절에서 베드로는 발을 씻기는 것만으로 예수와 함께하는 참된 관계 형성이 불충분하다고 생각한다.

10~11절 예수의 말씀에 베드로가 다시 정정하며 발만이 아니라 손과 머리도 씻겨 주실 것을 간청한다. 물과 성령으로 거듭나 예수를 믿고 이 땅에서 이미 선취하여 영생의 구원에 참여하게 된 자는 예수 안에 있으므로 이미 깨끗한 자이다(3 : 1-21 ; 15 : 3). 그러나 예수를 믿지 못하여 불신하고 배신하고 이득을 구하는 자는 깨끗하지 않다. 예수께서는 제자 유다의 부정을 알고 계시다(요 2 : 14-16, 19). 10절은 예수께서 베드로를 향해 독백하듯이 설명하신다. 10ab절의 세족식은 신체적 정결이 아니라 하나님께 나아가는 전인적 정결과 교회 공동체 전체의 정결(καθαρὸς ὅλος)을 지향한다. 인간의 노력으로 행하는 예식이 아니라 예수 자신의 십자가 죽으심으로 그를 믿는 자들 모두가 정결케 되어 하나님께로 나아갈 수 있고, 참 생명을 얻을 수 있게 되었다. 수동태 동사형 '씻어지다'(λούεσθαι)는 간접적으로 세례(고전 6 : 11 ; 행 22 : 16 ; 엡 5 : 26 ; 히 10 : 22 ; 딛 3 : 5 ; 벧후 2 : 22) 및 예수의 십자가 죽음과 연결될 수 있다. 10c, 11절은 유다의 배신 관한 언급으로 세족식에 대한 십자가 신학적 해석이 강조된다. 예수께서 유다의 의도를 아시고 그 의도를 허용한다(비교. 2절). 십자가 수난을 예수께서 주도하며(6 : 64 ; 18 : 1-11), 하나님이 주체이다(17 : 2). 유다는 밤에 떠나야 한다(30절).

12절 세족식이 끝난 후 옷을 다시 입고 앉은 예수께서 세족식의 의미를 설명한다. 12ab절에는 4, 5절에 이어 세족식의 종결이 묘사된다. 제자들의 이해를 묻는 예수의 질문으로(γινώσκετε τί πεποίηκα ὑμῖν, 12c절) 세족식의 교회를 위한 권고적 의미가 설명된다. 12c~15절은 세족식의 의미가 교회의 윤리와 관련된 교육적 권고를 설명한다.

13~15절 예수께서 선생과 주인으로 세족식을 통해 섬김의 모범을 보이신 대로 믿는 자들과 제자들이 행해야 한다. 죄인이 빚을 갚아야 하듯이 서로 발을 씻겨주는 사랑의 섬김이 마땅히 행해야 할 믿는 자들과 제자들의 의무이다. 13절은 “내가 그러하다”(εἰμὶ γάρ, 참조. 19절)의 말씀으로 예수께서 ‘선생’이며(1 : 38 ; 3 : 2, 10 ; 8 : 4 ; 11 : 28 ; 13 : 13, 14 ; 20 : 16) 동시에 ‘주인’임을 강조한다. 제자들의 발을 씻기는 종의 섬김을 통해 예수께서 ‘주’이며 통치자임을 드러낸다(참조. 20 : 2, 18, 25, 28). 14절에서 예수의 섬김이 제자들의 섬김의 기초이며 기준이다. 하나님께서 주시는 사랑의 은사가 제자들의 서로 사랑을 가능하게 한다. 구원의 직설이 윤리적인 명령의 기초이다. 15절은 예수의 행위 가운데 믿는 자들을 위한 예수의 모범이 제공되고 교회의 삶의 기초가 세워진다(참조, 34절; 요일 2 : 6).

16~17절 12~15절을 요약하며 교회를 위한 세족식의 의미를 강조한다. ‘주인’이며 ‘선생님’이시고 ‘보내시는 자’이신 예수와(눅 22 : 26-27 ; 막 10 : 43-45) 결코 주인을 능가하지 못하는 ‘종’이며 ‘제자들’이고 ‘보냄을 받는 자’들인 믿는 자들의 관계를 잘 알고 주인을 본받아 섬기는 종의 의무를 알고 행하는 자들에게(13 : 34 ; 15 : 12 ; 요일 2 : 6 ; 3 : 16-17) 축복이 선언된다. 16절에서 교회의 주인이신 ‘주’께서 행하신 것은 교회와 믿는 자들 전체가 구현해야 할 교회의 규범이다. 보냄을 받은 자는 그를 보내는 자보다 크지 않으며 보내는 자에게 완전히 종속된다. ‘주’의 사랑의 섬김을 ‘종’이 뒤따라 실천할 의무가 있다(비교. 15 : 13, 14). 구약성경과 유대교의 전통에 따라 제자와 스승, 종과 주인, 보냄을 받은 자와 보낸 자의 비유가 사용된다(눅 6 : 40a; 마 10 : 24, 25 ; 마 23 : 8-11). 17절은 제자들을 향한 말씀의 결론은 축복 선언으로 세족식의 첫 결실을 요약한다. 세족식에서 예수께서 제자들을 향해 앎(지식)과 행함(실천)을 선사한다(참조. 롬 7 : 14-24 ; 선한 행위의 은사, 롬 12 :

7). 앎과 행함은 하나이다. 앎이 없는 행함은 불가능하며 앎은 행함 가운데 완성된다(마 7 : 24–27 ; 24 : 46 ; 눅 11 : 28 ; 요일 2 : 29 ; 약 4 : 17).

18~19절 유다의 배신이 다시 언급된다(2, 11절; 6 : 70). 예수께서는 자신의 고난에 순종함으로 영광의 구원에 이르는 택하신 자들을 아신다. 예수를 따르며 함께 식사하며 음식을 나누다 예수를 믿지 못하고 배신하여 떠나는 자가 생기므로 성경의 예언이 성취된다(시 41 : 9). 18절에서 배신예고와 시편 41 : 9의 구약인용의 결합은 마가복음 14 : 18을 참조할 수 있다. 구약인용은 예수의 마지막 만찬을 가리킨다. '먹는 자'(ὁ τρώγων, 6 : 54, 56, 57, 58, 칠십인역 ὁ ἐσθίων)로 성만찬과 배신의 모티브가 세족식과 연결된다. 친밀한 식사교제 중에 배신이 일어나고 구약성경의 예언이 성취된다(행 1 : 16 ; 요 19 : 28). 19절은 제자들이 예수의 죽음과 부활 이후에 유다의 배신의 필연성을 알게 될 것이다. 성경의 성취에 대한 말씀을 기억하며 제자들은 십자가에 달리신 이, 부활하신 이가 세족식에서 제자들을 섬기셨던 분임을 알게 될 것이다. "내가 그이다"라는 "나는 이다"(ἐγώ εἰμι) 말씀(8 : 24 ; 18 : 5)은 구약의 하나님 명칭으로 예수께서 하나님의 계시자이시며 아버지와 아들이 하나이며 메시야임을 재확인하여 드러낸다. 메시야를 부인하려한 유다의 배신은 예수께서 메시야이심을 증언한다.

20절 세족식과 선교실행이 관련된다(참조. 요삼 8–12, 장로와 디오드레베). 배신자가 있음에도 불구하고 예수를 따라 섬김의 종의 모범을 실천하는 제자들의 권위가 인정된다. 참된 제자들을 영접하는 자는 그들과 함께하는 하나님이신 예수를 영접하는 것이다. 교회는 다스림이 아니라 섬김의 공동체이다(마 10 : 40 이하; 막 9 : 33–35, 37b; 눅 10 : 16). 예수의 섬김으로 사랑을 실천하여 서로를 선대하는 가운데 믿는 자들을 사랑으로 후대하시는 하나님의 사랑이 세상 가운데 증언된다. 세족식과 선교실행이 연결된다.

2. 애제자와 배신자(13 : 21-30)

[21]예수께서 이 말씀을 하시고 심령이 괴로워 증언하여 이르시되 내가 진
실로 진실로 너희에게 이르노니 너희 중 하나가 나를 팔리라 하시니 [22]제
자들이 서로 보며 누구에게 대하여 말씀하시는지 의심하더라 [23]예수의
제자 중 하나 곧 그가 사랑하시는 자가 예수의 품에 의지하여 누웠는지
라 [24]시몬 베드로가 머릿짓을 하여 말하되 말씀하신 자가 누구인지 말하
라 하니 [25]그가 예수의 가슴에 그대로 의지하여 말하되 주여 누구니이까
[26]예수께서 대답하시되 내가 떡 한 조각을 적셔다 주는 자가 그니라 하
시고 곧 한 조각을 적셔서 가룟 시몬의 아들 유다에게 주시니 [27]조각을
받은 후 곧 사탄이 그 속에 들어간지라 이에 예수께서 유다에게 이르시
되 네가 하는 일을 속히 하라 하시니 [28]이 말씀을 무슨 뜻으로 하셨는지
그 앉은 자 중에 아는 자가 없고 [29]어떤 이들은 유다가 돈궤를 맡았으므
로 명절에 우리가 쓸 물건을 사라 하시는지 혹은 가난한 자들에게 무엇
을 주라 하시는 줄로 생각하더라 [30]유다가 그 조각을 받고 곧 나가니 밤
이러라

[13 : 21-30] 21~30절에서 고별 만찬 식사 중에 예수의 애제자와 배신자가 대조된다(참조. 막 14 : 18-21 ; 마 26 : 21-25 ; 눅 22 : 21-23). 예수, 애제자, 배신자 유다, 베드로, 다른 제자들이 함께 등장한다. 세상의 권세 아래 하나님을 대적하는 사탄에 사로잡혀 유다가 배신을 행하는 반면 애제자는 임박한 예수의 죽음을 아는 첫 제자이다. 베드로와 다른 제자들은 알지 못한다. 본 단락은 유다의 배신 예고(21-22절), 애제자의 등장(23절), 베드로와 애제자를 통한 제자들의 질문(24-25절), 예수의 답변과 유다의 배반 시작(26-27절), 목격자들의 반응(28-29절), 상황설명(30절)으로 구성된다.

21~22절 세족식과 만찬에 참여한 열두 제자 중 유다의 배신이 예고로 증언된다(참조. 18절).[4] 제자들 중에 배신자를 묻는 혼란이 다시 일어난다(ἀπορεῖν)(6 : 60–71 ; 11 : 7–16). 세족식과 만찬에 초대받아 참여한 자는 스스로 자신의 정결함을 보존할 책임이 있다.

23절 이 구절에서 처음으로 예수의 애제자가 등장한다.[5] 아버지의 품에 예수께서 계셨듯이(1 : 18), 애제자도 저녁 고별 만찬에 예수의 품에 있다. 아버지께서 아들을 사랑하시듯 예수께서 자신을 믿는 자들을 사랑하신다(ἀγαπᾶν, 19 : 26 ; 참조. φιλεῖν 20 : 2).

24~25절 배신자가 누구인지를 묻는 제자들의 질문을 시몬 베드로가 대표하고 애제자가 중개하여 예수께 묻는다.

26~27절 예수의 답변과 행위로 시편 41 : 10이 성취된다. 남유다 '케리요트' 출신의 시몬의 아들 유다가 예수를 죽음으로 넘겨준다(6 : 71 ; 13 : 2 ; 막 3 : 19 ; 14 : 10, 43). 하나님의 뜻에 대적하는 권세로 사탄이 유다를 사로잡아(비교. 마 12 : 45 ; 막 5 : 12) 배신을 야기한다(13 : 18 ; 17 : 12 ; 참조. 12 : 31 ; 14 : 30 ; 16 : 11). 예수께서 유다가 행할 것을 속히 하도록 명한다. 예수께서 주체가 되어 수난을 통해 세상을 구원하신다(10 : 17 이하; 12 : 23, 27 이하; 18 : 5, 8 ; 19 : 30).

---

4) 요한복음에서 '증언'의 주제가 강조된다. 아버지, 구약성경, 예수의 사역, 보혜사, 세례 요한이 증언하며 이들 증언은 참되다(5 : 31–47).

5) '애제자'는 요한복음에서 제자들 앞에서 예수께서 영광을 계시하는 두 번째 단락의 시작부분에서야 비로소 등장한다(13 : 23–26 유다의 배반 ; 19 : 25–27 십자가 밑에서 예수 그리스도의 어머니와 '애제자' ; 20 : 2–10 예수 그리스도의 무덤으로 향하는 제자들 ; 21 : 1–7 실패한 고기잡이 ; 21 : 18–25 베드로와 '애제자'). 1 : 35~37 안드레 옆에 익명의 제자 ; 18 : 15 이하 대제사장의 안뜰에 익명의 증언자 ; 19 : 35 예수 죽음의 증언자가 '애제자'와 관련된다 ; 13 : 23~26에서 '애제자'가 예수 그리스도를 배반하는 사람이 누구인가를 묻는 베드로의 질문을 넘겨받아, '중개자'로 예수 그리스도에게 전달하므로 제자들과 예수 그리스도 사이를 연결하는 '중개자', '계시의 전달자' 역할을 한다. ; 21 : 7에서 '애제자'는 '계시의 전달자'로 베드로에게, 예수 그리스도가 물가에 서있음을 전한다. 이러한 역할과 관련하여 '애제자'는 '권위 있는 예언자', '예수 그리스도의 말씀의 해석자'로도 이해될 수 있다 ; 20 : 8에서 '애제자'는 베드로와 비교하여 믿음을 갖게 된 '참된' 신앙인으로 드러난다. ; 21 : 24에서 '애제자'는 예수의 지상 사역의 '참된 증언자', 요한복음 전체 말씀 전승의 수호자로 등장한다(비교. 19 : 35).

28~29절 제자들은 예수께서 유다에게 하신 말씀을 이해하지 못하고 물건 구매나 구제 나눔 명령으로 오해한다.
30절 유다가 참 빛인 예수를 떠나고 어둠 가운데 실족하여 멸망에 이른다.

3. 첫 번째 고별설교(13 : 31–14 : 31)

1) 새 계명과 베드로의 부인 예고(13 : 31–38)

31그가 나간 후에 예수께서 이르시되 지금 인자가 영광을 받았고 하나님
도 인자로 말미암아 영광을 받으셨도다 32만일 하나님이 그로 말미암아
영광을 받으셨으면 하나님도 자기로 말미암아 그에게 영광을 주시리니
곧 주시리라 33작은 자들아 내가 아직 잠시 너희와 함께 있겠노라 너희
가 나를 찾을 것이나 일찍이 내가 유대인들에게 너희는 내가 가는 곳에
올 수 없다고 말한 것과 같이 지금 너희에게도 이르노라 34새 계명을 너
희에게 주노니 서로 사랑하라 내가 너희를 사랑한 것 같이 너희도 서로
사랑하라 35너희가 서로 사랑하면 이로써 모든 사람이 너희가 내 제자인
줄 알리라 36시몬 베드로가 이르되 주여 어디로 가시나이까 예수께서 대
답하시되 내가 가는 곳에 네가 지금은 따라올 수 없으나 후에는 따라오
리라 37베드로가 이르되 주여 내가 지금은 어찌하여 따라갈 수 없나이까
주를 위하여 내 목숨을 버리겠나이다 38예수께서 대답하시되 네가 나를
위하여 네 목숨을 버리겠느냐 내가 진실로 진실로 네게 이르노니 닭 울
기 전에 네가 세 번 나를 부인하리라

[13:31-38] 고별설교의 처음 본문은 믿는 자들과 교회가 예수께서 수난을 통해 영광과 제자 사랑의 모범을 보이신 대로 사랑을 실천하며 살 수 있음을 분명하게 전한다. 고별설교 전체의 주제가 되는 '영광을 받다'(δοξάζω 수동태.

13 : 31[2회]; 14 : 13; 15 : 8; 17 : 10, 참조. 7 : 39; 11 : 4; 12 : 16, 23), '영화롭게 하다'(δοξάζω 능동태. 13 : 32[3회]; 16 : 14; 17 : 1, 15. 참조. 8 : 54[2회]; 12 : 28[3회]; 21 : 19), '떠나다'(ὑπάγω 13 : 3, 33, 36[2회]; 14 : 4, 5, 28; 16 : 5[2회], 10, 17), '가다'(ἔρχομαι 13 : 33, 14 : 3, 6, 18, 23, 28, 30; 15 : 22, 26; 16 : 2, 4, 7, 8, 13[2회], 21, 22, 25, 28, 32; 17 : 1, 11, 13), '사랑하다(ἀγαπάω 13 : 1, 2, 23, 24[3회]; 14 : 15, 21[4회], 23[2회], 24, 28, 31; 15 : 9[2회], 12[2회], 17; 17 : 23[2회], 24, 26)'라는 주요 단어들이 반복되고 강조된다. 본 단락은 크게 인자의 영광(31–33절), 새 계명(34–35절), 베드로와 예수의 대화(36–38절), 베드로의 질문(36a절), 예수의 답변(36b절), 베드로의 질문과 장담(37절), 베드로의 부인 예고(38절. 참조. 마 26 : 31–35; 막 14 : 27–31; 눅 22 : 31–34)로 구성된다.

31~32절 예수를 죽음으로 넘기는 유다가 예수를 떠나 배신하므로(눅 22 : 53) 예수 수난의 시작과 함께 수난 가운데 인자로 명명된(3 : 13; 6 : 27; 12 : 23, 34; 13 : 31) 예수의 영광이 완성되고 예수의 영광을 통해 영광을 받으신 하나님 자신이 예수께 영광을 곧 주실 것이다. 임박한 예수의 죽음을 예고한다. 자기 죄로 십자가에 달리는 자가 유대인들에게는 율법과 하나님의 저주로 죽음에 이르나(신 21 : 22–23) 죄인을 위해 예수 그리스도 안에서 계시된 하나님께서 스스로 십자가에 달리시므로 영광을 받으신다. 예수께서 이미 영광을 받았고(과거형 3회) 하나님께서 그에게 '영광'을 주실 것이다.

33절 '잠시' 동안은 가까이는 예수의 체포(18 : 8)까지 나아가 안나스의 심문(18 : 19–23), 빌라도의 소송(18 : 28–19 : 16a), 십자가 처형(19 : 16b-30)에 이르는 임박한 예수의 죽음까지 시간을 말한다. 예수의 수난을 통한 죽음과 영광, 구원과 심판을 유대인들과 제자들 모두 지금은 이해할 수 없다(7 : 33–36; 12 : 21–26). 그러나 믿는 제자들은 예수의 부활 이후 예수의 죽음을 통한 구원을 알게 될 것이다(36b절). '작은 자들'(τεκνία 13 : 33; 요일 2 : 1, 12,

28 ; 3 : 7, 18 ; 4 : 4 ; 5 : 21, 새번역 '어린 자녀들', 공동번역 '나의 사랑하는 제자들')은 제자들, 곧 믿는 자들을 부르는 독특한 요한의 칭호이다.

34~35절 예수의 모범을 따른 '서로 사랑'의 실천은 고별설교의 핵심 주제이다(14 : 15, 21, 23 ; 15 : 9-11 ; 요일 2 : 5, 7 이하; 3 : 10 이하, 16 이하, 23 ; 4 : 7 이하, 10 이하, 19-21 ; 5 : 2). 예수의 계명은 예수 그리스도로 시작된 하나님의 통치의 새 시대와 새 창조의 질서로(고후 5 : 17), 자기 사람들을 향한 예수의 사랑 가운데 하나님의 사랑이 역사 가운데 주어진 '새' 계명이므로 구약의 옛 계명(출 23 : 4 이하; 신 22 : 1-4 ; 레 19 : 17 이하)과 구별된다(참조. 막 12 : 28-34 ; 마 22 : 40 ; 갈 5 : 14 ; 롬 13 : 10). 요한은 믿는 자들이 서로 사랑하는 '새 계명'의 실천이 예수의 제자임을 증언한다고 강조한다.

36~38절 베드로는 목숨을 버리고도 예수의 길을 따르기 원하나, '지금'이 아니라 '이후'에(33절) 인류를 구원하는 사랑인 예수 죽음의 의미를 이해하고 제자의 길을 따를 것이다(참조. 21 : 18 이하). 예수의 수난과 부활 이전에 베드로는 오히려 세 번이나 예수를 부인할 것이다.

2) 내가 곧 길, 진리, 생명이다(14 : 1-24 ; 여섯 번째 "나는 ……이다" 말씀, '길, 진리, 생명', 14 : 6)

1너희는 마음에 근심하지 말라 하나님을 믿으니(또는 믿고) 또 나를 믿
으라 2내 아버지 집에 거할 곳이 많도다 그렇지 않으면 너희에게 일렀으
리라 내가 너희를 위하여 거처를 예비하러 가노니 3가서 너희를 위하여
거처를 예비하면 내가 다시 와서 너희를 내게로 영접하여 나 있는 곳에
너희도 있게 하리라 4내가 어디로 가는지 그 길을 너희가 아느니라 5도
마가 이르되 주여 주께서 어디로 가시는지 우리가 알지 못하거늘 그 길
을 어찌 알겠사옵나이까 6예수께서 이르시되 내가 곧 길이요 진리요 생
명이니 나로 말미암지 않고는 아버지께로 올 자가 없느니라 7너희가 나

를 알았더라면 내 아버지도 알았으리로다 이제부터는 너희가 그를 알았
고 또 보았느니라 8빌립이 이르되 주여 아버지를 우리에게 보여 주옵소
서 그리하면 족하겠나이다 9예수께서 이르시되 빌립아 내가 이렇게 오
래 너희와 함께 있으되 네가 나를 알지 못하느냐 나를 본 자는 아버지
를 보았거늘 어찌하여 아버지를 보이라 하느냐 10내가 아버지 안에 거하
고 아버지는 내 안에 계신 것을 네가 믿지 아니하느냐 내가 너희에게 이
르는 말은 스스로 하는 것이 아니라 아버지께서 내 안에 계셔서 그의 일
을 하시는 것이라 11내가 아버지 안에 거하고 아버지께서 내 안에 계심
을 믿으라 그렇지 못하겠거든 행하는 그 일로 말미암아 나를 믿으라 12내
가 진실로 진실로 너희에게 이르노니 나를 믿는 자는 내가 하는 일을 그
도 할 것이요 또한 그보다 큰 일도 하리니 이는 내가 아버지께로 감이
라 13너희가 내 이름으로 무엇을 구하든지 내가 행하리니 이는 아버지로
하여금 아들로 말미암아 영광을 받으시게 하려 함이라 14내 이름으로 무
엇이든지 내게 구하면 내가 행하리라 15너희가 나를 사랑하면 나의 계명
을 지키리라 16내가 아버지께 구하겠으니 그가 또 다른 보혜사를 너희
에게 주사 영원토록 너희와 함께 있게 하리니 17그는 진리의 영이라 세
상은 능히 그를 받지 못하나니 이는 그를 보지도 못하고 알지도 못함이
라 그러나 너희는 그를 아나니 그는 너희와 함께 거하심이요 또 너희 속
에 계시겠음이라 18내가 너희를 고아와 같이 버려두지 아니하고 너희에
게로 오리라 19조금 있으면 세상은 다시 나를 보지 못할 것이로되 너희
는 나를 보리니 이는 내가 살아 있고 너희도 살아 있겠음이라 20그 날에
는 내가 아버지 안에, 너희가 내 안에, 내가 너희 안에 있는 것을 너희
가 알리라 21나의 계명을 지키는 자라야 나를 사랑하는 자니 나를 사랑
하는 자는 내 아버지께 사랑을 받을 것이요 나도 그를 사랑하여 그에게
나를 나타내리라 22가룟인 아닌 유다가 이르되 주여 어찌하여 자기를 우
리에게는 나타내시고 세상에는 아니하려 하시나이까 23예수께서 대답하

여 이르시되 사람이 나를 사랑하면 내 말을 지키리니 내 아버지께서 그를 사랑하실 것이요 우리가 그에게 가서 거처를 그와 함께하리라 [24]나를 사랑하지 아니하는 자는 내 말을 지키지 아니하나니 너희가 듣는 말은 내 말이 아니요 나를 보내신 아버지의 말씀이니라

[14 : 1–24] 본 단락은 믿음의 권고(1절), 다시 오신다는 약속(2–3절), 예수는 '길', 도마의 질문(4–6절), 아버지와 아들의 관계 및 빌립의 질문(7–11절), 믿는 자들의 행함과 간구 가운데 예수께서 행하심(12–15절), '보혜사'로 다시 오시고 행하시는 예수의 약속(16–17절) 예수께서 다시 오심(18–21절), 유다의 질문(22–24절)으로 구성된다.

1절 예수 수난의 '길'의 시작은 예수의 부재를 암시한다. 제자들의 몰이해와 두려움 앞에서 예수께서 제자들의 근심을 경계하며(27, 29절) 믿음을 권면한다(10, 11[2회], 12, 29절). 고별설교는 제자들을 하나님, 곧 예수를 믿는 믿음으로 이끄는 예수의 말씀이다(13 : 19 ; 14 : 29).

2~3절 예수께서 떠나시고 다시 오시는 부활 이후 재림(살전 1 : 9 ; 4 : 13–17 ; 히 9 : 28 ; 막 13 : 24–27 참조. 이디오피아어 에녹 14 : 15 ; 39 : 4–8 ; 41 : 2 ; 48 : 1 ; 71 : 5–10, 16 ; 슬라브어 에녹서 61 : 2 ; 아브라함의 묵시 17 : 16 ; 29 : 15)이 제자들, 곧 예수를 믿는 자들에게 아버지 집에 거할 권리를(빌 3 : 20 ; 제2 마카베 12 : 7) 부여하며 그들을 그 곳에 거하게 한다. '아버지의 집'은 유대 묵시 전통에서 의인들을 위한 종말적 구원의 처소를 상기시키며 '구원'을 상징한다. 예수께서 이 장소, 곧 구원을 수난을 통해(2 : 16, 19, 21, 22) '예비'하시므로(마 25 : 34, 41 ; 고전 2 : 9 ; 히 11 : 16 ; 벧전 1 : 4 이하; 계 12 : 6 ; 21 : 2) 오직 예수만이 유일한 구원의 통로가 된다. 예수를 믿는 자들은 예수 수난의 죽음과 부활의 영광 이후에 아버지의 집에 이를 수 있다(비교. 13 : 31–33, 36–38).

4~6절 진리이며 생명이신 예수께서 아버지께로 이르는 유일한 길이다. 주와 함께 죽으러 가자고 제자들에게 권유하기도 했으나(11 : 16) 어디로 가는지 알지도 못하고 예수의 길에 '의혹'을 품었던 열두 제자 중 하나인 도마(마 10 : 3 ; 막 3 : 18 ; 눅 6 : 15 ; 행 1 : 13)의 질문을 통해 드러난 예수의 길, 수난과 죽음을 통해 믿는 자들에게 영생과 구원으로 인도하시는 길에 대한 제자들의 무지, 오해, 몰이해는 예수를 믿는 믿음을 통해 극복된다(20 : 24, 26-28 ; 21 : 2).

7~11절 예수를 아는 것, 보는 것은 아버지를 알고 보는 것이며 이는 예수를 믿고 영접함으로 가능하다(9 : 19, 25). 예수께서 죽음을 앞에 두고 예수를 이미 보았고 믿은(1 : 41-51 ; 2 : 11 ; 4 : 42, 53 ; 6 : 66-69 ; 9 : 38 ; 11 : 27) 제자들에게 고별의 말씀과 함께 다시 자신을 계시한다(13 : 19). 빌립의 질문과 예수의 답변은 하나님 아버지께서 세상 가운데 성육신 하신 예수 그리스도 안에서(10 : 30-39) 아들로(10a, 11a절) 아들의 말씀(10b절; 12 : 49)과 행함(10c, 11b절; 5 : 19-29 ; 8 : 28)으로 계시되고 아버지께서 예수의 말씀으로 행하신다(10절). 빌립은 아버지를 보려고 하는 '충족'을 요구하므로 예수의 계시에 대한 제자들의 인식과 믿음의 부족함을 대표한다(ἀρκεῖν 6 : 5, 7 ; 요삼 10 ; 참조 1 : 43-48 ; 12 : 21-22). 제자들과 오랜 시간 동행하는(9절) 예수 자신이 길이며, 길의 목표이며, 아버지의 집(2절; 2 : 16 이하)이다. 예수께서 제자들을 향해 믿음을 권면한다(10, 11절. 참조. 1, 29절).

12~15절 아버지께서 예수 그리스도의 계시 가운데 자신의 일을 행하시듯이 예수를 믿는 자, 예수께 간구하는 자도 예수의 일과 그보다 더 큰 일을 행한다(13 : 20 ; 마 10 : 40 ; 눅 10 : 16 ; 고후 5 : 19-21). '더 큰 일'은 제자들, 곧 믿는 자들에게 부과된 사역과 사명(20 : 23)의 시공간적 확장(12 : 20-23), '사랑의 계명'의 실천을 의미할 수 있다(12, 20-24절; 13 : 34-35. 참조. 고전 12 : 31 ; 13 : 13). 믿음 가운데 예수의 이름으로 구하고 행하는 자의 간구를 예수께서 응답하신다(15 : 7, 16 ; 16 : 23-24. 참조. 마 7 : 7-12 ; 21 : 21-22 ;

눅 11 : 5-13). 이는 예수 그리스도 안에서 자신을 계시하신 하나님 아버지께 영광을 돌리기 위함이다(12-14절). 예수의 이름으로 구하는 자들은 예수를 사랑하므로 사랑의 계명을 실천할 수 있다(15, 21, 23절, 요일 3 : 21-24 ; 5 : 14-16).

16~17절 요한복음에서 처음으로 '파라클레토스'(παράκλητος)가 등장한다(14 : 25-26 ; 15 : 26-27 ; 16 : 7-11, 12-15 ; 요일 2 : 1). 개역개정은 '파라클레토스'를 보혜사로, 새번역은 '보혜사'를 '변호해 주시는 분', 또는 '도와주시는 분'으로 부연 설명하며 공동번역 개정은 '협조자'로 번역한다. 아버지께로 가시는 예수의 간구로 아버지께서 보내시는 '다른(ἄλλος) 보혜사'는 간접적으로 예수께서 또 다른 모습으로 오시는 성령이다. 다른 보혜사인 성령은 믿는 자들과 영원히 함께 계셔 보호를 필요로 하는(고아, 과부, 외국인, 출 22 : 22 ; 시 146 : 9) 고아와 같이 버려두지 않고(18절) '더 큰 일'(12절)을 행하게 하시는 예수를 의미한다. 믿는 자들이 그를 알고 그가 믿는 자들과 함께 계시고(16c절 μεθ' ὑμῶν), 함께 거하시고(17c절 παρ' ὑμῖν), 믿는 자들 가운데(17d절 ἐν ὑμῖν) 계시기 때문이다. 여기서 신비적 형태의 개인적 신인합일(神人合一)을 의미하지 않는다. 보혜사는 '진리의 성령'으로 믿는 자들과 믿는 자들 가운데 교회에 함께 계셔서 믿는 자들이 믿음의 생활을 가능하게 한다.

18~21절 예수께서 부활, 승천, 재림 및 믿는 자들과 언제나 영원히 함께하심을 약속한다(18-24절). 예수의 오심을 시간의 관점에서 다중적(多重的)으로 예기(豫期)할 수 있다. 예수께서 보호를 필요로 하는 고아와 같이 믿는 자들을 버려두지 않으실 것이다(18절, 가난한 자, 고아, 과부, 외국인에 대한 언급 참조. 약 1 : 27 ; 출 22 : 22 ; 시 146 : 9 ; 사 10 : 2 등). 예수께서 조금 있으면, 곧 수난의 죽음 이후 부활하신 육신으로 제자들에게 다시 오실 것이다. 불신앙의 대표로서 '세상'은 예수를 보지 못하나 제자들은 볼 것이다. 죽음을 이기시고 사시는 생명이신(6절, 5 : 26, 6 : 53) 예수를 믿으므로 믿는 제자들이 생명을 지니고 살아 있기 때문이다(19절). 예수의 부활은 예수께서 아

버지 우편에 앉으시는 승천과 나아가 재림하시는 종말 심판의 '날'을 선취한 다(16 : 23, 26 ; 6 : 39, 40, 44, 54 ; 9 : 4 ; 11 : 24, 48 ; 마 7 : 22 ; 막 13 : 32 ; 눅 10 : 12 ; 17 : 31 ; 21 : 34 ; 롬 2 : 16 ; 살후 1 : 10 ; 딤후 1 : 12 ; 4 : 8 ; 암 5 : 18–20, 사 2 : 11–17, 이디오피아 에녹서 45 ; 3 이하; 63 : 3, 8 등). 예수의 부활을 목도하는 제자들은 예수께서 아버지와 하나임을 앎으로 제자들 가운데 예수께서 함께 계심을 알 것이다(20절). 예수께서 제자들에게 자신을 알리시고 함께 계신다는 약속은 예수의 사랑의 계명을 지키는 것과 순환적으로 관련된다. 믿는 자들에게 예수께서 먼저 주도적으로 자신을 알리시고 믿는 자들은 예수의 사랑의 계명을 지키므로(15절. 마 19 : 17 ; 23 : 3 ; 행 15 : 5 ; 약 2 : 22 등) 예수를 사랑함을 증거한다. 사랑을 실천하는 믿는 자들을 아버지와 아들이 사랑하고 그들에게 부활하신 예수께서 자신을 계시한다(21절. 16 : 27 ; 신 6 : 4–6).

22~24절 예수를 파는 자가 될 가룟인이 아닌, 야고보의 아들(또는 형제) 유다(눅 6 : 16 ; 행 1 : 13, '다대오' 막 3 : 18)가 예수께서 제자들에게만 자신을 계시하시는 지를 질문한다(행 10 : 40 이하). 부활하신 예수의 자기 계시를 보고 알고 믿는 '우리'는 직접적으로는 예수의 고별설교를 듣는 제자들이며(6 : 67 ; 13 : 1 ; 20 : 19, 24), 간접적으로 부활 이후 재림까지 계속 세상 가운데 존속하는 믿는 자들의 교회이다(22절). 예수를 믿는 믿음과 예수의 계명인 사랑의 실천이 서로 관련되듯이 현재의 믿음과 믿음으로 인한 행함은 예수 부활의 인식과 나아가 예수 종말 재림 시에 구원을 선취한다. 2절에서 예수께서 믿는 자들을 위해 '많은 거처들'(μοναὶ πολλαί)을 예비하시기 위해 떠나실 것을 언급하였다. 이 구절에서 예수께서 예수를 사랑하고 예수의 계명일 지키는 믿는 자에게 가서 거처를 함께하실 것을(μονὴν παρ' αὐτῷ ποιησόμεθα) 약속한다(23절). 예수의 말씀 가운데 아버지께서 말씀으로 행하심을 강조한다. 믿는 자들이 예수를 사랑하고 그의 말씀을 지키고 듣는 예수의 말씀은 예수의 파송 가운데 자신을 계시하시는 아버지의 말씀이다(24절).

3) 보혜사(14 : 25–31 ; 첫 번째 보혜사 말씀, 14 : 6 이하 ; 두 번째 보혜사 말씀, 14 : 26)

25내가 아직 너희와 함께 있어서 이 말을 너희에게 하였거니와 26보혜사
곧 아버지께서 내 이름으로 보내실 성령 그가 너희에게 모든 것을 가르
치고 내가 너희에게 말한 모든 것을 생각나게 하리라 27평안을 너희에게
끼치노니 곧 나의 평안을 너희에게 주노라 내가 너희에게 주는 것은 세
상이 주는 것과 같지 아니하니라 너희는 마음에 근심하지도 말고 두려
워하지도 말라 28내가 갔다가 너희에게로 온다 하는 말을 너희가 들었나
니 나를 사랑하였더라면 내가 아버지께로 감을 기뻐하였으리라 아버지
는 나보다 크심이라 29이제 일이 일어나기 전에 너희에게 말한 것은 일
이 일어날 때에 너희로 믿게 하려 함이라 30이 후에는 내가 너희와 말을
많이 하지 아니하리니 이 세상의 임금이 오겠음이라 그러나 그는 내게
관계할 것이 없으니 31오직 내가 아버지를 사랑하는 것과 아버지께서 명
하신 대로 행하는 것을 세상이 알게 하려 함이로라 일어나라 여기를 떠
나자 하시니라

[14 : 25–31] 본 단락은 예수께서 보혜사를 보내신다는 약속(25–26절, 참조 16절)과 평화의 위로와 예수의 부재에도 불구하고 제자들이 믿어야 할 것에 대한 권고(27–29절), 세상 임금이 올 것, 세상을 향한 예수의 계시, 여기를 떠나자는 언급으로 결론을 맺는다(30–31절, 참조 18 : 1).

25~26절 "이 말을 너희에게 하였다."라는 말씀으로 예수께서 제자들을 떠나시는 고별설교 안에서 새로운 단락을 도입한다(15 : 11 ; 16 : 4, 33). 18~24절에서 예수께서 다시 오실 것을 언급하였고 이제 아버지께서 보혜사를 보내시고 보혜사를 통해 일하실 것을 설명한다. 성령이 보혜사이다(참조. '성령'

1 : 33 ; 6 : 69 ; 17 : 11 ; 20 : 22). 예수의 간구로(16절) 아버지께서 보내시는 (17절) 성령은 제자들에게 모든 것을 '교육'하고 제자들이 예수께서 하신 모든 말씀을 '기억'나게 하신다. 성령의 가르침은 예수의 가르침, 하나님의 가르침이다(개역개정 '교훈' 7 : 16-17). 가르침은 말씀과 동일시될 수 있다(18 : 19-20). 아버지께서 가르치시고 말씀을 선포하셨듯이 예수께서도 가르치시고 말씀을 선포한다. 예수께서 행하셨듯이 성령도 예수의 교육과 말씀 선포 사역을 이어간다(회당교육 6 : 59 ; 18 : 20 ; 성전교육 7 : 14, 28 ; 8 : 20 ; 헬라인 교육 7 : 35). 예수께서 약속하신 보혜사가 제자들의 무지, 몰이해를 극복하게 하신다. 보혜사는 진리의 영(15 : 26 ; 16 : 13)이므로 진리(14 : 6 ; 18 : 38-39 ; 참조. 1 : 17 ; 4 : 23 ; 5 : 33 ; 8 : 32 ; 17 : 17)이신 예수의 말씀을 '기억'하게 하여 제자들이 예수를 믿고 인식하도록 이끈다(2 : 17, 22 ; 12 : 16. 참조. 20 : 19-23 ; 고전 15 : 6 ; 행 2 : 1-13).

27~29절 제자들은 마음이 요동하여 근심하지도(1절) 두려워하지도 말아야 한다. '두려워하다', '소심하다', '용기를 잃다'는 의미의 '데이리에인'(δειλιέῖν)은 신약성경에서 이 구절에만 등장하여 예수의 부재를 앞둔 제자들의 절망 상황을 강조한다. 예수께서 세상이 사람들에게 주는 것과 구별되는 예수의 평안을 그들에게 부여하시기 때문이다(16 : 33 ; 20 : 19, 21, 26)(27절). 예수의 죽음으로 아버지의 구원 사역을 완성하고 죽음을 이기고 부활하셔서 세상에 다시 오시므로 제자들은 오히려 예수의 고별을 기뻐해야 한다(16 : 20, 22 ; 20 : 20). 수난의 죽음과 생명의 부활, 가고 옴, 슬픔과 기쁨이 대조된다(참조. 11 : 15, 33)(28a절). 아버지께서 아들 예수 가운데 자신을 계시하시고 예수의 수난의 길의 목표가 아들 가운데 일하시는 아버지의 계시의 길이므로 아버지께서 예수보다 크시다. 고대 교회에서 형이상학적 관심에서 전개된 아리아누스 논쟁의 종속기독론은 배제된다(참조. 10 : 29의 번역본들)(28b절). 예수의 고별설교는 예수의 죽음과 부활을 앞둔 제자들이 예수의 부재 시에도 예수를 믿도록 격려하기 위함이다(29절).

30~31절 고별설교에서 전형적인 "이후에 내가 말을 많이 하지 않는다"는 말씀으로 임박한 예수의 수난을 알린다(16 : 12 ; 요삼 13)(30a절). 세상의 주권자(ὁ τοῦ κόσμου ἄρχων 12 : 31 ; 16 : 11 ; 고전 2 : 6, 8 ; 고후 4 ; 4 ; 엡 2 : 2 ; 6 : 12) 사탄의 권세가 유다를 통해(13 : 2, 27 ; 18 : 2, 5) 예수를 죽음으로 몰고 갈 것이나 예수는 죽음을 이기고 부활한다(30b절). 예수의 죽음은 예수께서 십자가를 지심으로 인간을 구원하시고자 하는 아버지의 뜻을 이루는 사랑과 순종의 행위이며 그를 세상 가운데 계시한다. 그러므로 예수께서 제자들을 향해 "일어나라 여기를 떠나자."고 명령한다. 그가 부활의 육체로 성령으로 다시 오실 것이기 때문이다(31절).

4. 고별설교(포도나무 비유와 사랑의 계명, 15 : 1–16 : 4a ; 일곱 번째 "나는 ……이다" 말씀, '참 포도나무', 15 : 1, 5 ; 세 번째 보혜사 말씀, 15 : 26 이하)

1나는 참포도나무요 내 아버지는 농부라 2무릇 내게 붙어 있어 열매를
맺지 아니하는 가지는 아버지께서 그것을 제거해 버리시고 무릇 열매
를 맺는 가지는 더 열매를 맺게 하려 하여 그것을 깨끗하게 하시느니라
3너희는 내가 일러 준 말로 이미 깨끗하여졌으니 4내 안에 거하라 나도
너희 안에 거하리라 가지가 포도나무에 붙어 있지 아니하면 스스로 열
매를 맺을 수 없음 같이 너희도 내 안에 있지 아니하면 그러하리라 5나
는 포도나무요 너희는 가지라 그가 내 안에, 내가 그 안에 거하면 사람
이 열매를 많이 맺나니 나를 떠나서는 너희가 아무 것도 할 수 없음이
라 6사람이 내 안에 거하지 아니하면 가지처럼 밖에 버려져 마르나니 사
람들이 그것을 모아다가 불에 던져 사르느니라 7너희가 내 안에 거하고
내 말이 너희 안에 거하면 무엇이든지 원하는 대로 구하라 그리하면 이
루리라 8너희가 열매를 많이 맺으면 내 아버지께서 영광을 받으실 것이

요 너희는 내 제자가 되리라 9아버지께서 나를 사랑하신 것 같이 나도
너희를 사랑하였으니 나의 사랑 안에 거하라 10내가 아버지의 계명을 지
켜 그의 사랑 안에 거하는 것 같이 너희도 내 계명을 지키면 내 사랑 안
에 거하리라 11내가 이것을 너희에게 이름은 내 기쁨이 너희 안에 있어
너희 기쁨을 충만하게 하려 함이라 12내 계명은 곧 내가 너희를 사랑한
것 같이 너희도 서로 사랑하라 하는 이것이니라 13사람이 친구를 위하여
자기 목숨을 버리면 이보다 더 큰 사랑이 없나니 14너희는 내가 명하는
대로 행하면 곧 나의 친구라 15이제부터는 너희를 종이라 하지 아니하리
니 종은 주인이 하는 것을 알지 못함이라 너희를 친구라 하였노니 내가
내 아버지께 들은 것을 다 너희에게 알게 하였음이라 16너희가 나를 택
한 것이 아니요 내가 너희를 택하여 세웠나니 이는 너희로 가서 열매를
맺게 하고 또 너희 열매가 항상 있게 하여 내 이름으로 아버지께 무엇
을 구하든지 다 받게 하려 함이라 17내가 이것을 너희에게 명함은 너희
로 서로 사랑하게 하려 함이라 18세상이 너희를 미워하면 너희보다 먼저
나를 미워한 줄을 알라 19너희가 세상에 속하였으면 세상이 자기의 것을
사랑할 것이나 너희는 세상에 속한 자가 아니요 도리어 내가 너희를 세
상에서 택하였기 때문에 세상이 너희를 미워하느니라 20내가 너희에게
종이 주인보다 더 크지 못하다 한 말을 기억하라 사람들이 나를 박해하
였은즉 너희도 박해할 것이요 내 말을 지켰은즉 너희 말도 지킬 것이라
21그러나 사람들이 내 이름으로 말미암아 이 모든 일을 너희에게 하리
니 이는 나를 보내신 이를 알지 못함이라 22내가 와서 그들에게 말하지
아니하였더라면 죄가 없었으려니와 지금은 그 죄를 핑계할 수 없느니
라 23나를 미워하는 자는 또 내 아버지를 미워하느니라 24내가 아무도 못
한 일을 그들 중에서 하지 아니하였더라면 그들에게 죄가 없었으려니와
지금은 그들이 나와 내 아버지를 보았고 또 미워하였도다 25그러나 이
는 그들의 율법에 기록된 바 그들이 이유 없이 나를 미워하였다 한 말을

응하게 하려 함이라(시 35 : 19 ; 69 : 4) [26]내가 아버지께로부터 너희에게 보낼 보혜사 곧 아버지께로부터 나오시는 진리의 성령이 오실 때에 그가 나를 증언하실 것이요 [27]너희도 처음부터 나와 함께 있었으므로 증언하느니라 [16:1]내가 이것을 너희에게 이름은 너희로 실족하지 않게 하려 함이니 [2]사람들이 너희를 출교할 뿐 아니라 때가 이르면 무릇 너희를 죽이는 자가 생각하기를 이것이 하나님을 섬기는 일이라 하리라 [3]그들이 이런 일을 할 것은 아버지와 나를 알지 못함이라 [4a]오직 너희에게 이 말을 한 것은 너희로 그때를 당하면 내가 너희에게 말한 이것을 기억나게 하려 함이요

[15 : 1–16 : 4a] 15 : 1~27은 13 : 1~30의 세족식을 갖는 고별만찬으로 시작하여 계시설교의 형태를 갖는 13~17장까지 이어지는 예수의 고별설교의 중심에 위치한다. 13 : 31~14 : 31의 첫 번째 고별설교에서 예수께서 제자들을 떠나 아버지께로 돌아가실 것을 예고하면서(13 : 33 ; 비교. 36–38 ; 14 : 2) 예수의 부재 시에 예수께서 보혜사 성령을 보내실 것을 약속하신다. 보혜사 성령께서 제자들을 가르치시고 생각나게 하실 것이다(14 : 26). 제자들은 두려워하지 말고 예수께서 성령으로 함께하실 것을 믿어야 한다(14 : 1, 27, 29, 수미상관). 15 : 1~16 : 33은 두 번째 고별설교이다. 이 설교는 그 자체로 통일된 하나의 단위가 아니라 여러 개의 설교 부분들로 구성되고 있다. 두 번째 고별설교의 첫 번째 설교는 15 : 1~16 : 4a로 15 : 1~17의 포도나무 비유설교와 15 : 18~16 : 4a의 세상의 핍박 가운데서 예수의 말씀을 기억할 것에 대한 설교이다. 15 : 1~17과 15 : 18~16 : 4a는 마치 경첩과 같이 연결된다(Diptychon). 이 단락은 15 : 12~17의 사랑의 계명을 중심으로 15 : 1~11에서는 머무름과 기쁨의 주제를, 15 : 18~16 : 4a에서는 미움과 출교의 주제를 다루며 서로 쌍을 이룬다. 일곱 번째 "나는 ……이다" 말씀으로 예수께서 나는 '참 포도나무'임을 계시하시며(15 : 1, 5) 세 번째 보혜사 말씀(15 : 26 이

하)이 언급된다. 유월절 전날 저녁 마지막 만찬에서 행해지는 고별설교는 예수께서 제자들을 떠나 고난으로 영광을 얻으시는 수난의 시점의 미래(16 : 32 ; 18장), 예수의 부활 이후 보혜사 성령으로 함께하시는 교회의 미래(보혜사 말씀들), 나아가 예수께서 다시 오실 재림의 미래(14 : 3)를 함께 조망한다. 보혜사 성령의 도우심으로 제자들은 현재 말씀하시는 예수의 약속을 예수께서 부재하는 미래에 알게 될 것이다. 부활 이후에 제자들은 세상의 증오와 핍박을 경험할 것이다(15 : 18-20 ; 16 : 2-3). 예수께서 다시 이 땅에 오시는 재림의 미래에는 현재의 근심이 기쁨으로 변할 것이다(16 : 22, 24). 제자들은 예수의 이름으로 현재와 다른 새로운 관계를 아버지와 맺을 것이다(14 : 14 ; 16 : 23, 24).

15 : 1~17의 포도나무 비유 설교는 예수께서 누구이며 교회가 예수와 어떤 관계에 있는지를 묻는 질문에 대한 명확하고 논쟁적으로 구체화된 답변이다. 고별설교의 서두인 13장에서 예수께서 교회네 제자들 상호관계의 모범이 서로 발을 씻겨주는 사랑임을 몸소 가르치시고 명령한다(13 : 12-17, 34-35 ; ἀγαπᾶν ἀλλήλους ἀλλήλων νίπτειν). 15 : 1~27의 중심인 12~17절에서 서로 사랑이 예수의 계명임을 밝히시고(12절), 서로 사랑을 명한다(17절). 제자들은 상호관계에 있어서 예수께서 누구인지 서로 질문하고 말하며 이해하지 못하고(4 : 33 ; 16 : 17, 19) 또 서로를 의심하지 말아야 한다(13 : 22). 하나님께 영광을 돌려야 할 명절에도 서로 영광을 취하며(5 : 44) 예수의 정체에 대해 분쟁하여(6 : 43, 52) 말하는(11 : 56) 유대인들같이 행하지 말아야 한다. 예수의 부재 시에 밖으로부터 오는 세상의 핍박과 유대인들의 위협에 맞서서 제자들이 서로 사랑으로 책임을 지며 공동체가 믿음위에 굳건하게 서야 한다(요일 2 : 7 이하, 10 ; 3 : 11, 13-18, 23 ; 4 : 7-5 : 4 ; 요삼 5). 외부를 향한 사랑과 세상을 향한 책임이 부정되지 않는다. 초기 기독교 교회는 예수의 사랑을 따르는 사랑의 공동체였다(마 5 : 44-45 ; 눅 10 : 30-37). 밖으로는 핍박과 위협으로 안으로는 이단과 분열의 위험에 직면한 교회에서 사

랑의 계명은 교회 안의 공동체 생활을 위한 최고의 규범이며 규칙이었다(살전 4 : 9 이하; 5 : 14 ; 롬 12 : 14, 18-21 ; 골 4 : 5). 포도나무 주제가 신학적으로 사용되는 배경으로 구약성경 이사야 5 : 1~7과 27 : 2~5의 '포도원의 노래'를 언급할 수 있다. 15 : 1-27은 크게 두 부분으로 교회 내부로 시선을 돌리는 1~17절(포도나무 비유 1-8절, 사랑의 계명 9-17절)과 교회 외부 세상을 향하는 18~27절(세상의 증오와 박해 18-25절, 보혜사와 제자들의 증언 26-27절)로 구성된다.

1절 도입 구문이 없이 곧 바로 예수께서 자신을 비유 말씀으로 계시한다. 그는 '참 포도나무'이다. 참과 거짓의 논쟁적 상황을 추측할 수 있다('참' 1 : 9 ; 4 : 23, 37 ; 6 : 32 ; 7 : 28 ; 8 : 16 ; 17 : 3 ; 19 : 35). 일곱 번째 "나는 ……이다" 말씀에서 '참 포도나무' 비유는 예수의 첫 번째 말씀인 "나는 ……이다" 말씀인 "나는 참 떡이다" 말씀을 연상케 한다(6 : 32). 하나님의 백성을 상징하는 포도나무와 나무를 심으시는 농부인 하나님 비유는 구약성경과 유대교에서 종종 발견된다(렘 2 : 21. 참조. 사 5 : 1-7 ; 27 : 2-6 ; 60 : 21 ; 렘 5 : 10 ; 6 : 9 ; 시 44 : 2 등).

2절 하나님 아버지께서 거처를 삼으신 주의 몸인 포도나무에 붙어 있지 못해(출 15 : 17) 열매가 없는 나무를 농부인 아버지께서 잘라 내고 열매 맺는 나무는 더 많은 열매를 맺도록 깨끗하게 하신다.

3절 포도나무의 가지는 예수를 믿는 자들과 관련된다. 예수를 믿는 자들은 이미 깨끗하여 많은 열매를 맺을 수 있다.

4~5절 예수와 믿는 자들의 관계가 "내 안에 거하라"는 명령형으로 다시 강조된다(14 : 10, 17 ; 참조. 6 : 56 ; 8 : 31). 그 근거는 믿는 자들이 한편으로는 예수와 동행함으로 풍성한 열매를 맺도록 하기 위함이며 다른 한편으로는 예수를 떠날 때 믿는 자들은 '아무 것도' 할 수 없기 때문이다. 예수께서 구원과 심판의 주체이시다. 포도나무와 가지 비유에서 포도나무인 예수의 사랑

과 가지인 믿는 자들의 믿음에 근거한 신뢰의 상호관계가 “거하라, 머무르라”(μένειν)는 동사로 강조된다(15 : 4[3회], 5 ,6, 7[2회], 9, 10[2회], 16). 예수께서 믿는 자들인 ‘너희’ 안에 머무르시기를 원하고 머무르실 것이므로, 머무를 수 있도록, 머무르는 방식으로, 머무르시기 때문에 ‘너희’는 내 안에 머물러야 한다. 일곱 번째 “나는 ……이다” 말씀으로 예수께서 ‘참 포도나무’임을 계시한다. 포도나무는 가지를 포함한다(비교. 그리스도의 몸과 지체의 비유, 고전 12 : 27).

6절 가지는 나무에 붙어 있을 때만 생명력이 있다. 포도나무이신 그리스도께 붙어 있지 않을 때 밖에 버려진 마른 나뭇가지가 되어 불에 던져져 불에 타 없어지는 멸망에 이른다(마 5 : 13 ; 13 : 30, 40 ; 21 : 39 등). ‘불’은 종말 시 심판의 모티브로 신약성경에서 자주 등장한다(고전 3 : 13, 15 ; 벧전 1 : 7 ; 벧후 3 : 7 ; 유 1 : 7, 23 ; 약 3 : 6 ; 5 : 3 ; 계 8 : 5, 7, 8 ; 9 : 17 등).

7절 예수께 거함은 말씀으로 성육신하신 예수의 말씀 안에 거함이다. 믿는 자가 말씀 안에 거하며 말씀에 순종하며 간구할 때 구하는 바가 이루어질 것이다(14 : 10-13).

8절 예수를 믿는 제자들이 많은 열매를 맺으므로 하나님께서 영광을 받으시고 예수님의 제자가 된다.

9절 1~8절에서 언급한 예수께 붙어 있는 것은 예수의 사랑 가운데 있어 사랑의 계명을 순종하는 것이다(9-12절). 아버지께서 아들을 사랑하시고, 예수께서 믿는 자들을 사랑하신 사랑에 근거하여 제자들을 향해 예수의 사랑 안에 거할 것을 예수께서 권면하신다. 아버지와, 아들 예수와, 제자인 믿는 자들은 서로 사랑의 관계 가운데 있다. ‘예수 안에 머무는 것’은 ‘예수의 사랑 안에 머무는 것’이다.

10절 아버지께서 아들을 사랑하신 사랑은 아들 예수께서 사랑의 계명을 지키므로 아버지의 사랑 가운데 거하는 것을 실현하였다. 마찬가지로 예수를 믿는 제자들도 모범을 보이신 예수의 사랑의 계명을 지키므로 예수의 사랑 가운데 거하는 것을 구체적으로 실천하여야 한다.

11절 믿는 자들이 예수의 사랑의 계명을 지키므로 충만하게 되는 예수의 기쁨이 다시 언급된다(비교. 15 : 11). 사랑의 계명을 예수께서 제자들에게 권면하는 것은 제자들의 기쁨이 충만하게 될 것을 목표로 한다(20 : 20).

12절 아버지의 말씀을 듣고 사랑 가운데 거하며 수난의 죽음에 이르기까지 믿는 자를 구원하는 아버지의 사랑을 실천하는 아버지의 계명은(10 : 18 ; 14 : 31 ; 비교. 모세의 계명 8 : 5) 예수의 계명이며 이는 곧 믿는 자들이 '서로 사랑'(13 : 34–35)하여 예수의 제자임을 드러내는(13 : 35) 예수의 계명(14 : 15, 21 ; 15 : 10, 12)이며 '새 계명'(13 : 34)이다.

13~14절 구약성경과 고대 사회에서 사회적 관계로 높게 평가된 친구관계, 우정이 비유로 등장한다(벤 시락서 6 : 5–17 ; 지혜서 7 : 27). 친구들을 위해 자신의 목숨을 내어 놓는 헌신이(10 : 15, 17, 18 ; 13 : 37–38) 최고의 사랑이다. 예수를 믿는 자들이 예수께 붙어 있는 예수의 사람들로 예수의 친구(φίλος)로 명명된다(참조. 선한 목자와 양의 비유 10 : 11). 그들은 예수의 말씀을 듣고 예수의 사랑의 계명을 실천하는 자들이다(12, 17절).

15절 믿는 자들은 예수의 주권적 통치 아래 예수의 사랑의 계명을 행하므로 예수의 친구로 사회적 신분을 초월하여 종의 신분을 벗어나 예수의 말씀, 곧 하나님의 말씀을 알게 된다.

16절 믿는 자들은 자기 의지에서가 아니라 하나님의 뜻 가운데 수동적으로 택함을 받는다. 믿는 자들을 친구로 택하신 하나님의 선택은 열매를 맺는 것, 열매가 항상 있는 것, 예수의 이름으로 기도하고 응답받게 하는 것을 목표로 한다.

17절 믿는 자들의 열매는 서로 사랑이다. 9~17절까지 단락은 서로 사랑의 계명으로 통일성을 이루며 종결된다.

18절 18~27절은 믿는 자들 및 교회와 불신앙의 대표로 상징된 세상과의 관계를 설명한다. 복음 전파의 처음부터 예수를 믿는 자들과 교회는 불신앙의 현실에 직면한다('유대인들의 핍박' 살전 2 : 14-16 등). 예수께서 고난과 핍박을 받았듯이 믿는 자들과 교회도 동일한 고난과 핍박을 경험한다. 세상이 불신앙의 대표로 교회를 미워하고 증오하는 대적자로 등장한다.[6)]

19절 세상이 믿는 자들을 미워함은 믿는 자들이 세상 가운데 사나 세상이 아니라 세상이 믿지 않고 미워한 예수께 속하였기 때문이다. 예수를 믿는 자들은 포도나무인 예수의 택하심을 받아(16절) 예수께 붙어 있는 가지들이기 때문이다. 어디에서부터 오는가, 그 기원에 따라 인간은 그가 되돌아가는 목표지가 설정되며 그 삶이 규명된다(3 : 6 ; 8 : 23, 47).

---

6) '세상'에 대한 이해 요한복음서에 78회, 세 요한서신에 24회 그리고 계시록에 3회, 요한문서에 총 105회 등장하는 '세상'(ὁ κόσμος)은 다양한 의미층을 형성하므로, 단편적으로 해석될 수 없다. i) 긍정적인 측면에서 세상은 일차적으로 하나님의 창조의 현실로(비교. τὰ πάντα 요 1 : 3), 예수 그리스도의 계시를 통한 구원의 대상이 된다. 예수 그리스도는 세상을 구원하기 위해 오신(요 6 : 33 ; 12 : 47), 세상의 구주로(요 4 : 42 ; 요일 4 : 14), 하나님이 세상으로 보내신(요 3 : 16 ; 비교. 10 : 36 ; 요일 4 : 9, 14), 세상에 오신 예언자(요 6 : 14), 즉 하나님의 아들(요 10 : 36 ; 11 : 27 ; 비교. 18 : 37)이며, 세상의 빛(요 9 : 5)이시고, 세상에 생명을 준다(요 6 : 33 ; 비교. 요 6 : 51). 예수 그리스도 자신이 자기 제자들을 세상으로 보내시고(요 17 : 18 ; 비교. 요 17 : 15), 세상에 예수 파송을 아는 것(요 17 : 23 ; 비교 요 14 : 31)과 믿음의 능력(요 17 : 21)이 약속된다. ii) 중립적인 측면에서 세상은 예수 그리스도께서 활동하시는 장소이다(요 1 : 10 ; 9 : 5a ; 11 : 9 ; 14 : 19 ; 16 : 28 ; 17 : 5, 24 ; 21 : 25 ; 비교. 요일 4 : 1). 믿는 자들을 포함한 인간과 모든 생물이 거하며 생활하는 곳이다. iii) 부정적인 측면에서 세상은 예수 그리스도의 구원의 계시가 거절되는 불신앙의 주체(요 1 : 10), 하나님께 대적하여(요 8 : 23 ; 12 : 25 ; 14 : 17, 22, 27, 30 ; 15 : 19 ; 16 : 8, 20, 33 ; 17 : 6, 11, 13 이하, 16, 25 ; 18 : 36) 하나님의 창조가 왜곡된 현실로, 묵시문학적 표현이 적용되는 '이 세상'으로(ὁ κόσμος οὗτος, 요 8 : 23 ; 12 : 25, 31 ; 13 : 1 ; 16 : 11 ; 18 : 36 ; 요일 4 : 17) 심판의 대상(요 9 : 39 ; 12 : 31 ; 16 : 11)이 된다. 세상과 관련된 긍정적인 말씀들이 대개 '표적의 책'으로 불리는 요한복음의 전반부 1~12장에 등장하고, 부정적인 말씀들이 요한복음의 후반부와 요한일서에 등장한다. 요한복음의 전반부에서는 불신앙의 대표로서 '유대인들'이 요한복음의 후반부와 요한일서에 부정적으로 이해된 '세상'과 유사하게 등장한다. 전자의 경우 예수의 지상 사역에, 후자의 경우 예수 부활 이후 교회가 처하는 현실에 더 초점을 둔 것으로 파악된다. 물론 '유대인들'에 대한 이해도 '세상'에 대한 이해와 마찬가지로 단편적으로 치우친 판단을 허용하지 않는다. 참고, R. E. Brown, *The Gospel according to John I*, New York, 1966, 508-510. N. H. Cassem, "A grammatical and contextual inventory of the use of in the Johannine corpus with some implicatons for a Johannine cosmic Theology", *NTS 19* (1972/73), 81-91. F. Hahn, *Theologie des Neuen Testaments I* (Tübingen, 2002), 677-678. U. Schnelle, *Das Evangelium nach Johannes*, Exkurs I : ko,smoj bei Johannes, Leipzig, 1998, 76-77.) 김문경, 『말씀의 성육신 요한신학』, 2004. 138-140.

20절 세상은 예수뿐만 아니라 예수를 믿는 자들도 미워하였을 뿐만 아니라 (19절) 박해한다(마 5 : 10–12, 44, 고전 15 : 9 ; 갈 1 : 13, 23, 빌 3 : 6 등). 믿는 자들은 예수와 믿는 자들의 관계를 유비하는 종과 주인의 관계에 대한 예수의 말씀을 기억해야 한다(13 : 16 ; 15 : 15). 예수의 말씀을 세상이 지키지 않았으므로 믿는 제자들이 전하는 말도 지키지 않을 것이다.

21절 불신앙의 세상이 예수께 행하였듯이 믿는 자들을 미워하고 박해하고 그들의 말을 거부하는 것은 그들이 예수를 세상에 보내심으로 예수 그리스도 안에서 자신을 계시하신 하나님을 알지 못하기 때문이다(참조. 8 : 19 ; 10 : 30 ; 12 : 44 이하; 14 : 9). 하나님을 아는 자들은 예수를 알고 예수를 아는 자들은 믿는 자들을 앎으로 믿는 자들을 박해하지 않는다. '예수의 이름'으로 인하여 실제로 하나님을 모르는 자들이 믿는 자들을 박해한다(마 10 : 22 ; 24 : 9 ; 막 13 : 13 ; 눅 21 : 12, 17). '예수의 이름'으로 믿는 자들의 간구가 응답되며(14 : 13 ; 15 : 16 ; 16 : 23, 24, 26), 믿는 자들은 '예수의 이름'으로 인하여 박해를 받는다.

22~25절 예수의 말씀과(22a절) 행함(24a절)을 통하여 예수를 보내신 아버지가 계시되어 세상이 예수와 예수 안에 계시된 아버지를 보았음에도(24c절) 불신앙의 세상이 예수와 믿는 자들을 미워하고 그로써 아버지를 미워하였으므로(23, 24d절) 불신앙의 세상은 죄를 변명할 수 없다(22b, 24b절). 결국 유대인들의 율법, 곧 구약성경에 기록된 말씀이 성취되었다(시 35 : 19 ; 69 : 4). 예수와 믿는 자들을 미워하므로 불신앙의 세상은 하나님을 미워하는 죄에 대해 하나님의 종말적 심판 앞에서 변명할 여지가 없다(9 : 41 ; 16 : 8, 9 비교. 18 : 38 ; 19 : 4, 6).

26~27절 아버지, 아들 예수, 예수를 믿는 제자들을 미워하는 불신앙의 세상을 향해 예수께서 아버지께 간구하여(비교. 14 : 16, 26) 아버지로부터 믿는 자들을 위해 보내시고 아버지께로부터 나오는 진리의 성령이 믿는 자들이 박해를 받을 때 예수를 증언할 것이다. 믿는 제자들도 지금 예수를 증언하고

있다. 그들이 예수 사역의 처음부터(1 : 35 이하; 6 : 64 ; 8 : 25 ; 12 : 16 ; 16 : 4 ; 요일 2 : 7, 24 ; 3 : 11 ; 요이 5 ; 비교. 1 : 1 ; 8 : 44) 예수와 함께 있기 때문이다. 성령의 도우심으로 믿는 자들은 핍박 가운데서도 종말 심판까지 예수를 증언한다(마 10 : 19–20 ; 막 13 : 11 ; 눅 12 : 11–12 ; 눅 21 : 15 ; 행 4 : 8–10 ; 6 : 10 ; 빌 1 : 19–21 등).

16 : 1~4a절 18~25절에서 믿는 제자들을 향한 세상의 박해에 대한 예고를 예수께서 1~4a절에서 구체적으로 설명한다. 유대인들 중에서 예수를 믿는 자들은 유대 회당에서 출교를 당하며 유대사회에서 분리되는 배척을 받을 것이다(2a절. 9 : 22 ; 12 : 42 ; 눅 6 : 22 ; 살전 2 : 14–16 ; 갈 1 : 13 ; 빌 3 : 6). 믿는 자들과 교회는 교회의 초기부터 언제나 죽음에까지 이르는(마 10 : 21, 28 ; 24 : 9 ; 막 13 : 12–13 ; 눅 21 : 16–19) 박해와 위협 가운데 직면해 있다(마 5 : 10–12 ; 10 : 21–23 ; 막 13 : 12–13 ; 눅 6 : 22 ; 12 : 4 ; 21 : 12)(2a절). 그들은 아버지도 아들 예수도 알지 못하므로(3절) 하나님을 섬긴다는(2b절) 자의적 당위를 내세워 믿는 자들을 쫓아내고 죽인다. 예수께서 박해를 앞서 예고하시므로(14 : 29) 말씀을 듣고 순종하며 믿는 자들은 실족하지 않는다(1절). 불신앙의 세상이 행하는 박해가 믿는 자들, 교회의 분열과 멸망의 원인이 되지 못한다(참조. 6 : 66 ; 15 : 5). 박해의 시기에 믿는 제자들은 예수의 말씀을 기억해야 한다(4절. 참조 15 : 20). 구약성경에서 종말의 '때'에 의인이 받는 고난과 박해가 신약성경에서 예수 그리스도와 믿는 자들의 교회가 겪는 경험의 현실로 다가올 것이다(막 2 : 20 ; 눅 17 : 22 ; 21 : 6 ; 23 : 29 ; 사 39 : 6 ; 렘 7 : 32 등)

5. 고별설교(제자들을 향한 위로, 16 : 4b–33 ; 네 번째 보혜사 말씀, 16 : 7–11 ; 다섯 번째 보혜사 말씀, 16 : 13–15)

4b처음부터 이 말을 하지 아니한 것은 내가 너희와 함께 있었음이라 5지

금 내가 나를 보내신 이에게로 가는데 너희 중에서 나더러 어디로 가는
지 묻는 자가 없고 6도리어 내가 이 말을 하므로 너희 마음에 근심이 가
득하였도다 7그러나 내가 너희에게 실상을 말하노니 내가 떠나가는 것
이 너희에게 유익이라 내가 떠나가지 아니하면 보혜사가 너희에게로 오
시지 아니할 것이요 가면 내가 그를 너희에게로 보내리니 8그가 와서 죄
에 대하여, 의에 대하여, 심판에 대하여 세상을 책망하시리라 9죄에 대
하여라 함은 그들이 나를 믿지 아니함이요 10의에 대하여라 함은 내가
아버지께로 가니 너희가 다시 나를 보지 못함이요 11심판에 대하여라 함
은 이 세상 임금이 심판을 받았음이라 12내가 아직도 너희에게 이를 것
이 많으나 지금은 너희가 감당하지 못하리라 13그러나 진리의 성령이 오
시면 그가 너희를 모든 진리 가운데로 인도하시리니 그가 스스로 말하
지 않고 오직 들은 것을 말하며 장래 일을 너희에게 알리시리라 14그가
내 영광을 나타내리니 내 것을 가지고 너희에게 알리시겠음이라 15무릇
아버지께 있는 것은 다 내 것이라 그러므로 내가 말하기를 그가 내 것을
가지고 너희에게 알리시리라 하였노라 16조금 있으면 너희가 나를 보지
못하겠고 또 조금 있으면 나를 보리라 하시니 17제자 중에서 서로 말하
되 우리에게 말씀하신 바 조금 있으면 나를 보지 못하겠고 또 조금 있으
면 나를 보리라 하시며 또 내가 아버지께로 감이라 하신 것이 무슨 말씀
이냐 하고 18또 말하되 조금 있으면이라 하신 말씀이 무슨 말씀이냐 무
엇을 말씀하시는지 알지 못하노라 하거늘 19예수께서 그 묻고자 함을 아
시고 이르시되 내 말이 조금 있으면 나를 보지 못하겠고 또 조금 있으면
나를 보리라 하므로 서로 문의하느냐 20내가 진실로 진실로 너희에게 이
르노니 너희는 곡하고 애통하겠으나 세상은 기뻐하리라 너희는 근심하
겠으나 너희 근심이 도리어 기쁨이 되리라 21여자가 해산하게 되면 그때
가 이르렀으므로 근심하나 아기를 낳으면 세상에 사람 난 기쁨으로 말
미암아 그 고통을 다시 기억하지 아니하느니라 22지금은 너희가 근심하

나 내가 다시 너희를 보리니 너희 마음이 기쁠 것이요 너희 기쁨을 빼앗
을 자가 없으리라 23그 날에는 너희가 아무 것도 내게 묻지 아니하리라
(또는 구하지 아니하리라) 내가 진실로 진실로 너희에게 이르노니 너희가
무엇이든지 아버지께 구하는 것을 내 이름으로 주시리라 24지금까지는
너희가 내 이름으로 아무 것도 구하지 아니하였으나 구하라 그리하면
받으리니 너희 기쁨이 충만하리라 25이것을 비유로 너희에게 일렀거니
와 때가 이르면 다시는 비유로 너희에게 이르지 않고 아버지에 대한 것
을 밝히 이르리라 26그 날에 너희가 내 이름으로 구할 것이요 내가 너희
를 위하여 아버지께 구하겠다 하는 말이 아니니 27이는 너희가 나를 사
랑하고 또 내가 하나님께로부터 온 줄 믿었으므로 아버지께서 친히 너
희를 사랑하심이라 28내가 아버지에게서 나와 세상에 왔고 다시 세상을
떠나 아버지께로 가노라 하시니 29제자들이 말하되 지금은 밝히 말씀하
시고 아무 비유로도 하지 아니하시니 30우리가 지금에야 주께서 모든 것
을 아시고 또 사람의 물음을 기다리시지 않는 줄 아나이다 이로써 하나
님께로부터 나오심을 우리가 믿사옵나이다 31예수께서 대답하시되 이제
는 너희가 믿느냐 32보라 너희가 다 각각 제 곳으로 흩어지고 나를 혼자
둘 때가 오나니 벌써 왔도다 그러나 내가 혼자 있는 것이 아니라 아버
지께서 나와 함께 계시느니라 33이것을 너희에게 이르는 것은 너희로 내
안에서 평안을 누리게 하려 함이라 세상에서는 너희가 환난을 당하나
담대하라 내가 세상을 이기었노라

[16 : 4b~33] 15 : 1~16 : 33의 두 번째 설교이다. 본 단락은 예수께서 떠나심에 관한 예고(4b-6절), 세상에서 제자들과 함께하는 보혜사 성령(7-15절. 보혜사의 오심 7절, 세상을 향한 네 번째 보혜사 말씀 8-11절, 교회를 향한 다섯 번째 보혜사 말씀 12-15절), 임박한 재회의 말씀(16-32절. 예수께서 떠나심과 다시 오심-기쁨과 슬픔 16-24절, 예수의 계시 25-32절), 결론적 위로(33절)로

구성된다.

4b절 예수 사역의 '처음부터'(6 : 64 ; 8 : 25 ; 12 : 16) 제자들과 이별할 것(15 : 18–16 : 4a)을 말하지 않았다. 예수께서 믿는 자들과 함께 계셔 그들을 보호하였기 때문이다(7 : 33 ; 13 : 33 ; 14 : 9, 14).

5~6절 '그러나 지금' 예수께서 제자들을 떠나 아버지께로 가신다(13 : 3, 33, 36b ; 14 : 4, 28. 참조 13 : 31–14 : 31). 예수의 부재로 제자들이 믿음 없는 세상의 박해 가운데 직면할 것이 예고되나 그들 중의 아무도 예수를 따르기를 원하며 앞서 예수의 행선지를 더 이상 질문하지 않는다(어디로 가느냐? 베드로 13 : 36 ; 도마 14 : 5). 죽음에 이르는 박해의 예고와 무지로 제자들의 마음은 근심으로 가득 찼다.

7절 예수께서 떠나시는 것은 실제(ἀλήθεια)이며 제자들을 돕는 것이고(συμφέρειν) 보혜사가 오시는 것의 기초 전제이다(4b–7절, 8–15절). 예수 자신이(15 : 26 ; 비교. 14 : 26) 믿는 자들에게 보혜사를 보낸다.

8~11절 예수께서 세상을 향한 보혜사의 심판 사역을 설명한다(사 41 : 21–29). 세상이 예수를 심문하고 심판하였듯이(18 : 36–38 ; 19 : 11) 심문당하고 심판 받은 예수께서 보내신 보혜사가 세상을 심판한다. 세상의 죄는 예수를 믿지 않으므로 하나님을 믿지 않은 불신앙의 죄이다(9절. 15 : 22, 24 ; 참조 16 : 2). '의'(δικαιοσύνη)는 요한복음에서 이 단락에서만 2회 등장한다(8, 10절 '의로운' δίκαιος 5 : 30 ; 7 : 24 ; 17 : 25). '의'는 예수와 하나님의 영역을 표현하며 예수 그리스도 안에 나타난 하나님의 구원사역이다. 예수께서 아버지께로 가시는 것이 세상의 불신앙의 죄악을 이기는 것이다(10절). 예수의 심판은 의로우며(5 : 30), 아버지가 의로우시다(17 : 25). 사람을 평가할 때 의롭게 판단해야 한다(7 : 24). 예수 그리스도 안에서 계시된 하나님의 구원 사역을 믿지 못하는 세상은 불신앙으로 인해 이미 심판을 받았다. 예수의 구원 사역으로 '세상 임금'(ὁ ἄρχων τοῦ κόσμου τούτου)으로 표현되는 악의 세력이

이미 정복되었기 때문이다(11절).

12절 "내가 아직 너희에게 이를 것이 많다"(요이 12; 요삼 13)는 말씀으로 보혜사의 미래 사역이 새로운 관점에서 언급된다. 보혜사를 통해 제자들은 예수의 말씀을 이해할 수 있다(비교. 15:15).

13~15절 예수께서 제자들을 향해 보혜사의 미래 사역을 설명한다. 보혜사는 진리의 성령으로 제자들을 모든 진리 가운데로 인도할 것이다. 예수께서 아버지께로부터 들은 것을 증언하였듯이 보혜사도 예수 그리스도 안에서 자신을 계시하시는 하나님의 사역을 들은 대로 증언하며 미래의 일들을 알릴 것이다(7:18; 14:10)(13절). 보혜사는 예수의 영광을 계시할 것이다(13:31-32, 17:1). 보혜사의 계시 사역은 예수 그리스도 안에서 행하는 것으로 진리인 예수 그리스도를 알리는 계시 사역이다(14절). 이미 예수께서 역사 가운데 성육신 하여 계시하신 예수 그리스도 안에서 이루신 하나님의 구원의 사역을 보혜사가 믿는 자들에게 알릴 것이다. 예수의 죽음과 부활 이후에도 아버지와 아들이 보혜사를 통하여 일하신다(15절).

16절 예수께서 제자들이 예수를 볼 수 없는 자신의 수난과 죽음의 시기와(7:33; 12:35; 13:33) 또 제자들이 직접 예수를 볼 수 있는 예수 부활 현현 시기를(14:19) '조금'이라는 표현을 사용하여 이중적으로 예고한다. 예수와 제자들의 문답형식의 대화가 이어진다(베드로 13:36-38, 도마 14:5-7, 빌립 14:8-10; 가룟인 아닌 유다 14:22-24).

17~18절 제자들 중에서 예수의 '조금'이 뜻하는 시간의 이중적 지평과 아버지께로 간다는 말씀을 이해하지 못하고 의구심을 갖고 서로 질문한다.

19절 제자들의 의문을 아신(30절) 예수와 제자들의 대화가 이어진다.

20절 '진실로 진실로'(아멘 아멘 ἀμὴν ἀμήν) 말씀으로 예수께서 선포하시는 말씀을 강조한다(13:16, 20, 21, 38; 14:12; 16:23 등) 임박한 미래에 있을 예수의 죽음과 부재로 제자들의 슬픔과 세상의 기쁨이 대조적으로 예고된다. 예수 부활의 현존 앞에 제자들의 근심은 기쁨으로 변할 것이다. 하나님의 직접적인 개입과 계시로 인해 인간과 세상의 역사 가운데 기쁨과 슬픔이 역전되는 종말적 신현현의 사건은 구약성경에서도 종종 등장한다(에 9 : 22 ; 시 30 : 1 ; 126 : 5-6 ; 사 35 : 10 ; 51 : 11 ; 61 : 3 ; 렘 31 : 13 ; 애 5 : 15).

21~22절 그러므로 제자들은 해산이 임박한 임신부가 아기를 낳을 기쁨으로 해산의 고통을 인내하여 해산 후 고통을 잊어버리듯이 예수의 죽음 앞에서 제자들이 '지금' 예수의 부재를 근심하나 부활하신 예수께서 '곧' 그들을 다시 보실 것이므로(14 : 18) 제자들이 예수의 부활 현현을 기뻐하고 아무도 그 기쁨을 제거하지 못할 것이다(14 : 27-28).

23절 '그 날'은 종말적 재림이 선취되는 예수 부활의 시점과 관련된다(14 : 21-24. 참조. 마 7 : 22 ; 눅 10 : 12 ; 딤후 1 ; 12, 18). 예수의 부활로 예수의 구원 사건에 대한 제자들의 인간적인 오해, 무지, 몰이해가 해결된다. 그들은 더 이상 예수의 구원사건에 대하여 구하며(αἰτεῖν) 질문할 필요가 없다. 예수께서 오히려 믿는 자들이 아버지께 '예수의 이름'으로 무엇이든지 간구하는 것(αἰτεῖν)이 이루어질 것을 '진실로 진실로' 말씀(20절)으로 강조한다.

24절 부활을 체험하는 제자들은 '지금까지'와 달리 이제 '예수의 이름'으로 간구하며 모든 간구의 내용은 예수 그리스도의 구원과 관련된다(4 : 9-10 ; 11 : 22 ; 14 : 13-14 ; 15 : 7, 16). 간구의 응답은 예수 그리스도를 통한 그리스도의 구원사건으로 믿음으로 구한 자에게 종말적 구원의 기쁨이 충만하다.

25절 예수의 부활 이후 '때가 오면' 예수의 비유 말씀을 이해하지 못하였던 제자들에게 모든 말씀이 분명하게 계시된다.

26~27절 종말적 재림이 선취되고 이루어지기 시작하는 '그 날'에 믿는 자들은 예수의 이름으로 간구할 것이다. 믿는 자들이 아버지와 아들이 하나임을 알고 예수의 이름으로 간구하므로 예수께서 믿는 자들의 대언자(요일 2 : 1. 참조 눅 22 : 32 ; 롬 8 : 34 ; 히 7 : 25 ; 9 : 24)로 아버지께 구하지 않는다. 예수 그리스도 안에서 계시된 하나님 아버지의 사랑으로 믿는 자들은 예수를 사랑하고 믿기 때문이다.

28절 예수께서 세상의 구원을 위해 아들의 모습으로 아버지로부터 세상에 오셨고(3 : 16) 이제 구원을 위해 다시 아버지께로 간다(13 : 31 이하; 14 : 28)

29~30절 예수와 제자들의 대화가 계속된다(17-28절). 예수의 말씀(25-28절)이 선포되는 '지금'(비교. 22, 24절) 제자들이 몰이해와 무지에서 벗어나 예수의 계시의 말씀을 이해한다. 예수께서 모든 것을 아시는 전지(全知)하신(19절) 하나님임을 제자들이 믿음으로 고백한다.

31절 예수께서 아직 아버지께로 가시지 않은 '지금' 예수께 대한 믿음을 확신하는 제자들의 믿음의 고백을 반문한다(비교. 25절)

32절 예수께서 세상의 구원을 위해 홀로 죽음에 내 맡겨 혼자 있을 '때'가 임박하였고 '벌써' 도래하였다. 이제 제자들은 그들의 고백과 달리 각기 자기 장소, 아마도 고향인 갈릴리로 흩어져 길을 잃을 것이다(18 : 8 ; 21 : 1 ; 막 14 : 27, 50. 참조. 사 53 : 6). 예수 그리스도 안에서 자신을 계시하시는 하나님이 늘 예수 그리스도와 함께하신다.

33절 예수께서 고별설교를 통해 계시의 말씀을 전하셨다(20, 23, 25절). 이 말씀을 붙잡고 살므로 제자들은 평강의 왕이신 예수 그리스도의 주권 아래 예수의 부재 시에도 종말적 구원의 평안을 누릴 것이다. 제자들을 향한 고별설교가 위로와 평강의 축복으로 종결된다. 제자들은 세상 가운데 환난을 당할지라도 구원과 생명의 주인이신 예수께서 이미 세상을 이겼으므로 담대해야 한다. 세상 가운데서 믿는 자들은 언제나 위협과 핍박과 환난에 직면하여 산다. 그러나 믿음으로 인해 모든 위협과 핍박과 환난을 이기고 근심을 물리치고 두려워하지 말아야 한다(출 14 : 13 ; 20 : 20 ; 습 3 : 16 ; 학 2 : 5 ; 슥 8 : 13, 15 ; 마 9 : 2, 22 ; 14 : 27 ; 막 6 : 50 ; 10 : 45 ; 행 23 : 11). 믿는 자들은 믿음을 지키므로 승리한다. 예수께서 십자가의 죽음과 부활로 불신앙의 세상을 이겼으므로 예수를 믿는 자는 예수를 믿는 믿음으로 불신앙의 세상을 이긴다(요일 2 : 13, 14 ; 4 : 4 ; 5 : 4-5).

B. 대제사장 기도(17 : 1-26)

[1]예수께서 이 말씀을 하시고 눈을 들어 하늘을 우러러 이르시되 아버지
여 때가 이르렀사오니 아들을 영화롭게 하사 아들로 아버지를 영화롭게
하게 하옵소서 [2]아버지께서 아들에게 주신 모든 사람에게 영생을 주게
하시려고 만민을 다스리는 권세를 아들에게 주셨음이로소이다 [3]영생은
곧 유일하신 참 하나님과 그가 보내신 자 예수 그리스도를 아는 것이니
이다 [4]아버지께서 내게 하라고 주신 일을 내가 이루어 아버지를 이 세상
에서 영화롭게 하였사오니 [5]아버지여 창세전에 내가 아버지와 함께 가
졌던 영화로써 지금도 아버지와 함께 나를 영화롭게 하옵소서 [6]세상 중
에서 내게 주신 사람들에게 내가 아버지의 이름을 나타내었나이다 그들
은 아버지의 것이었는데 내게 주셨으며 그들은 아버지의 말씀을 지키었
나이다 [7]지금 그들은 아버지께서 내게 주신 것이 다 아버지로부터 온 것
인 줄 알았나이다 [8]나는 아버지께서 내게 주신 말씀들을 그들에게 주었
사오며 그들은 이것을 받고 내가 아버지께로부터 나온 줄을 참으로 아
오며 아버지께서 나를 보내신 줄도 믿었사옵나이다 [9]내가 그들을 위하
여 비옵나니 내가 비옵는 것은 세상을 위함이 아니요 내게 주신 자들을
위함이니이다 그들은 아버지의 것이로소이다 [10]내 것은 다 아버지의 것
이요 아버지의 것은 내 것이온데 내가 그들로 말미암아 영광을 받았나
이다 [11]나는 세상에 더 있지 아니하오나 그들은 세상에 있사옵고 나는
아버지께로 가옵나니 거룩하신 아버지여 내게 주신 아버지의 이름으로
그들을 보전하사 우리와 같이 그들도 하나가 되게 하옵소서 [12]내가 그들
과 함께 있을 때에 내게 주신 아버지의 이름으로 그들을 보전하고 지키
었나이다 그중의 하나도 멸망하지 않고 다만 멸망의 자식뿐이오니 이는
성경을 응하게 함이니이다 [13]지금 내가 아버지께로 가오니 내가 세상에
서 이 말을 하옵는 것은 그들로 내 기쁨을 그들 안에 충만히 가지게 하

려 함이니이다 14내가 아버지의 말씀을 그들에게 주었사오매 세상이 그
들을 미워하였사오니 이는 내가 세상에 속하지 아니함 같이 그들도 세
상에 속하지 아니함으로 인함이니이다 15내가 비옵는 것은 그들을 세상
에서 데려가시기를 위함이 아니요 다만 악에 빠지지 않게 보전하시기
를 위함이니이다 16내가 세상에 속하지 아니함 같이 그들도 세상에 속
하지 아니하였사옵나이다 17그들을 진리로 거룩하게 하옵소서 아버지의
말씀은 진리니이다 18아버지께서 나를 세상에 보내신 것 같이 나도 그들
을 세상에 보내었고 19또 그들을 위하여 내가 나를 거룩하게 하오니 이
는 그들도 진리로 거룩함을 얻게 하려 함이니이다 20내가 비옵는 것은
이 사람들만 위함이 아니요 또 그들의 말로 말미암아 나를 믿는 사람들
도 위함이니 21아버지여, 아버지께서 내 안에, 내가 아버지 안에 있는 것
같이 그들도 다 하나가 되어 우리 안에 있게 하사 세상으로 아버지께서
나를 보내신 것을 믿게 하옵소서 22내게 주신 영광을 내가 그들에게 주
었사오니 이는 우리가 하나가 된 것 같이 그들도 하나가 되게 하려 함이
니이다 23곧 내가 그들 안에 있고 아버지께서 내 안에 계시어 그들로 온
전함을 이루어 하나가 되게 하려 함은 아버지께서 나를 보내신 것과 또
나를 사랑하심같이 그들도 사랑하신 것을 세상으로 알게 하려 함이로소
이다 24아버지여 내게 주신 자도 나 있는 곳에 나와 함께 있어 아버지께
서 창세전부터 나를 사랑하시므로 내게 주신 나의 영광을 그들로 보게
하시기를 원하옵나이다 25의로우신 아버지여 세상이 아버지를 알지 못
하여도 나는 아버지를 알았사옵고 그들도 아버지께서 나를 보내신 줄
알았사옵나이다 26내가 아버지의 이름을 그들에게 알게 하였고 또 알게
하리니 이는 나를 사랑하신 사랑이 그들 안에 있고 나도 그들 안에 있게
하려 함이니이다

[17:1-26] 제자들을 향한 예수의 고별설교(13-17장)는 마지막 절정인 예수

의 대제사장적인 기도로 끝난다(17 : 1–26). 이 기도에서 도래할 예수의 체포와 수난이 암시된다('지금'의 강조 4 : 23 ; 5 : 25 ; 16 : 5, 22 ; 17 : 5, 7, 13, '성취'의 주제로 사건의 종결을 예고하는 동사 '이루다' τελειόω 4 : 34 ; 5 : 36 ; 17 : 4, 위험의 도래를 알리는 '보호'의 주제 17 : 11, 12 ; 비교. 선한목자 10 : 1–21 ; 18 : 1–11). 16 : 4b~33에서 14 : 1~31의 주제가 반복되었다면 13 : 1~38과 17 : 1~26 사이에 병행구절이 발견된다(때의 도래 13 : 1 ; 17 : 1, 아들의 권세 13 : 3 ; 17 : 2, 아버지의 일을 '이룸'–'끝까지' 사랑함 13 : 1 ; 17 : 4). 17 : 1~26은 13~17장의 절정 부분이면서, 도래할 예수의 체포와 수난에 관해 미리 암시해 준다. 종말적 미래는 선취(prolepsis 죽은 자의 부활, 심판, 영생의 선물)와 과거 성취의 회상(analepsis 17 : 4, 12 ; 18 : 1–11 ; 19 : 30)으로 시간 지평이 영원의 관점에서 함께 용해된다. 공간적으로 하늘과 땅의 대조가 언급되며('하늘' 1절, '땅' 4절) 예수는 세상에, 세상 밖에 현존하신다('세상에 부재하심' 11, 15–19절, '세상에 계심' 1–4절, 13절). 그로써 시공간의 주인이신 예수의 신성이 강조된다. 고별설교가 기도와 연결되는 구성은 구약과 유대교의 기도로 결론을 맺는 고별강화가 그 문학적 배경이 된다. 구약성경에서 하늘을 향하여 간구하는 모세의 축복기도(신 32장), 유대묵시문학에서 에스라의 기도(에스라 4서 8 : 18b–36), 바룩의 기도(바룩2서 48), 희년서에 나오는 모세(1 : 19–21), 노아(10 : 3–6), 아브라함(20–22장), 이삭(36 : 17)의 기도를 그 예로 들 수 있다(비교. 후대문헌에서 헤르메틱문서 포이만드레스의 결론 13 : 21–22, 만다교 문서 요한의 책 236–239). 역사적으로 예수께서 공생애 사역 기간 중에 행하신 기도의 모습을 상기시킨다(요일 2 : 1 ; 히 7 : 25 ; 9 : 14 ; 롬 8 : 34). 예수 그리스도의 유일성을 강조하는 대제사장적 고별기도는 12 : 27–28에서 유사한 내용이 언급되는 예수의 겟세마네 기도와 비교할 수 있다(막 14 : 32–42 ; 마 26 : 36–46 ; 눅 22 : 39–46). 17장은 그러나 간구를 넘어서 예수의 신적 자기 계시로(비교. 11 : 41–42) 믿는 자들을 향한 위로와 권면을 포함한다. 17장은 각기 예수의 기도로 시작하는 세 개의 큰 단락으로 나눌 수 있다. 1~8절은 예수 자신을 위한 기도(1절, 3인칭 서술 '이르시되'), 9~19절은 제자들을 위한 기도(9절, 1인칭 '내가 그들을 위하여 비옵나니'), 20~26절은 세상을 위한 기도(20절, 1인칭 '내가 비옵는 것은')이다. 이 세 단락은 '영광'(1-5, 10, 22절)과 예수께서 하나님을 부르는 '아버지' 호칭으로 서로 연결된다(5, 11, 21, 24, 25절). 호칭 '아버지여!'는 예수의 기도와 간구의 간절함을 드러내면서 6회(πάτερ 1, 5, 21, 24절, '거룩하신 아버지여' πάτερ ἅγιε 11절, '의로우신 아버지여' πάτερ δίκαιε 25절) 등장하며 호칭을 중심으로 소 단락을 나누고 각기 7개의 주제, 아들이 영화롭게 됨과 영생의 은사(1-3절, 20 : 30-31), 아들이 완성하는 아버지의 사역(4-8절, 1 : 1-18 ; 2-4장), 제자들의 보전과 세상에서 제자들의 문제(9-14절, 5-11, 12장), 제자들의 성화와 파송(15-19절, 10 : 36), 믿는 자들이 하나가 됨(20-23절, 15 : 1-11 ; 20 : 29), 제자들이 예수의 영광에 들어감(24절, 14 : 3), 아버지, 아들, 제자들의 사랑의 공동체(25-26절, 1 : 10-12 ; 16 : 10)로 세분할 수도 있다.

1절 13 : 31~16 : 33을 가리키는 '이 말씀'으로 고별설교의 절정이 시작된다(비교 8 : 30 ; 14 : 25). 예수께서 '눈을 들어 하늘을 우러러' 기도하신다(막 6 : 41 ; 7 : 34 ; 요 11 : 41 ; 비교. 시 123 : 1 ; 욥 22 : 26 ; 눅 18 : 13 등). '아버지'를 부르는 간구가 예수의 기도의 성격을 특징짓는다(17장에 6회 등장, 비교. 11 : 41 ; 12 : 27 이하). 예수가 구하는 아들의 영광으로 예수를 통하여 아버지가 영광을 받는다. 곧 예수의 체포와 수난의 때가 도래하였다.

2절 아들에게 아버지께서 주시는 만민을 다스리는 권세는 모든 사람이 예수를 믿고 영생을 얻도록 하기 위함이다. 예수의 수난을 통해 아버지께서 받으시는 영광은 인류의 '구원'을 목표로 한다. 그것을 이루는 것이 아버지께서 주시는 권세, 예수의 사역이다(10 : 18). '주시는' 행위를 통해 아버지와 아들의 파송관계가 분명해진다(5 : 22-30 ; 6 : 37-39 ; 10 : 29 ; 11 : 22 ; 13 : 3).

3절 모든 인류를 구원하도록 아버지께서 아들을 보내셨으나 '예수 그리스도'

(1 : 17)를 아는 자들만이 영생의 구원을 얻는다(15 : 16 ; 비교 20 : 31). 아버지께서 보내신 아들을 통해 유일하신 참 하나님을 알게 된다(10 : 14).

4절 아버지께서 주신 예수의 '사역'은 사람들이 영생, 구원을 얻게 하는 것이다. 예수께서 구원 사역을 자신의 '수난과 죽음'을 통해 성취하므로(4 : 34 ; 5 : 36 ; 19 : 30) 아버지께 영광을 돌린다.

5절 아들의 영광을 통해 아들과 아버지를 영화롭게 할 것에 대한 1절의 간구가 반복된다. 그 영광은 창세전에 예수께서 아버지 곁에서 가졌던 영광이다(참조. 24절; 12 : 28, 41 ; 13 : 31 이하; 비교. 7 : 39 ; 16 : 14).

6절 모든 육체, 만민의 구원을 위해 오신(2b절) 예수의 사역은 아들에게 주신 사람(2a절)들에게 계시된다. 예수께서 하나님의 이름을 계시하므로 하나님을 알게 된 자는 하나님의 말씀을 이해하고 지킨다. 하나님의 이름은 예수를 통하여 자신을 알리는 것이며, 말씀은 하나님이 알려지는 말씀들이다.

7~8절 예수를 믿는 자들은 예수 수난의 죽음이 임박하여 예수께서 고별 말씀을 전하는 '지금' 하나님께서 예수 그리스도 안에서 행하시는 구원의 사역이 성취됨을 안다. 그들은 아버지께서 아들 예수를 세상에 보내시는 파송 가운데 하나님 자신이 아들 예수 안에서 자신을 계시하시고 일하심을 안다(비교. 고전 13 : 12). 이는 예수께서 하나님의 말씀을 믿는 자들에게 전하고 그들이 그 말씀을 영접하여 알고 아들의 파송을 믿기 때문이다.

9~10절 제자들을 위한 기도의 관점에서 예수의 영광이 드러난다. 세상이 예수를 믿지 않으며 거부할 때 세상은 예수께 속하지 못하며 그로써 아버지의 것이 되지 못한다(비교. 예수께서 '세상'의 믿음을 간구함. 21, 23절).

11~12절 예수께서 수난의 죽음으로 아버지께 가시므로 세상에 육으로 계시지 않는다. 반면에 믿는 자들은 불신앙의 세상 가운데 산다. 그들에게 예수의 대속적 죽음을 통해 거룩함을 보존하시고 전권을 지니신 '거룩하신 아버지'의 보호가 필요하다. 아버지께서 그들을 지켜주셔서 예수를 믿는 믿음과(21절) 아버지의 사랑 가운데 하나가 될 것을 예수께서 간구한다. 그 일을 이

미 예수께서 지상 사역을 통해 행하셨다. 다만 예수의 제자들 중에 멸망의 자식인 유다만이 믿음을 버리고 예수를 배신하므로 성경에 예언된 말씀이 성취된다. 하나님의 대속적 구원 사역이 시작되었다(13 : 21–30).

13~14절 예수께서 아버지께로 가는(11절) 예수의 죽음과 부활의 때가 이미 왔다(1절). 믿는 자들이 이제 예수의 대속적 구원을 통해 영생의 기쁨을 충만하게 갖는다. 믿는 자들의 충만한 기쁨은 그들이 이미 예수의 말씀, 곧 아버지의 말씀을 받았기 때문이다. 이 말씀으로 믿는 자들은 예수를 대적하는 세상의 미움을 받는다(8 : 23). 예수의 기원이 하나님 아버지께 있고(8절; 참조. 3 : 31 ; 7 : 29 ; 16 : 30), 세상에 있지 않으므로 예수 그리스도를 믿는 자들은 그들이 사는 동안 세상에 현존하나 불신앙의 세상에 속하지 않는다(16절).

15~17절 믿는 자들이 세상 가운데 살므로 하나님의 보호가 필요하다(11절 참조). 예수께서 하나님 아버지를 향해 믿는 자들을 악으로부터 지켜 주실 것(11, 12절; 비교. '악으로부터 구원' 마 6 : 13)과 그들을 진리, 곧 아버지의 말씀, 성육신 하신 예수 그리스도의 통치 가운데 거룩하게 해 주실 것을 간구한다(참조. 11절 '거룩하신 아버지여', 8 : 31–36 ; 18 : 37–38).

18~19절 하나님 아버지께서 '세상을 향해 세상 가운데'(εἰς τὸν κόσμον) 보내신 자인 예수께서 제자들을 '세상을 향해 세상 가운데' 보내신다(20 : 21). 이는 제자들과 마찬가지로(16–17절) 세상에 속한 사람들도 진리 가운데 거룩하여져(17절, 10 : 36) 구원을 받도록 하기 위함이다. 이로써 하나님의 사랑이 말씀 전파를 통해(8절, 3 : 34) 세상에 계시되고(23–24절), 참 생명이신 예수를 믿는 자들이 영생의 구원을 얻는다(3 : 16–17).

20~23절 하나님 아버지를 향한 예수의 간구는 예수를 믿는 모든 믿는 자들을 위한 기도이다. 말씀 전파를 통해 예수 그리스도의 구원의 복음이 계시되고 전파된다(15 : 7–8 ; 20 : 29). 하나님과 하나이시며(10 : 30) 하나님께서 보내신 예수 그리스도를 믿는 믿음 가운데 거하므로 모든 믿는 자들이 영광에 이르는 거룩한 산 제물로 한 몸이신 그리스도의 지체가 되어 하나의 온전한 교

회를 이룬다(2 : 20-22 ; 롬 12 : 1-5). 이를 통해 예수 그리스도의 사랑 가운데 계시된 세상을 향한 하나님의 사랑이 계시되는 참된 지식이 선포된다.

24절 예수께서 원하는 것을 하나님 아버지께 간구하신다(15 : 7). 예수의 소원은 예수께서 다시 오실 때 그 재림의 자리에 믿는 자들이 예수와 함께하여 예수의 수난 가운데 계시된 인류 구원의 영광을 보는 것이다. 세상의 창조 이전부터 아들 예수 그리스도의 사역을 통한 하나님의 사랑은 세상의 종말 시에 예수 그리스도 안에서 믿는 자들에게 계시될 것이다(1, 5절과 수미상관).

25~26절 예수 그리스도를 세상으로 보내시는 하나님의 사랑 가운데 하나님 자신의 의가 계시된다(롬 3 : 24-26). 불신앙의 세상의 무지에도 불구하고 예수 그리스도를 믿는 자들은 예수 그리스도의 사랑으로 인해 예수 그리스도 안에 계시된 하나님을 알고 믿는다. 이로써 믿는 자들이 한 몸이신 그리스도의 지체가 되어 하나님의 구원에 참여한다.

제 Ⅳ 부

수난과 죽음

요한복음 18 : 1-19 : 42

A. 소송(18 : 1-19 : 16)

B. 예수의 십자가 죽음과 매장(19 : 17-42)

| 요한복음 18 : 1–19 : 42 |

수난과 죽음

A. 소송(18 : 1–19 : 16)

1~17장에서 이미 예고된 성육신하신 하나님의('육신의 필연적 죽음 언급' 1 : 14) 수난의 십자가 죽음('유대인들의 반복된 살해 음모' 5 : 18 ; 7 : 32 ; 8 : 59 ; 10 : 31 ; 11 : 46–53, '떠남' ὑπαγεῖν, πορεύεσθαι 7 : 33 ; 8 : 14, 21, 22, '올라감' ἀναβαινεῖν 3 : 13 ; 6 : 62, '들리어짐' 3 : 14 이하; 12 : 32–33 ; 참조. 민 21장)으로 인류를 위해(ὑπέρ–형식의 대리적 죽음 언급, '세상의 생명' 6 : 51c; '양들' 10 : 11–18 ; '자녀들의 하나됨' 11 : 49–52 ; '친구들' 15 : 13) 그들의 죄를 대속하고('하나님의 어린 양' 1 : 29, 36), 예수 그리스도를 믿는 자에게 영생의 구원 사역을 이루는(τὸ ἔργον과 τελειοῦν' 4 : 34 ; 5 : 36 ; 17 : 4)[1] 예수의 '때'(2 : 4 ; 7 : 30 ; 8 : 20)가 도래하였다.[2]

1) 그 외 요 17 : 23 ; 19 : 28 ; 요일 2 : 5 ; 4 : 12, 17, 18(신약성경에서 23회)

2) 1. 신체적 죽음의 필연성을 드러내는 성육신 1 : 14, 2. 세상 죄를 대속하는 '하나님의 어린양' 1 : 29, 36,

예수의 수난에 관해 보고하는 요한복음 18~19장은 크게 18 : 1~19 : 16a의 소송사건과 19 : 16b~42의 십자가 처형 및 매장으로 구성된다. 수난사화는 법정 앞에서 재판을 받는 고난 받는 의인의 모습을 상기시키며, 초기교회가 공통으로 경험하였고 신앙의 공통된 근본이 되었던 예수의 수난과 죽음의 역사를 그 배경으로 한다(초기교회 케뤼그마 고전 15 : 3-4 ; 롬 3 : 25 ; 4 : 25 ; 고후 5 : 19 ; 벧전 3 : 18,22 ; 행 2 : 14-36). 수난사화의 첫 번째 부분인 18 : 1~19 : 16a은 예수의 체포(18 : 1-11), 안나스 앞에서의 심문과 베드로의 부인(18 : 12-27), 빌라도 앞에서 첫 번째 심문(18 : 28-38a), 유월절 사면(18 : 38b-40), 채찍을 맞음과 조롱 받으심(19 : 1-3), "보라 이 사람이로다"(19 : 4-7), 빌라도 앞에서 두 번째 심문(19 : 8-11), 예수의 사형선고(요 19 : 12-16a)로 진행된다.

1. 예수의 체포(18 : 1-11)

1예수께서 이 말씀을 하시고 제자들과 함께 기드론 시내 건너편으로 나
가시니 그 곳에 동산이 있는데 제자들과 함께 들어가시니라 2그 곳은 가
끔 예수께서 제자들과 모이시는 곳이므로 예수를 파는 유다도 그 곳을
알더라 3유다가 군대와 대제사장들과 바리새인들에게서 얻은 아랫사람
들을 데리고 등과 횃불과 무기를 가지고 그리로 오는지라 4예수께서 그
당할 일을 다 아시고 나아가 이르시되 너희가 누구를 찾느냐 5대답하되

3. 수난의 '때' 언급 2 : 4 ; 7 : 30 ; 8 : 20, 4. 유월절 언급과 적대자들의 장소인 예루살렘 수난여행 2 : 13 ; 6 : 4 ; 11 : 55, 5. 성전말씀과 해석 2 : 19, 6. 인자가 들리어야 한다 δει 3 : 14 이하 ; 12 : 32-33, 민 21장, 7. 맡겨진 과업의 완성 τὸ ἔργον과 τελειώσω 4 : 34 ; 5 : 36 ; 17 : 4, 23 ; 19 : 28 ; 요일 2 : 5 ; 4 : 12, 17, 18, 8. 적대자들의 살해의도 5 : 18 ; 7 : 30-32 ; 8 : 59 ; 10 : 31 ; 11 : 46-53, 9. '떠나심' ὑπαγεῖν과 πορεύεσθαι에 대한 참조 7 : 33 ; 8 : 14, 21, 22, 10. '올라가심' ἀναβαίνειν 3 : 13 ; 6 : 62, 11. ὑπέρ-형식의 대리적 죽음, 6 : 51c(세상의 생명을 위하여), 10 : 11-18(양들을 위하여), 11 : 49-52(하나님의 자녀들의 하나 됨을 위하여), 15 : 13(친구들을 위하여), 12. 성전 정화 2 : 14-22, 13. 겟세마네 기도 12 : 27 이하, 14. 세족식 13 : 1-20.

나사렛 예수라 하거늘 이르시되 내가 그니라 하시니라 그를 파는 유다
도 그들과 함께 섰더라 [6]예수께서 그들에게 내가 그니라 하실 때에 그들
이 물러가서 땅에 엎드러지는지라 [7]이에 다시 누구를 찾느냐고 물으신
대 그들이 말하되 나사렛 예수라 하거늘 [8]예수께서 대답하시되 너희에
게 내가 그니라 하였으니 나를 찾거든 이 사람들이 가는 것은 용납하라
하시니 [9]이는 아버지께서 내게 주신 자 중에서 하나도 잃지 아니하였사
옵나이다 하신 말씀을 응하게 하려 함이러라 [10]이에 시몬 베드로가 칼을
가졌는데 그것을 빼어 대제사장의 종을 쳐서 오른편 귀를 베어버리니
그 종의 이름은 말고라 [11]예수께서 베드로더러 이르시되 칼을 칼집에 꽂
으라 아버지께서 주신 잔을 내가 마시지 아니하겠느냐 하시니라

[18 : 1-11] 예수의 체포는 네 복음서에 공통적으로 등장한다(마 26 : 47-56 ; 막 14 : 43-50 ; 눅 22 : 47-53).
다른 복음서와 달리 요한복음은 예수께서 유다와 그와 함께한 사람들을 향해 "너희가 누구를 찾느냐"(4, 7a절)라고 질문하시고 그들이 "나사렛 예수라"(5, 7b절) 답변하며 이에 예수께서 다시 "내가 그니라"(6, 8절, 13 : 13)고 자신을 선포하여 계시하는 내용을 반복하므로 예수께서 체포사건과 자신의 '때'를 미리 아시고(4절, 13 : 1 ; 비교. 눅 22 : 53) 주도하며 하나님 아버지의 뜻을 이루시는 것(9절; 비교. 마 26 : 54 ; 막 14 : 49)을 강조한다. 본 단락은 예수와 제자들의 장소 이동(1-2절), 유다와 무리의 등장(3절), 예수의 첫 번째 질문과 무리의 답변 및 무력한 반응(4-6절), 예수의 두 번째 질문과 명령 및 해석(7-9절), 베드로의 과격한 반응 및 예수의 권면과 반문(10-11절)으로 구성된다.

1~2절 '기드론' 시내는 예루살렘과 감람산 사이에 놓여있는 시내로 겨울 우기 동안에만 물이 흐른다(와디). '기드론'이라는 이름은 '어둠' 혹은 '백향목'을

뜻하는 것으로 알려졌다(삼하 15 : 23, 30 ; 왕상 15 : 13). 예수께서 제자들과 함께 종종 기도하셨던 배신자 유다도 알고 있는 기드론 시내 건너 쪽에 있는 '동산'(κῆπος 18 : 1, 26 ; 눅 13 : 19), 아마도 감람산 근처 '겟세마네'라는 이름의 울타리가 있는 장소로 들어가신다('겟세마네라 하는 곳', χωρίον 마 26 : 36 ; 막 14 : 32 ; '감람산' 눅 22 : 39).

3절 유다가 대략 600명의 군사와 120명의 기병으로 구성된 로마 군대와 대제사장들 및 바리새인들 밑에서 일하는 이들과 함께 등과 횃불과 무기를 가지고 예수와 제자들을 향해 나아온다. 다른 세 복음서는 '무리'(ὄχλος)가 유다와 함께 온 것으로 언급한다('대제사장들과 백성의 장로들에게서 파송된 큰 무리' 마 26 : 47, '대제사장들과 서기관들과 장로들에게서 파송된 무리' 막 14 : 43, '한 무리' 눅 22 : 47). '등과 횃불'의 언급은 흐린 날씨나 어두운 밤을 알리며 수난을 상징적으로 암시할 수도 있다(비교. '칼과 몽치' 마 26 : 47, '검과 몽치' 막 14 : 43).

4~6절 모든 것을 아시는 하나님이시며 사람의 마음 및 말과(1 : 48 ; 3 : 8, 11 ; 4 : 16-19 ; 5 : 32 ; 6 : 61 ; 7 : 28 이하; 8 : 14, 19, 55, 59) 수난의 길(3 : 14 ; 7 : 6 ; 12 : 23 ; 13 : 1, 3, 31) 및 유다의 배반(6 : 64 ; 13 : 18, 26 이하)을 미리 아시는 예수께서 그들을 향해 "너희가 누구를 찾느냐"고 질문하심으로(1 : 38 ; 20 : 15) 수난의 시작을 주도하신다('유다의 입맞춤' 생략. 비교. 마 26 : 48-49 ; 막 14 : 44-45 ; 눅 22 : 48-49). 그들이 '나사렛 예수'를 찾는다고 대답한다. 예수께서 "내가 그니라"는 자기 계시의 말씀으로 답하신다(8 : 25, 28). 예수의 체포를 위해 능동적으로 예수를 그들에게 넘긴(ὁ παραδιδοὺς αὐτόν 3, 5절) 유다가 무력하게 그들과 함께 있음이 강조된다. 예수의 자기 계시 말씀 앞에 무기를 가지고 나아온 자들이 유다와 함께 무력하게 뒤로 후퇴하며 땅에 넘어진다.

7~9절 예수께서 "너희가 누구를 찾느냐"는 질문을 반복하여 질문한다(4, 7a절). '나사렛 예수'를 찾는다는 그들의 답변과(5, 7b절) "내가 그니라"는 예수

의 자기 계시가 반복된다(6, 8a절). 예수께서 그들이 찾지 않는 제자들을 놓아줄 것을 명령하시고(8b절) 이로써 예수께서 자기희생을 통해(8b절, 10 : 11, 15, 18) 자기를 믿는 자들을 하나도 잃지 않고 끝까지 사랑하심(6 : 39 ; 10 : 27-28 ; 13 : 1 ; 17 : 12)과 예고하신 말씀을 수난 및 종말적 구원에 앞서 선취하여 이루신다(2 : 22 ; 막 13 : 31 ; 롬 8 : 35 ; 비교. 구약의 성취 12 : 38 ; 13 : 18 ; 15 : 25 ; 17 : 12 ; 19 : 24, 28, 36).

10~11절 목숨을 바쳐 예수를 따르고자 했던(13 : 36-38) 시몬 베드로가 칼로 '왕'을 뜻할 수 있는 말고라는 이름의 대제사장의 종을 쳐 하나님의 말씀을 듣는 '위엄'의 상징인 오른 편 귀를 베어버린다(눅 22 : 50-51, AntBibl 5 : 6). 이로써 예수의 말씀을 불순종한 유대교와 대제사장의 권위가 추락했음을 암시한다. 예수께서 베드로를 향해 칼을 칼집에 꽂을 것을 권면하고(마 26 : 52) 하나님의 진노의 잔, 수난과 죽음을 스스로 마실 것을 반문하여 선포한다(사 51 : 17, 22 ; 렘 25 : 15-17 ; 겔 23 : 31-34 ; 시 75 : 8).

2. 안나스 앞에서 심문과 베드로의 부인(18 : 12-27)

12이에 군대와 천부장과 유대인의 아랫사람들이 예수를 잡아 결박하여
13먼저 안나스에게로 끌고 가니 안나스는 그 해의 대제사장인 가야바
의 장인이라 14가야바는 유대인들에게 한 사람이 백성을 위하여 죽는 것
이 유익하다고 권고하던 자러라 15시몬 베드로와 또 다른 제자 한 사람
이 예수를 따르니 이 제자는 대제사장과 아는 사람이라 예수와 함께 대
제사장의 집 뜰에 들어가고 16베드로는 문 밖에 서 있는지라 대제사장을
아는 그 다른 제자가 나가서 문 지키는 여자에게 말하여 베드로를 데리
고 들어오니 17문 지키는 여종이 베드로에게 말하되 너도 이 사람의 제
자 중 하나가 아니냐 하니 그가 말하되 나는 아니라 하고 18그때가 추운
고로 종과 아랫사람들이 불을 피우고 서서 쬐니 베드로도 함께 서서 쬐

더라 [19]대제사장이 예수에게 그의 제자들과 그의 교훈에 대하여 물으니 [20]예수께서 대답하시되 내가 드러내 놓고 세상에 말하였노라 모든 유대인들이 모이는 회당과 성전에서 항상 가르쳤고 은밀하게는 아무 것도 말하지 아니하였거늘 [21]어찌하여 내게 묻느냐 내가 무슨 말을 하였는지 들은 자들에게 물어 보라 그들이 내가 하던 말을 아느니라 [22]이 말씀을 하시매 곁에 섰던 아랫사람 하나가 손으로 예수를 쳐 이르되 네가 대제사장에게 이같이 대답하느냐 하니 [23]예수께서 대답하시되 내가 말을 잘못하였으면 그 잘못한 것을 증언하라 바른 말을 하였으면 네가 어찌하여 나를 치느냐 하시더라 [24]안나스가 예수를 결박한 그대로 대제사장 가야바에게 보내니라 [25]시몬 베드로가 서서 불을 쬐더니 사람들이 묻되 너도 그 제자 중 하나가 아니냐 베드로가 부인하여 이르되 나는 아니라 하니 [26]대제사장의 종 하나는 베드로에게 귀를 잘린 사람의 친척이라 이르되 네가 그 사람과 함께 동산에 있는 것을 내가 보지 아니하였느냐 [27]이에 베드로가 또 부인하니 곧 닭이 울더라

[18:12-27] 도망의 주제를 알고 있음에도(비교. 10:5, 12) 요한은 예수의 체포 앞에서 제자들이 다 도망을 가거나(마 26:56; 막 14:50) 한 제자가 벗은 몸으로 도망한 사건을(막 14:51-52) 보도하지 않는다. 오히려 다른 세 복음서가 보도하지 않는 예수의 다른 제자에 대한 언급(15절), 대제사장 가야바의 장인인 안나스 앞에서의 심문을 기록한다(12-14절). 이미 성전 안 솔로몬 행각에서 유대인들의 메시야 질문이 심문의 형태로 있었고(10:22-39; 비교. 7:50-51), 유대 공회의 소송에서 가야바가 등장하여 예수의 희생적 메시야 죽음을 예고하였다(11:47-54). 요한복음은 다른 세 복음서와 달리 베드로가 예수를 부인하는 사건이 안나스의 심문사건 전후에 일어나고 있음을 밝힌다(비교. 18:15-18, 25-27). 본 단락은 예수께서 안나스에게 인도됨(12-14절; 비교. 마 26:57-58; 막 14:53-54; 눅 22:54), 예수를 따르는

베드로와 다른 제자 및 베드로의 첫 번째 예수 부인(15-18절), 안나스의 심문과 가야바에게 인도됨(19-24절), 베드로의 두 번에 걸친 예수 부인(25-27절)으로 구성된다.

12~14절 요한은 예수를 결박한 자들이 로마 군대와 유대인의 하속들이었음을 구별하여 기록한다(3절 참조. 비교. 마 27 : 27 ; 막 15 : 16 ; 행 10 : 1 ; 21 : 31 ; 27 : 1). 예수의 주도로 시작된(1-11절) 수난 사건은 이제 예수께서 그해 대제사장인 가야바의 장인 안나스에게 군인들에 의해 넘겨지므로 본격적으로 진행된다. 안나스의 심문이 '먼저'(13a절) 있었음을 강조하므로 이어 가야바의 심문이 있을 것을 암시한다. 안나스는 영향력 있는 대제사장 가문의 일원으로 주후 6~15년 동안 대제사장으로 일했다(눅 3 : 2 ; 행 4 : 6, 요세푸스 『유대고대사』 XVIII 26, 34). 주후 18~37년 대제사장으로 임직한 가야바는 일찍이 예수의 희생적 죽음을 암시한 바 있다(11 : 49, 요세푸스 『유대고대사』 XVIII 95).

15~18절 예수의 예고대로(13 : 38) 죽기까지 예수를 따르고자 했던(6 : 68 ; 13 : 37) 베드로가 예수를 세 번 부인한다. 요한은 베드로가 처음 예수를 부인한 것을 예수의 다른 제자, 곧 예수께서 사랑하신 제자와 연결시킨다(13 : 23-24 ; 20 : 2). 이 제자는 대제사장과 아는 사람으로 대제사장의 집 문 밖에 있는 베드로와 달리 대제사장의 집 뜰 안 까지 예수를 따라 들어간다. 다른 제자가 문지키는 여자에게 말하여 그 제자의 중개로 베드로는 대제사장의 집 문 안에 들어온다(애제자의 중개적 역할 13 : 23-26 ; 21 : 20-23). 문 지키는 여종('한 여종' 마 26 : 69 ; 눅 22 : 56 ; '대제사장의 여종' 막 14 : 66)이 베드로를 향해 너도 예수 "이 사람의 제자 중 하나가 아니냐"고 질문하며 이에 베드로가 "나는 아니라"로 단호하게 부인한다. "나는 아니라"는 베드로의 부정적 답변은 "나는 ……이다."라는 예수의 절대적 자기 계시의 말씀과(18 : 5, 8) 세례 요한의 긍정적인 자기 부정을 상기시킨다(1 : 19-28). 요한은 여자의

입을 통해 베드로가 제자임을 강조한다(17절; 비교. 마 26 : 69, 71 ; 막 14 : 67, 69 ; 눅 22 : 56, 58). 봄날 밤의 추위로(3절) 대제사장의 집 뜰 안에서(마 26 : 58 ; 막 14 : 54 ; 눅 22 : 54-55, '바깥 뜰' 마 26 : 69 ; '아랫뜰' 막 14 : 66) 종과 아랫사람들이 불을 피우고 서서 쬐고, 베드로도 함께 서서 쬔다. 베드로는 제자들 가운데가 아니라 예수를 심문하는 대제사장과 유대인들의 무리 가운데 서 있다('앉아 있다' 마 26 : 58 ; 막 14 : 54 ; 눅 22 : 55).

19~24절 안나스는 예수를 심문하며 그의 제자들과 예수의 가르침에 관해 질문한다(7 : 16-18). 안나스의 질문에 예수께서 회당과 성전에서 행한 자신의 가르치는 공적 사역과 그 가르침을 들은 증인이 많음을 언급한다('가르치다' 6 : 59 ; 7 : 14, 28 ; 8 : 20, 28 ; 참조. 10 : 24-25). 대제사장의 아랫사람이 예수의 답변과 태도가 불손하다고 생각하여 손으로 예수를 친다(마 26 : 67 ; 막 14 : 65 ; 눅 22 : 63-65). 예수께서 자신을 친 자를 향해 잘못한 것을 증언할 것을 요구하고 선하게 행하였음을 강조하여 그의 폭력을 비난한다. 안나스의 짧은 심문이 끝나고 안나스는 예수를 결박한 채 가야바에게 보낸다. 공관복음서와 달리 요한은 대제사장 가야바가 예수가 메시야, 그리스도이신 것에 대한 심문 행위 보고를 생략한다(비교. 마 26 : 69-75 ; 막 14 : 66-72 ; 눅 22 : 56-62).

25~27절 18절에 이어 다시 두 번 더 반복되는 베드로의 부인 사건을 언급한다. 사람들이 베드로를 향해 "너도 그 제자 중 하나가 아니냐"고 질문하며 베드로가 "나는 아니라"고 강력하게 다시 부인하다(17절; 비교. 마 26 : 71 ; 막 14 : 70 ; 눅 22 : 58) 베드로에게 귀를 잘린 말고의(10절) 친척인 대제사장의 종 하나가 베드로가 예수와 함께 "(겟세마네)동산에 있는 것을 내가 보지 아니하였느냐"고 동의를 구하며 반문한다(1-2절). 예수와 함께 동행 했던 제자임을 베드로는 세 번째로 다시 부인하고 예수의 예고대로 곧 닭이 운다. 요한복음의 수난 보도에서 제자도에 대한 강조가 두드러진다(18 : 19 ; 8 : 32-34 ; 13-17장; 비교. 9 : 27-29). 요한은 베드로의 통곡은 기록하지 않았다

(비교. 마 26 : 75 ; 막 14 : 72 ; 눅 22 : 62).

3. 빌라도 앞에서 첫 번째 심문(18 : 28-38a, 제1장면 '밖' 18 : 29-32, 제2장면 '안' 18 : 33-38a)

28그들이 예수를 가야바에게서 관정으로 끌고 가니 새벽이라 그들은 더
럽힘을 받지 아니하고 유월절 잔치를 먹고자 하여 관정에 들어가지 아
니하더라 29그러므로 빌라도가 밖으로 나가서 그들에게 말하되 너희가
무슨 일로 이 사람을 고발하느냐 30대답하여 이르되 이 사람이 행악자가
아니었더라면 우리가 당신에게 넘기지 아니하였겠나이다 31빌라도가 이
르되 너희가 그를 데려다가 너희 법대로 재판하라 유대인들이 이르되
우리에게는 사람을 죽이는 권한이 없나이다 하니 32이는 예수께서 자기
가 어떠한 죽음으로 죽을 것을 가리켜 하신 말씀을 응하게 하려 함이러
라 33이에 빌라도가 다시 관정에 들어가 예수를 불러 이르되 네가 유대
인의 왕이냐 34예수께서 대답하시되 이는 네가 스스로 하는 말이냐 다른
사람들이 나에 대하여 네게 한 말이냐 35빌라도가 대답하되 내가 유대인
이냐 네 나라 사람과 대제사장들이 너를 내게 넘겼으니 네가 무엇을 하
였느냐 36예수께서 대답하시되 내 나라는 이 세상에 속한 것이 아니니라
만일 내 나라가 이 세상에 속한 것이었더라면 내 종들이 싸워 나로 유대
인들에게 넘겨지지 않게 하였으리라 이제 내 나라는 여기에 속한 것이
아니니라 37빌라도가 이르되 그러면 네가 왕이 아니냐 예수께서 대답하
시되 네 말과 같이 내가 왕이니라 내가 이를 위하여 태어났으며 이를 위
하여 세상에 왔나니 곧 진리에 대하여 증언하려 함이로라 무릇 진리에
속한 자는 내 음성을 듣느니라 하신대 38a빌라도가 이르되 진리가 무엇
이냐 하더라

[18 : 28-38a] 빌라도 앞에서 심문은 네 복음서에 공통적으로 등장한다(18 : 28-38a ; 마 27 : 1-2, 11-14 ; 막 15 : 1-5 ; 눅 23 : 1-7). 이 심문의 결과 예수께서 십자가에 못 박히시도록 넘겨진다(18 : 38b-19 : 16 ; 마 27 : 15-31 ; 막 15 : 6-20 ; 눅 23 : 13-25). 공관복음서와 달리 안나스의 심문 사건을 기록한 요한복음은(18 : 12-27) 유다의 죽음(마 27 : 3-10 ; 행 1 : 18-19)이나 헤롯의 심문(눅 23 : 6-12)을 언급하지 않는다. 빌라도의 심문은 법정 안과 밖의 공간적 배치 아래 교차적으로 진행되는 7개의 드라마적 장면으로 구성된다(제1장면 '밖' 18 : 29-32, 제2장면 '안' 18 : 33-38a, 제3장면 '밖' 18 : 38b-40, 제4장면 '안' 19 : 1-3, 제5장면 '밖' 19 : 4-7, 제6장면 '안' 19 : 8-11, 제7장면 '밖' 19 : 12-16a ; 비교. '문'과 '우리'의 비유 10 : 1-17). 법정 안에서 빌라도와 예수의 메시야적 왕권(18 : 33, 37), 진리(18 : 38), 참된 권위(19 : 11)에 대한 문답식 대화가 오가고, 로마 군인들의 조롱 속에 예수의 왕권이 선포된다(19 : 3). 법정 밖에서 종교적으로 유대교의 신성모독과(19 : 7) 정치적으로 로마의 반역죄(19 : 12)를 행하는 행악자(18 : 30)로 유대인들(18 : 31, 39, 40 ; 19 : 7, 12, 14 ; 참조. 18 : 36 ; 19 : 31, 38, 비교. 19 : 20) 및 대제사장들(18 : 35 ; 19 : 6, 15, 21)과 아랫사람들이 '소리를 지르며'(18 : 40 ; 19 : 6, 12, 15) 예수를 십자가 죽음으로 몰아간다(19 : 6, 15 ; 신 21 : 22-23 ; 행 5 : 30 ; 10 : 39 ; 갈 1 : 15 이하 ; 3 : 13 이하). 그리스도이시며 하나님의 아들로 신적인 기원을 가지며 아버지와 하나가 되시는 예수의 선포에 대한 유대인들의 신성모독 언급은 유대인들 사이에 계속 논쟁되었던 주제이다(7 : 25-36 ; 10 : 22-42). 안과 밖의 공간적 상징은 죄 없이 세상 죄를 지고 가는 하나님의 어린양으로 예수의 음성을 듣고 믿는 자는 누구나 영생의 구원을 선사하는 예수 구원의 대상으로서의 보편성을 암시한다(10 : 2, 7, 16 ; 고전 5 : 7). 예수 구원의 대상으로서의 보편성으로 인해 로마인들, 유대인들, 세상이 사건의 전반에 함께 관련된다('세상의 구주' 4 : 42 ; 요일 4 : 14). 예수의 왕권과 관련된(12 : 15) 빌라도 앞에서 첫 번째 심문(18 : 28-38a)은 관정 안에 넘겨진 예

수와 관정 밖의 유대인들(28절), 관정 밖에서 빌라도와 유대인들의 문답식 대화(29-32절, 제1 대화 29-30절, 제2 대화 31절, 성경의 성취 32절), 관정 안에서 빌라도와 예수의 문답식 대화(33-38절, 제1 대화 33-34절, 제2 대화 35-36절, 제3 대화 37절, 빌라도의 반문 38절)로 구성된다.

28절 유대인들이 예수를 대제사장 가야바의 관정에서 로마 관할 구역으로 예수를 끌고 간다. 로마행정당국은 오전 6시에 업무를 시작한다. 공관복음서와 달리 요한은 유대인들이 자신들의 결례에 따라 유월절을 지키고자 로마 관정 안으로 들어가지 않았다고 설명한다.

29~32절 빌라도가 예수의 심문을 위해 먼저 그를 데리고 온 관정 밖 유대인들에게 나아가 예수를 고발한 이유를 질문한다. 그들은 예수가 악한 일을 행하였다고 고발한다(29-30절). 빌라도는 유대인들의 법으로 예수를 다스리라고 명하고 이에 대해 예수를 죽이기를 원하는 유대인들은 자신들에게 사형권이 없다고 답변한다(31절, 11 : 47-53). 주후 6년 이후 유대인들은 유대인이 아닌 외국인이 불법으로 성전구역을 침입한 특별한 경우 로마 당국의 승인을 받아 침입자를 사형시킬 수 있었다(ius gladii). 그 외의 경우 불법으로 유대 당국에 의해 사형이 집행되기도 하였다(행 6 : 8-15 ; 7 : 54-60). 요한은 유대인들의 답변이 '마땅히 죽어야 할' 예고된 예수의 십자가 죽음이 성취되는 것임을 간접적으로 설명한다(32절, 12 : 32-35). 종교적 범과에 대한 유대교의 사형집행은 돌을 쳐 죽이는 것이었다(산헤드린 미쉬나 규정 VII 4 ; 비교. 8 : 5). 네 복음서 중 누가복음만이 유대 "백성을 미혹하고 가이사에게 세금 바치는 것을 금하며 자칭 왕 그리스도라"고 예수가 말한다는 유대인들의 직접적 고발 이유를 기록한다(눅 23 : 2).

33~36절 빌라도가 다시 관정 안으로 들어가 예수를 심문한다. 빌라도의 심문은 "네가 유대인의 왕이냐"라는 질문으로 시작한다(33절, 마 27 : 11 ; 막 15 : 2 ; 눅 23 : 3). 공관복음서는 이 질문에 예수께서 "네 말이 옳도다"라고 답변

하였음을 기록한다(σὺ λέγεις 마 27 : 11 ; 막 15 : 2 ; 눅 23 : 3 ; 비교. 18 : 37). 공관복음서와 달리 요한은 예수께서 빌라도의 질문이 빌라도 자신의 질문인지 예수를 고발한 자들의 질문인지를 반문하였다고 기록한다(34절). 두 번째 심문은 '바실레이아'(βασιλεία 나라, 통치), 곧 왕권 및 그 기원과 관련된다. 빌라도는 예수께 자신이 유대인이 아님을 말하고 "네 민족(τὸ ἔθνος τὸ σόν)과 대제사장들이 너를 내게 넘겼으니" 예수께서 무슨 악을 행하였는지를 질문한다(35절). 이에 예수께서 자신의 나라, 예수의 왕권과 그 기원이 이 세상에 속하지 않은 것임을 밝혀 말한다(36절, 3 : 3, 5 ; 7 : 26-30 ; 골 1 : 13 ; 엡 5 : 5 ; 눅 22 : 29-30 ; 23 : 42-43).

37절 요한은 빌라도의 세 번째 심문을 통해 '왕권에서 진리'로 예수의 성육신 사건의 의미를 더 확장시킨다. 세상에 오신 왕이신 예수는 진리에 대하여 증언하며 진리에 속한 자가 진리이신 예수의 음성을 들을 것을 선포한다. 예수께서 "길이요 진리요 생명"이시므로 예수로 말미암아 구원에 이르고 예수로 인하여 아버지께로 나아간다(37절; 비교. 14 : 6).

38a절 심문의 절정에서 빌라도는 예수께 "진리가 무엇이냐"고 반문한다. 이로써 유대인이 아닌 빌라도가 예수를 심문하는 수난 과정 중에 예수가 누구이시며 구원이 무엇이고 어떻게 사람이 구원을 받을 수 있는 가에 대한 요한복음에 기록된 예수의 계시 사건이 절정에 이른다(38절, 10 : 22-39).

4. 유월절 사면(18 : 38b-40, 제3장면 '밖')

38b이 말을 하고 다시 유대인들에게 나가서 이르되 나는 그에게서 아무
죄도 찾지 못하였노라 39유월절이면 내가 너희에게 한 사람을 놓아 주는
전례가 있으니 그러면 너희는 내가 유대인의 왕을 너희에게 놓아 주기
를 원하느냐 하니 40그들이 또 소리 질러 이르되 이 사람이 아니라 바라
바라 하니 바라바는 강도였더라

38b~40절 예수를 심문한 빌라도는 유대인들이 고발한 예수의 행악과 죄를 발견하지 못한다(눅 23 : 4, 13-16). 다시 관정 밖으로 나간 빌라도는 자신의 사면권을 사용하여 예수의 사면을 제공하려 한다. 반면에 유대인들은 강도로 체포되어 십자가에 달린 죄인 바나바의 석방을 요구한다(미쉬나 유월절 규정 VIII : 6a). 마가와 누가는 바라바가 민란과 살인으로 옥에 갇혔다고 기록한다(막 15 : 7 ; 눅 23 : 19). 민란을 일으킨 것으로 보아 바라바는 정치적 메시야를 기대했던 열심 당원이었을 수 있다. 바라바는 유대인들의 눈에 유대 민족주의가 자유를 갈망하여 투쟁하고 쟁취하는 상징적 인물로 묘사되었다. 반면에 빌라도는 예수를 '유대인의 왕'으로 부름으로 참된 평화를 가져오는 예수의 비폭력적 비정치적 참된 왕권을 간접적으로 인정한다. 요한은 강도 바라바의 석방에 대한 보고를 생략한다(마 27 : 26 ; 막 15 : 15 ; 눅 23 : 25).

5. 채찍을 맞음과 조롱 받으심(19 : 1-3, 제4장면 '안')

> [1]이에 빌라도가 예수를 데려다가 채찍질하더라 [2]군인들이 가시나무로 관을 엮어 그의 머리에 씌우고 자색 옷을 입히고 [3]앞에 가서 이르되 유대인의 왕이여 평안할지어다 하며 손으로 때리더라

1절 관정 안으로 들어온 빌라도가 예수를 데려다가 채찍을 맞게 한다. 로마 통치하에 채찍질은 노예를 달래거나 자백을 강요할 때 또는 십자가형에 동반된 처벌이거나 단독처벌이었다(요세푸스의 『유대전쟁사』 VI 304 ; VII 200). 가는 나뭇가지를 묶은 회초리, 막대기, 짐승의 가죽이 끝에 달린 채찍 등이 도구로 사용되었다. 예수에게서 사형에 해당하는 죄목을 발견하지 못한 빌라도가 예수를 죽이려 하는 유대인들의 분노를 잠재우고 예수를 사형에 처하지 않고 예수 죽음의 책임을 면하기 위해 예수의 몸에 채찍질을 가했을 수 있다(눅 27 : 24).

2~3절 예수께 채찍을 가하는 심한 체벌을 한 후 로마 군인들은 헬라적인 방식의 왕위 즉위식을 모방하여 예수를 조롱한다. 그들은 가시나무로 관을 만들어 예수의 머리에 씌우고 자색 옷을 입힌다. 이어서 로마 황제를 찬양하는 "가이사 만세!"를 본떠 "유대인의 왕이여 평안할지어다"(χαῖρε ὁ βασιλεὺς τῶν Ἰουδαίων)를 말하며 예수를 손으로 때린다. 마태복음 27장과 마가복음 15장에 따르면 로마 군인들이 통치권의 상징인 왕의 홀을 모방하여 갈대를 예수의 오른손에 들리게 하여(마 27 : 29a) 그들이 로마 황제에게 하듯이 예수께 무릎을 꿇어(마 27 : 29b; 막 15 : 19) 절하면서 갈대를 빼앗아 예수의 머리를 치고 침을 뱉어 예수를 희롱하고(마 27 : 30 ; 막 15 : 19) 이로써 이방인인 로마 군인들은 세상의 구주인 예수의 왕권을 모욕하나 간접적으로 그가 세상의 왕이심을 드러낸다(참조. 가야바 11 : 51 ; 빌라도 18 : 39). 그들은 다시 예수께 입힌 자색 옷을 벗기고 예수의 옷을 입혀 십자가에 못 박으려고 끌고 관정 밖으로 나갔음을 보도한다(마 27 : 31 ; 막 15 : 20).

6. "보라 이 사람이다"(Ecce homo 19 : 4–7, 제5장면 '밖')

4빌라도가 다시 밖에 나가 말하되 보라 이 사람을 데리고 너희에게 나
오나니 이는 내가 그에게서 아무 죄도 찾지 못한 것을 너희로 알게 하
려 함이로라 하더라 5이에 예수께서 가시관을 쓰고 자색 옷을 입고 나오
시니 빌라도가 그들에게 말하되 보라 이 사람이로다 하매 6대제사장들
과 아랫사람들이 예수를 보고 소리 질러 이르되 십자가에 못 박으소서
십자가에 못 박으소서 하는지라 빌라도가 이르되 너희가 친히 데려다가
십자가에 못 박으라 나는 그에게서 죄를 찾지 못하였노라 7유대인들이
대답하되 우리에게 법이 있으니 그 법대로 하면 그가 당연히 죽을 것은
그가 자기를 하나님의 아들이라 함이니이다

4절 유대인들이 고발한 예수의 죄를 발견하지 못한 빌라도는 예수를 이끌고 관정 밖으로 나와 유대인들 앞에 예수를 세운다.

5절 "보라 이 사람이다"(ἰδοὺ ὁ ἄνθρωπος, ecce homo). 이방인인 로마 군인 빌라도에 의해 기적을 동반한 정치적 종교적 구원을 가져오는 신적인 인간인 메시야를 기다렸던 사람들 앞에 성육신 하신 로고스가 공개적으로 계시된다(1 : 14).

6절 대제사장들과 아랫사람들이 가시관을 쓰고 자색 옷을 입은 예수를 보고 "십자가에 못 박으소서"라고 반복하여 소리 지른다. 빌라도는 예수에게서 죄를 찾지 못하였다고 다시 공포하며 유대인들이 친히 예수를 십자가에 못 박을 것을 명한다.

7절 예수께서 자신을 하나님의 아들이라고 했다는 유대교 신성 모독죄를 거론하며 유대인들이 빌라도를 향해 사형에 처할 것을 요구한다(7절. 1 : 34, 49 ; 5 : 25 ; 10 : 36 ; 11 : 4, 27 ; 18 : 37).

7. 빌라도 앞에서 두 번째 심문(19 : 8–11, 제6장면 '안')

> 8빌라도가 이 말을 듣고 더욱 두려워하여 9다시 관정에 들어가서 예수
> 께 말하되 너는 어디로부터냐 하되 예수께서 대답하여 주지 아니하시는
> 지라 10빌라도가 이르되 내게 말하지 아니하느냐 내가 너를 놓을 권한도
> 있고 십자가에 못 박을 권한도 있는 줄 알지 못하느냐 11예수께서 대답
> 하시되 위에서 주지 아니하셨더라면 나를 해할 권한이 없었으리니 그러
> 므로 나를 네게 넘겨 준 자의 죄는 더 크다 하시니라

8절 예수를 향한 대제사장들의 시기와(마 27 : 18 ; 막 15 : 10 ; 비교. 눅 23 : 10) 분노에 찬 살의, 빌라도의 눈에 죄가 없어 보이는 예수가 하나님의 아들이라고 자칭한다는 유대인들의 고발에 빌라도는 더욱 두려워진다(마 28 :

18–19). 그의 두려움이 로마의 종교 문화적 환경이 제공한 신인(神人)사상에 대한 경외 때문인지, 자신의 통치 구역에서 발생할 수 있는 유대 민중봉기에 대한 염려 때문인지 혹은 스스로 왕이며 하나님의 아들임을 선포한 예수를 사면할 경우 로마 황제에 대한 반역죄로 몰릴 위험성을 느낀 정치적 계산이 었는지 본문은 언급하지 않는다. 요한의 관심은 그리스도이며 진리이신 예수의 계시와 그를 믿고 사람들이 구원에 이르는 것이다.

9절 빌라도가 다시 관정 안으로 들어간다. 예수의 기원과 권세에 대한 심문이 다시 제기된다(33–36절). "어디로부터 오는가"라는 기원에 관한 질문은 요한의 독특한 주제이다(1 : 48 ; 2 : 9 ; 3 : 8 ; 4 : 11 ; 6 : 5 ; 7 : 27–28 ; 8 : 14 ; 9 : 29–30). 빌라도는 예수께 "너는 어디로부터냐"라고 질문한다(비교. 7 : 27–28 ; 8 : 23 ; 9 : 27–33). 이에 예수께서 바로 답변하지 않는다(막 15 : 5 ; 눅 23 : 9). 첫 번째 심문에서 이미 예수는 '유대인의 왕'인 지를 질문하는 빌라도의 정치적 질문에서 '자신의 나라, 왕권과 그 기원이 이 세상에 속하지 않는 진리'임을 밝힌 바 있다(33–37절). 유대인들을 향해서도 자신이 '위에서 났으며' '이 세상에 속하지 않고' '하나님께로부터 오셨음'을 밝힌 바 있다(7 : 27–29 ; 8 : 23 ; 9 : 33).

10절 로마 행정당국의 전권을 넘겨받은 빌라도는 침묵하는 예수를 향해 자신이 예수를 십자가에 죽이거나 사면할 정치적 권세를 지니고 있음을 말한다.

11절 예수께서 모든 권세가 위에서부터(ἄνωθεν) 주어짐을 설명하며(3 : 3, 7, 31 ; 19 : 23) 하나님께서 주시는 참된 권세를 상기시킨다. 예수에게서 죄를 발견하지 못하였으나 두려움 가운데(8절) 심문을 계속하는 빌라도를 향해 예수께서 자신을 넘겨 준 유대인들의 죄가 자신이 맡은 정치적 직무에 따라 예수에게 사형을 선고하게 될 빌라도의 죄보다 큼을 언급한다.

8. 사형 선고(19 : 12–16, 제7장면 '밖')

12이러하므로 빌라도가 예수를 놓으려고 힘썼으나 유대인들이 소리 질
러 이르되 이 사람을 놓으면 가이사의 충신이 아니니이다 무릇 자기를
왕이라 하는 자는 가이사를 반역하는 것이니이다 13빌라도가 이 말을 듣
고 예수를 끌고 나가서 돌을 깐 뜰(히브리 말로 가바다)에 있는 재판석에
앉아 있더라 14이 날은 유월절의 준비일이요 때는 제육시라 빌라도가 유
대인들에게 이르되 보라 너희 왕이로다 15그들이 소리 지르되 없이 하소
서 없이 하소서 그를 십자가에 못 박게 하소서 빌라도가 이르되 내가 너
희 왕을 십자가에 못 박으랴 대제사장들이 대답하되 가이사 외에는 우
리에게 왕이 없나이다 하니 16이에 예수를 십자가에 못 박도록 그들에게
넘겨 주니라

12절 빌라도는 진리이신 예수, 하나님께로부터 보냄은 받은 예수 그리스도 안에서 계시되는 하나님의 뜻을 이해할 수 없으나 예수를 향해 유대인들이 고발한 죄목도 그에게서 발견하지 못한다. 빌라도는 관정 밖으로 다시 나가 예수를 석방하려 애를 쓴다(마 27 : 19 ; 눅 23 : 16, 20, 22). 반면에 유대 지도자들은 예수를 거부한다. 빌라도와 유대 지도자들 사이에 긴장이 고조된다. 유대인들은 빌라도를 향해 로마 황제 숭배를 상기시킨다. 로마제국과 로마의 모든 속국을 통치하는 왕은 로마 황제 하나이다. 스스로 왕이라 하는 자를 사면하는 것은 황제에게 반역하는 행위이다.

13절 결국 로마인 빌라도는 관정 밖으로 예수를 끌어내고 재판석에 앉는다. 재판석이 로마식으로 돌을 깐 뜰(히브리어로 '가바다', 곧 언덕')에 있었다는 기록으로 사건이 공적으로 진행되었음을 알린다.

14절 예수의 십자가 처형은 유월절 준비일 정오 12시에 선고된다(참조. 제6시). 빌라도는 끌어낸 예수를 유대인들에게 보이며 "보라 너희 왕이라"고 소

개하므로 예수의 왕권이 간접적으로 암시된다.

15절 대제사장과 아랫사람들이 끌려나온 예수를 향해 반복하여 십자가에 못 박기를 외쳤듯이(6절) 유대인들이 그들의 지도자를 따라 동일하게 소리 질러 예수를 없애기를 반복하며 십자가에 못 박을 것을 외쳐 부르짖는다.

16절 빌라도의 심문은 예수의 십자가 처형으로 종결되고 예수가 유대인들에게 넘겨진다(마 27 : 26 ; 막 15 : 15 ; 눅 23 : 25). 요한은 바라바의 석방을 언급하지 않는다(마 27 : 26 ; 막 15 : 15 ; 눅 23 : 25). 마태는 빌라도가 자신의 무죄를 말하며 손을 씻었고, 유대인들이 자신들에게 예수의 피의 댓가를 돌리라고 말했다는 보도를 추가한다(마 27 : 26). 마가는 빌라도가 유대인들을 만족시키려 했다고(막 15 : 15), 누가는 예수의 처형을 재촉하는 유대인들의 큰 소리가 빌라도를 이겼다고 기록한다(눅 23 : 23).

B. 예수의 십자가 죽음과 매장(19 : 17–42)

예수의 소송과 심문을 보고하는 18 : 1~19 : 16a에 이어 19 : 16b~42은 예수의 십자가 처형 및 매장을 보고한다. 나사렛 예수 자신이 자기 십자가를 스스로 지시고 유대인들의 왕으로 자기 보좌에 앉으신다. 십자가에 못 박힌 나사렛 예수가 유대인들의 왕이며 구원자, 세상의 심판자이다. 히브리와 로마와 헬라 말로 기록된 십자가 명패로 예수가 누구이신지가 드러난다(19 : 16b–22). 벌거벗겨지는 수난과 깊은 절망 가운데 예수께서 아버지의 뜻을 이루신다(19 : 23–24). 사형집행 명령을 수행하는 믿음 없는 (네 명의) 군인들과 대조적으로 네 명의 여인과 애제자가 십자가 밑에 서 있다. 예수께서 자신의 교회를 십자가로부터 탄생하게 하신다. 마리아와 애제자가 부각된다(19 : 25–27). 유대인들의 왕, 세상의 구원자가 십자가의 죽음으로 세상을 구원하는 자신의 사명을 완수하여 "모든 것이 다 이루어졌다"(19 : 28–30). 한

편에서는 유대인들이 그들의 종교적인 규례에 따라 십자가에 달리신 예수의 죽음을 재촉하나(신 21 : 22 이하), 다른 한 편에서는 예수의 죽음으로 새 성전이 세워지고(2 : 19-21), 십자가에서 옆구리가 창으로 찔리신 예수의 피와 물로 교회의 새로운 질서 '세례와 성만찬'이 세워진다(19 : 31-37). 아리마대 요셉의 주도로 십자가에 못 박히신 예수께서 공동묘지에 폐기되는 것이 피해졌다. 기드론 시내 건너편 겟세마네 한 '동산'(18 : 1, 26)에서 시작된 수난 사건은 예수께서 '새 무덤'이 있는 '동산'에 매장되므로 종결된다(κῆπος 19 : 41). '새 무덤'은 예수의 성육신, 죽음, 부활을 증언한다. 요셉과 니고데모는 사랑의 섬김으로 예수께 대한 신앙을 고백한다(19 : 38-42). 예수 수난사화의 두 번째 부분인 19 : 16b~42은 예수의 십자가 처형(19 : 16b-22), 옷을 나눔(19 : 23-24), 십자가 아래서 여인들과 애제자(愛弟子, 19 : 25-27), 예수의 죽음(19 : 28-30), 예수의 뚫린 옆구리(19 : 31-37), 예수의 매장(19 : 38-42)으로 구성된다.

1. 십자가 죽음(19 : 17-22)

17그들이 예수를 맡으매 예수께서 자기의 십자가를 지시고 해골(히브리
말로 골고다)이라 하는 곳에 나가시니 18그들이 거기서 예수를 십자가에
못 박을새 다른 두 사람도 그와 함께 좌우편에 못 박으니 예수는 가운데
있더라 19빌라도가 패를 써서 십자가 위에 붙이니 나사렛 예수 유대인의
왕이라 기록되었더라 20예수께서 못 박히신 곳이 성에서 가까운 고로 많
은 유대인이 이 패를 읽는데 히브리와 로마와 헬라 말로 기록되었더라
21유대인의 대제사장들이 빌라도에게 이르되 유대인의 왕이라 쓰지 말
고 자칭 유대인의 왕이라 쓰라 하니 22빌라도가 대답하되 내가 쓸 것을
썼다 하니라

[19 : 17–22] 네 복음서가 군인들이 예수를 조롱한 기사를 보고한다(마 27 : 27–31a; 막 15 : 16–20a; 눅 23 : 36–37 ; 요 19 : 2–3). 마태복음과 마가복음은 예수의 십자가형 선고 직후에 로마 군인들의 조롱을 언급하며, 누가복음은 십자가에 못 박히신 후 군인들의 조롱이 있었음을 기록한다. 요한복음에 따르면 군인들의 조롱이 있은 후 빌라도에 의한 예수의 사형 선고가 내려지며(19 : 16a), 예수께서 십자가에 못 박히신 후에 군인들이 예수의 옷을 취하여 나누어 제비를 뽑아 갖는다(19 : 24 ; 참조. 눅 23 : 34). 군인들의 조롱 직전에 예수께 채찍질이 가해지고 있다(마 27 : 26 ; 막 15 : 15 ; 19 : 1). 체벌을 받은 죄인은 종종 뼛속 깊숙하게 급소를 맞아 죽기도 하였다. 예수께 채찍을 가하는 심한 체벌 직후 로마 군인들은 헬라세계의 왕위 즉위식을 모방하여 예수를 조롱한다. 공관복음서가 구레네 시몬이 채찍을 맞아 쇠약해지신 예수의 십자가를 대신 짊어진 것으로 보고하는(마 27 : 32 ; 막 15 : 21 ; 눅 23 : 26) 반면, 요한복음은 예수 자신이 십자가를 지시고 법정에서 약 100 미터 떨어진 성문 밖 해골의 장소인 골고다 언덕으로(19 : 20) 나아가신 것으로 기록함으로 예수께서 스스로 십자가를 지는 희생을 강조한다(19 : 17 ; 참조. 18 : 4). 예수께서는 유대 율법에 따라 죄인으로 유대 공동체에서 출교되셔서 예루살렘 성문 밖 골고다 언덕에서 십자가에 못 박히신다(참조. 레 24 ; 14 ; 민 15 : 35 이하; 행 7 : 58 ; 히 13 : 12 이하). 사형수의 소유 중 옷은 죄인을 이끈 군인들의 몫이었으며, 다른 소유물은 국고에 귀속되었다. 본 단락은 예수를 향한 조롱(17–22절), 십자가에 못 박음(17–22절), 십자가 아래 모인 사람들(23–27절, 군인들: 23–24절; 네 명의 여인: 25절; 예수의 어머니 마리아와 애제자: 26–27절)로 구성된다.

17절 예수님께서 자신의 십자가를 지시고 법정에서 나오셔서 골고다 언덕을 향하여 가신다.

18절 로마 군인들이 언덕위에 십자가를 세우고 예수님을 그 위에 못 박는다.

예수님을 가운데 두고 좌우편 십자가에 다른 두 사람이 예수님과 함께 못 박힌다. 마태복음과 마가복음은 이 두 사람을 '강도'로(마 27 : 38 ; 막 15 : 27) 누가복음은 '행악자'(눅 23 : 33)로 소개한다.

19~20절 로마의 관례에 따라 빌라도가 예수님의 십자가 위에 '나사렛 예수 유대인의 왕'이라는 죄의 명패를 써서 붙인다. 요한복음은 특히 예수님의 구원이 전 세계를 포괄한다는 의미에서 명패가 모든 사람이 읽을 수 있도록 히브리어, 라틴어, 헬라어의 삼개국어로 기록되고 있음을 강조한다. 그 당시 팔레스틴 지역은 상용어로 아람어와 헬라어를, 행정어로 라틴어를 사용하고 있었다.

21~22절 유대인 대제사장들은 '자칭 유대인의 왕'으로 쓸 것을 빌라도에게 요구하나, 빌라도가 그것을 거절한다. 유대인이 대망한 왕적 통치자로 오시는 메시야가 예수님이심을 요한복음이 강조하고 있다.

2. 옷을 나눔(19 : 23–24)

> 23군인들이 예수를 십자가에 못 박고 그의 옷을 취하여 네 깃에 나눠 각
> 각 한 깃씩 얻고 속옷도 취하니 이 속옷은 호지 아니하고 위에서부터 통
> 으로 짠 것이라 24군인들이 서로 말하되 이것을 찢지 말고 누가 얻나 제
> 비 뽑자 하니 이는 성경에 그들이 내 옷을 나누고 내 옷을 제비 뽑나이
> 다 한 것을(시 22 : 18) 응하게 하려 함이러라 군인들은 이런 일을 하고

23~24절 십자가 아래 예수를 희롱하는 사람들과, 예수를 경배하는 사람들의 두 그룹이 있다. 한 편에서 네 명의 군인들이 예수의 겉옷을 네 깃으로 나누어 한 깃씩 갖고, 통으로 짠 속옷은 제비를 뽑아 한 사람이 취하면서 시편 22 : 18의 예언이 성취된다.

3. 십자가 아래에서 여인들과 애제자(19 : 25-27)

25예수의 십자가 곁에는 그 어머니와 이모와 글로바의 아내 마리아와 막
달라 마리아가 섰는지라 26예수께서 자기의 어머니와 사랑하시는 제자
가 곁에 서 있는 것을 보시고 자기 어머니께 말씀하시되 여자여 보소서
아들이니이다 하시고 27또 그 제자에게 이르시되 보라 네 어머니라 하신
대 그때부터 그 제자가 자기 집에 모시니라

25절 이들에게 예수는 사형으로 죽은 한 죄인에 불과하다. 다른 한 편에서는 네 명의 여인들이 예수의 십자가 곁에 서 있다(참조. 20 : 1 이하, 11-18 ; 막 15 : 40).

26~27절 예수께서 어머니 마리아와 함께 예수의 애제자가 곁에 서 있음을 보시고 어머니에게는 애제자를 그녀의 아들로, 애제자에게는 어머니를 그의 어머니로 돌볼 것을 부탁하신다(참조. 13 : 1). 그들이 곧 바로 순종하여 그리스도의 이름으로 새로운 가정공동체를 이룬다. 이들에게 예수는 죽음을 이기시고 부활 승천하셔서 미래를 주관하시는 생명의 주인이시다.

4. 죽음(19 : 28-30)

28그 후에 예수께서 모든 일이 이미 이루어진 줄 아시고 성경을 응하게
하려 하사 이르시되내가 목마르다 하시니 29거기 신 포도주가 가득히 담
긴 그릇이 있는지라 사람들이 신 포도주를 적신 해면을 우슬초에 매어
예수의 입에 대니 30예수께서 신 포도주를 받으신 후에 이르시되 다 이
루었다 하시고 머리를 숙이니 영혼이 떠나가시니라

28~30절 오전 아홉시부터 오후 세시까지 여섯 시간 동안 십자가에 매달려 고

난당하신 예수님의 마지막 외침과 예수님의 죽으심을 네 복음서가 모두 공통적으로 보고한다(마 27:45-56; 막 15:33-41; 눅 23:44-49; 요 19:28-37). 마태복음과 마가복음은 예수님께서 시편 22편을 상기시키는 "엘리 엘리 라마 사박다니"를 외치셨다고 기록하며(마 27:46; 막 15:34), 누가복음은 "아버지 내 영혼을 아버지 손에 부탁하나이다"(눅 23:46)를, 요한복음은 "내가 목마르다"(19:28)라는 말씀과 함께 "다 이루었다"(19:30)는 말씀을 끝으로 숨을 거두셨음을 언급한다. 그는 자기 사람들을 '끝까지' 사랑하심으로 믿는 자들을 구원하는 사역을 완성하셨다(13:1; 비교. 롬 10:4).

5. 예수의 뚫린 옆구리(19 : 31-37)

> 31이날은 준비일이라 유대인들은 그 안식일이 큰 날이므로 그 안식일에
> 시체들을 십자가에 두지 아니하려 하여 빌라도에게 그들의 다리를 꺾어
> 시체를 치워 달라 하니 32군인들이 가서 예수와 함께 못 박힌 첫째 사람
> 과 또 그 다른 사람의 다리를 꺾고 33예수께 이르러서는 이미 죽으신 것
> 을 보고 다리를 꺾지 아니하고 34그중 한 군인이 창으로 옆구리를 찌르니
> 곧 피와 물이 나오더라 35이를 본 자가 증언하였으니 그 증언이 참이라
> 그가 자기의 말하는 것이 참인 줄 알고 너희로 믿게 하려 함이니라 36이
> 일이 일어난 것은 그 뼈가 하나도 꺾이지 아니하리라 한 성경을 응하게
> 하려 함이라 37또 다른 성경에 그들이 그 찌른 자를 보리라 하였느니라

[19:31-37] 세 복음서와 달리 요한복음은 로마의 한 군인이 십자가에 달린 예수의 옆구리를 창으로 찌르는 사건에 대해 보도한다. 정결 규례를 지키기 위해 유월절 전에 예수의 시체를 치우고자 했던 유대인들과 달리 십자가 위에서 예수는 자신의 몸을 희생하여 인류의 죄를 대속하여 죽으시고 '피와 물'을 흘리심으로 새로운 참된 구원의 질서를 가져왔다. 그로써 구약의 말씀이 성

취된다. 구약의 절기와 규례가 아니라 예수를 보고 믿음으로 영생의 구원을 얻는다.

31절 유대인들에게 유월절 준비일은(19 : 14, 니산월 15일) 안식일이 시작하는 큰 날로 정결하게 지켜야 했다. 신명기 21 : 22~23에 따르면 유대인들은 죽을 죄로 인해 나무 위에 달아 죽인 자의 시체를 나무 위에 밤새 두지 말고 그 날에 장사하여야 한다. 하나님의 저주를 받은 자의 시체로 땅을 더럽히지 말아야 하기 때문이다. 예수를 십자가에 못 박게 한 유대인들은 자신들의 종교적 규례에 따라 정결하게 유월절을 지내고자 십자가에 못 박힌 자들의 다리를 꺾어 시체를 치울 것을 빌라도에게 요구한다.

32~34절 로마 군인들이 예수와 함께 못 박힌 다른 두 사람의 다리를 꺾는다(마 27 : 44 ; 막 15 : 32 ; 비교. 갈 2 : 19 ; 6 : 14 ; 롬 6 : 6). 그러나 예수께서 이미 죽으신 것을 보고 다리를 꺾지 않고 한 군인이 예수의 옆구리를 찔러 예수의 몸에서 '피와 물'이 나온다. 예수의 죽음이 확인된다. 예수의 죽은 몸에서 나온 '피와 물'은 '세례와 성만찬'을 상기시킨다. 예수께서 구약의 옛 질서와 규례를 십자가상에서 폐기하시고 예수 안에서 계시되는 하나님의 사랑과 구원의 의지로 예수를 믿는 자들을 위한 새 질서를 세우신다.

35절 목격자의 참된 증언이 뒤따른다. 그 증언으로 인해 참 진리이신 예수를 믿게 된다(비교. 20 : 31).

36절 뼈가 꺾이지 않는 것, 예수를 찌른 자를 보는 것은 성경에 약속된 말씀이 성취되고 있음을 드러낸다. 유대전통에 따르면 유월절 희생양의 뼈를 하나도 꺾지 말아야 한다(출 12 : 10, 46 ; 민 9 : 12 ; 시 34 : 19–20). 스가랴 12 : 10에 따르면 예루살렘의 구원의 날에 찌른 자들이 구원자를 볼 것을 언급한다. 공관복음서에 따르면 예수의 죽음 앞에서 그를 향하여 섰던 백부장(마 27 : 54 ; 막 15 : 39)과 함께 예수를 지키던 자들이(마 27 : 54) 예수께서 '진실로 하나님의 아들'(마 27 : 54 ; 막 15 : 39), '정녕 의인'이었음을 고백한다

(눅 23:47). 요한은 공관복음서와 달리 갈릴리에서부터 예루살렘까지 올라와 예수를 섬기고 따르는 많은 여자들을 예수 죽음의 증인으로 언급하지 않는다(마 27:55-56; 막 15:40-41; 눅 23:48-49; 비교. 요 19:25-27). 이미 25-27절에서 예수의 말씀에 따라 세워지는 새로운 교회에 주요 역할을 담당한 이들로 여인들이 언급되었다. 모든 것을 다 이루신(19:30) 예수의 죽음을 통한 구원사역으로 약속된 모든 말씀이 성취되고 있다.

6. 매장(19 : 38-42)

38아리마대 사람 요셉은 예수의 제자이나 유대인이 두려워 그것을 숨기
더니 이 일 후에 빌라도에게 예수의 시체를 가져가기를 구하매 빌라도
가 허락하는지라 이에 가서 예수의 시체를 가져가니라 39일찍이 예수께
밤에 찾아왔던 니고데모도 몰약과 침향 섞은 것을 백 리트라쯤 가지고
온지라(1리트라는 약 327그램임) 40이에 예수의 시체를 가져다가 유대인
의 장례법대로 그 향품과 함께 세마포로 쌌더라 41예수께서 십자가에 못
박히신 곳에 동산이 있고 동산 안에 아직 사람을 장사한 일이 없는 새
무덤이 있는지라 42이 날은 유대인의 준비일이요 또 무덤이 가까운 고로
예수를 거기 두니라

[19:38-42] 네 복음서가 모두 유대인의 동네 아리마대 사람 요셉이 예수의 시체를 매장하였음을 보고한다(마 27:57-61; 막 15:42-47; 눅 23:50-56; 요 19:38-42). 그는 존경받는 유대 공회의 의원으로 하나님을 기다리는 자였으며(막 15:43; 눅 23:50-51), 선하고 의로운 자로 예수를 죽이려는 공회의 결의와 행사에 찬성하지 않았고(눅 23:51), 부자이면서(마 27:57), 동시에 예수의 제자였으나(마 27:57; 요 19:38), 유대인들이 두려워 예수의 제자임을 밝히는 것을 숨기는 자였다. 그래서 아마도 사람들의 눈을 피하여

저녁에(막 27 : 57 ; 막 15 : 42 ; 참조. '니고데모' 3 : 2) 예수의 시체를 매장하기 위해 빌라도를 방문한다. 일반적으로 십자가에 처형된 자들은 그대로 방치되어 까마귀의 먹이가 되거나 사람이 사는 곳에서 멀리 떨어진 범죄자들의 공동묘지에 따로 매장되곤 했다. 요한복음은 다른 세 공관복음서와 달리 예수의 매장에 니고데모가 함께 참여하였음을 언급한다. 그 역시 사람들의 눈을 피하여 일찍이 밤에 예수를 방문하여 거듭남에 대해 질문했고(3 : 1, 4, 9), 공회 앞에서 용기를 내어 예수를 변호하고자 시도하기도 했던(7 : 50) 예수의 숨은 제자였다. 하나님 보다 사람들의 눈을 의식했던 두 명의 소심한 제자가 예수가 죽으신 후 예수의 장사에 적극적으로 참여하고 있다. 예수의 시체와 함께 매장된 향품인 몰약과 침향은 시체의 부패를 막고 일시적이나마 좋은 향을 내기 위해 유대인들에 의해 일반적으로 사용되고 있었다(잠 7 : 17 ; 아 4 : 14). 몰약은 향기를 내는 나무의 진이고 침향은 백단 나무에서 추출한 진으로 대개 분말로 만들어 사용되었다. 본 단락은 아리마대 사람 요셉의 간청과 빌라도의 허락(38절), 니고데모의 협력(39절), 시체를 세마포로 쌈(40절), 동산 안 새 무덤에 장사(41절), 상황설명(42절)으로 구성된다. 죽은 자의 규례에 따른 매장은 유대교의 자비와 경건의 높이 평가받는 행위에 속한다. 아리마대 요셉의 주도로 예수는 십자가에 못 박힌 자가 공동묘지로 내던져 버려지게 되는 것으로부터 보호되었다. 수난사건은 한 동산에서의 장면으로 시작하고(18 : 1–11) 끝을 맺는다. 요한이 수난사건에서만 동산을 뜻하는 '캐포스'(κῆπος)를 사용하는 것은 결코 우연이 아니다(18 : 1, 26 ; 19 : 41, 반대로 4 : 5 χωρίον). 한 동산에서 새 무덤은 요한의 매장에 관한 보도와 함께 예수 매장의 의미와 독특성을 강조한다. 아리마대 요셉과(마 27 : 57 ; 막 15 : 43 ; 눅 23 : 51) 니고데모는 숨어 있다가 다시 등장한다. 그들의 사랑의 섬김을 통하여 그들은 공공연히 예수께 대한 그들의 신앙을 고백한다.

38절 존경받는 공회의원이면서 부자였고 예수의 숨은 제자였던 아리마대 사람 요셉이 빌라도에게 나아와 숨을 거두신 예수의 시체를 가져갈 것을 구한다. 예수께 대한 기소가 근거 없는 것임을 잘 알고 있었던 빌라도가 요셉의 간구를 허락하여 시체를 내어 준다.

39절 또 다른 예수의 숨은 제자 니고데모가 예수의 시체의 일시적인 부패를 막기 위해 필요한 몰약과 침향의 혼합제 약 32.7kg을 가지고 온다. 니고데모가 유대인의 지도자로 부유한 자였기 때문에 가능한 일이었다. 많은 양의 향품에 대한 언급은 예수께서 왕권을 지니신 메시야로 장사되신 것을 암시한다(시 45 : 8 ; 대하 16 : 14).

40절 유대인의 장례법을 따라 예수의 숨은 두 제자가 예수의 시체를 향품과 함께 세마포로 싼다. 이 세마포는 후에 예수의 부활의 증거가 된다(참조. 20 : 6-7).

41~42절 예수께서 십자가에 달리신 곳이 예수를 매장하는 장소이다. 그 동산(비교. 18 : 1)에 아직 아무도 장사한 일이 없는 새 무덤이 있고 그곳에 예수가 매장된다.

제 V 부

부활

요한복음 20 : 1-21 : 25

A. 빈 무덤의 증언(20 : 1-10)

B. 부활현현(20 : 11-31)

C. 확장된 부활사화(21 : 1-25)

| 요한복음 20 : 1-21 : 25 |

부활

네 복음서가 모두 빈 무덤을 보도하므로 간접적으로 예수님의 부활을 증언한다(마 28 : 1-8 ; 막 16 : 1-8 ; 눅 24 : 1-12 ; 요 20 : 1-13). 빈 무덤의 첫 증인은 여제자이다(마 28 : 1 ; 막 16 : 1, 9-11 ; 눅 24 : 1 ; 요 20 : 1). 마태복음과 마가복음에 따르면 여제자들이 빈 무덤 앞에서 천사들의 메시지를 통해 예수님께서 직접 하셨던 말씀을 기억하며 예수님의 부활을 확증 받는다(마 28 : 5-7 ; 막 16 : 7). 나아가 그녀들은 예수님의 부활현현을 직접 목격하고 부활의 메시지를 전하라는 예수님의 명령에 순종한다(마 28 : 9-10 ; 막 16 : 9-11 ; 요 20 : 14-18). 누가복음은 엠마오로 가는 두 명의 남자 제자에게도 예수께서 나타나신 것을 길게 언급한다(눅 24 : 13-36 ; 24 : 24). 요한복음은 부활하신 예수께서 막달라 마리아, 도마에게 나타나신 것을 언급한다(20 : 11-31). 빈 무덤에 관한 증언과 함께 요한은 예수 부활과 승천의 육체성(17절) 및 부활신앙(5-8절)을 강조한다(20 : 31). 빌라도의 심문사건에 관한 보도(법정 안과 밖)에서와 마찬가지로 부활현현 보도에서 요한은 빈 무덤의 안과 밖(안식 후 첫날 빈 무덤을 발견하는 마리아, 베드로, 애제자 1-2절, 베드로와 애제자의 무덤 '안'쪽을 향한 경주 3-10절, 빈 무덤 '밖'에 서서 우는 마리아 11-18절)의 공간적 배치를 통해 빈 무덤을 통한 예수 부활을 강조한다. 예수께서 제자들(20 : 19-23)과 도마(20 : 24-29)에게 부활 현현하신 장소가 '문이 닫힌 모임 처소'였음을 언급하여 다시 공간성을 주목함으로 시공간을 초월하셔서 믿는 자들과 함께하시는 부활하신 예수의 영원한 현존을 강조한다. "내가 주를 보았다."는 막달라 마리아의 고백(18절)은 '제자들이 주를 보고 기뻐하는' 모습에서(20절) "우리가 주님을 보았다."라는 제자들의 고백으로 이어지며(25절) "나의 주님이시요 나의 하나님이시니이다."라는 도마의 고백에서 절정에 이르고(28절), 보고 믿는 고백이 아니라 '보지 못하고 믿는 자들은 복되도다'(20 : 29b μακάριοι οἱ μὴ ἰδόντες καὶ πιστεύσαντες)라는 예수의 축복선언(29절)으로 종결된다(19-29절). 예수는 하나님의 아들 그리스도이시다. 그를 믿고 예수의 이름으로 생명을 얻게 하는 것이 요한복음서가 기록된 목적이다(30-31절). 본 단락의 배경은 예수 부활과 현현의 사실 역사이다. 본 단락에서 요한 교회 공동체 안에 예수의 성육신과 육체 부활을 부인하는 가현설을 주장하는 사람들을 향한 사실의 선포를 읽을 수 있다. 본 단락은 빈 무덤의 증언(20 : 1-10, 빈 무덤의 발견 1-2절, 무덤을 향한 경주 3-10절), 부활현현(20 : 11-31, 마리아 막달라에게 나타나심 11-18절, 도마가 없을 때 제자들에게 나타나심 19-23절, 도마가 있을 때 제자들에게 나타나심 24-29절, 첫 번째 요한복음의 결론과 기록 목적 30-31절), 확장된 부활사화(21 : 1-25, 디베랴 바닷가에서 제자들에게 나타나심 1-14절, 베드로를 향한 위탁 15-19절, 애제자의 운명 20-23절, 두 번째 요한복음의 결론과 '애제자'의 증언 24-25절)로 구성된다.

A. 빈 무덤의 증언(20 : 1–10)

1. 빈 무덤의 발견(20 : 1–2)

> [1]안식 후 첫날 일찍이 아직 어두울 때에 막달라 마리아가 무덤에 와서
> 돌이 무덤에서 옮겨진 것을 보고 [2]시몬 베드로와 예수께서 사랑하시던
> 그 다른 제자에게 달려가서 말하되 사람들이 주님을 무덤에서 가져다가
> 어디 두었는지 우리가 알지 못하겠다 하니

1절 하루의 해가 지는 시간부터 다음날 해 지는 시간까지를 하루로 계산하는 유대인의 시간에 따르면 '안식 후 첫날'은 토요일 해가 질 때부터 일요일 해가 질 때까지를 말한다. 이른 아침 막달라 마리아가 빈 무덤을 발견한다. 무덤을 막는 돌이 옮겨져 있다.

2절 막달라 마리아는 베드로와 애제자에게 달려가 빈 무덤을 보고한다. 그녀는 사람들이 예수의 시체를 무덤에서 다른 장소로 옮겨놓았다고 생각한다. 그녀는 예수의 시체가 옮겨진 장소가 어디인지 우리가 알지 못한다고 설명한다.

2. 무덤을 향한 경주(20 : 3–10)

> [3]베드로와 그 다른 제자가 나가서 무덤으로 갈새 [4]둘이 같이 달음질하더
> 니 그 다른 제자가 베드로보다 더 빨리 달려가서 먼저 무덤에 이르러 [5]구
> 부려 세마포 놓인 것을 보았으나 들어가지는 아니하였더니 [6]시몬 베드
> 로는 따라와서 무덤에 들어가 보니 세마포가 놓였고 [7]또 머리를 쌌던 수
> 건은 세마포와 함께 놓이지 않고 딴 곳에 쌌던 대로 놓여 있더라 [8]그때
> 에야 무덤에 먼저 갔던 그 다른 제자도 들어가 보고 믿더라 [9](그들은 성

경에 그가 죽은 자 가운데서 다시 살아나야 하리라 하신 말씀을 아직 알지
못하더라) 10이에 두 제자가 자기들의 집으로 돌아가니라

3~4절 마리아가 예수의 무덤에 온 것(2절)에 이어 두 제자가 무덤을 향해 질주하고 예수께서 사랑하셨던 다른 제자가 먼저 무덤에 이르렀다.

5절 예수의 애제자는 빈 무덤 안에 구부려 세마포 놓인 것을 보나 안으로 들어가지는 않는다.

6~7절 애제자를 뒤따른 시몬 베드로는 무덤 안으로 들어가 무덤이 비어있고 예수의 머리를 쌌던 수건과 예수의 시체를 쌌던 세마포가 각기 다른 장소에 놓여 있는 것을 본다.

8절 베드로를 뒤따라 애제자가 빈 무덤 안으로 들어가 빈 무덤을 눈으로 확인하여 보고 예수의 부활을 믿는다.

9절 그러나 그 두 제자는 아직 "그가 죽은 자 가운데서 다시 살아나야 하리라" 하신 성경말씀을 알지 못한다.

10절 예수의 부활을 눈으로 확인한 두 제자는 각기 자기들의 집으로 돌아간다. 베드로와 애제자의 빈 무덤을 향한 경주는 표면적으로는 베드로와 애제자의 경쟁으로 나타나나 내용적으로는 예수 부활을 보고 믿음으로 증언하는 베드로와 애제자의 협력적인 모습을 강조한다.

B. 부활현현(20 : 11-31)

1. 마리아 막달라에게 나타나심(20 : 11-18)

11마리아는 무덤 밖에 서서 울고 있더니 울면서 구부려 무덤 안을 들여
다보니 12흰 옷 입은 두 천사가 예수의 시체 뉘었던 곳에 하나는 머리 편

에, 하나는 발 편에 앉았더라 13천사들이 이르되 여자여 어찌하여 우느
냐 이르되 사람들이 내 주님을 옮겨다가 어디 두었는지 내가 알지 못함
이니이다 14이 말을 하고 뒤로 돌이켜 예수께서 서 계신 것을 보았으나
예수이신 줄은 알지 못하더라 15예수께서 이르시되 여자여 어찌하여 울
며 누구를 찾느냐 하시니 마리아는 그가 동산지기인 줄 알고 이르되 주
여 당신이 옮겼거든 어디 두었는지 내게 이르소서 그리하면 내가 가져
가리이다 16예수께서 마리아야 하시거늘 마리아가 돌이켜 히브리 말로
랍오니 하니 (이는 선생님이라는 말이라) 17예수께서 이르시되 나를 붙들
지 말라 내가 아직 아버지께로 올라가지 아니하였노라 너는 내 형제들
에게 가서 이르되 내가 내 아버지 곧 너희 아버지, 내 하나님 곧 너희
하나님께로 올라간다 하라 하시니 18막달라 마리아가 가서 제자들에게
내가 주를 보았다 하고 또 주께서 자기에게 이렇게 말씀하셨다 이르니라

11절 무덤 밖에서(11절) 예수의 죽음으로 서서 우는 마리아 막달라에게 예수께서 나타나신다. 1절에서 이미 예수의 무덤에 와서 돌이 무덤에서 옮겨진 것을 보았던 마리아가 다시 예수의 무덤 밖에 서서 우는 모습으로 등장한다. 그는 무덤 안으로 들어갔던 베드로(6절)와 애제자(8절)와 달리 무덤 밖에서 울면서 무덤 안을 들여다본다.

12~13절 마리아가 먼저 경험하는 것은 흰 옷 입은 두 천사의 현현이다.

14~16절 이어 무덤 밖에 마리아 뒤에 서 계신 주님의 현현을 목도한다. 곧 바로 예수를 인식하지 못하나, 예수께서 그녀의 이름을 부르실 때, 주님이 부활하셔서 자신을 부르심을 깨닫는다.

17절 예수의 부활현현 가운데 요한복음에서 예수께서 땅에서 들림 받으시는 것과 영화롭게 되시는 것으로 이중적으로 표현된 예수의 죽음의 종결은 초기 기독교 전승과 동일하게 예수의 부활 이후 하나님의 보좌 우편에 앉으시는 승천으로 연결된다(들림 받음 ὑψόω 요 3 : 14[2회]; 8 : 28; 12 : 32, 34; 빌

2:9; 행 2:33; 5:31. 영화롭게 되심 δόξα). 예수의 승귀는 아버지 하나님께로 올라가는 것으로 표현된다.

18절 곧 마리아는 슬픔과 불확실에서 떠나 부활하신 주님이 아버지께로 올라가실 것에 대한 선포의 과업을 위임받고 애제자, 베드로, 흰 옷 입은 두 천사와 마찬가지로 빈 무덤을 증거하며 예수의 부활을 선포한다. "내가 주를 보았다." 무덤가에서 마리아에게 나타나신 예수의 부활현현을 보도하는 이 단락은 마태복음이 보도하는 예수의 제자들이 무덤에서 예수의 시체를 훔쳤다는 사건이 터무니없는 것임을 확신하게 해 준다(마 27:62-66). 예수께서는 언제나 믿는 자들과 함께 믿는 자들 곁에 계신다.

2. 도마가 없을 때 제자들에게 나타나심(20 : 19-23)

> 19이 날 곧 안식 후 첫날 저녁 때에 제자들이 유대인들을 두려워하여 모
> 인 곳의 문들을 닫았더니 예수께서 오사 가운데 서서 이르시되 너희에
> 게 평강이 있을지어다 20이 말씀을 하시고 손과 옆구리를 보이시니 제자
> 들이 주를 보고 기뻐하더라 21예수께서 또 이르시되 너희에게 평강이 있
> 을지어다 아버지께서 나를 보내신 것 같이 나도 너희를 보내노라 22이
> 말씀을 하시고 그들을 향하사 숨을 내쉬며 이르시되 성령을 받으라 23너
> 희가 누구의 죄든지 사하면 사하여질 것이요 누구의 죄든지 그대로 두
> 면 그대로 있으리라 하시니라

[20:19-23] 네 복음서가 모두 부활의 첫 증인으로 여인들을 소개한 뒤에 남자 제자들에게 나타나신 예수의 부활현현을 보도한다(마 28:16-20; 막 16:14-18; 눅 24:36-49; 요 20:19-23; 참조. 눅 24:13-35; 요 20:24-29). "성경대로 그리스도께서 우리 죄를 위하여 죽으시고 장사 지낸 바 되셨다가 성경대로 사흘 만에 다시 살아나사 게바에게 보이시고 후에 열두 (제자)에게

와 그 후에 오백여 형제에게 일시에 보이셨다"는 고린도전서 15 : 3b~6의 말씀과 연결된다. 예수님께서 제자들을 향하여 십자가의 죽음의 고통이 남긴 상흔을 보이심으로 스스로를 계시하신다. 누가복음은 못 박힌 상흔이 남은 '손과 발'을 내보이셨다고 보도하는데 반해(눅 24 : 39), 요한복음은 예수님께서 제자들에게 못과 창에 찔린 손과 옆구리를 보이신 것으로 보도한다(20 : 20). 제자들에게 약속되고 나중에 교회에 임하는 성령의 수여가(눅 24 : 49 ; 행 2 : 1 이하) 예수님의 부활을 목도한 제자들의 파송과 함께 이미 실현되고 있다(20 : 22). 본 단락은 상황설명(19a절), 예수님의 현현과 평강의 인사(19b절), 예수님의 몸의 상흔과 제자들의 기쁨(20절), 예수님의 평강의 인사와 제자파송(21절), 성령수여(22절), 죄용서의 선포(23절)로 구성된다.

19절 안식 후 첫날, 곧 막달라 마리아와 베드로가 빈 무덤을 확인하고(20 : 1) 제자들에게 마리아가 예수의 부활현현을 알린(20 : 18) 날 저녁에 제자들은 유대인들을 두려워하여 한 장소에 모여 문을 닫고 있었다. 예수를 믿는 유대인들이 유대 공회의 출교를 염려하는 상황이 예수의 부활이후 악화되고 있었기 때문이다(참조. 9 : 22 ; 12 : 42 ; 16 : 2). 예수의 시체를 매장한 무덤을 막은 돌이 예수의 부활을 막을 수 없었듯이 닫힌 문은 제자들을 만나러 오시는 예수에게 장애가 되지 않았다. 예수께서 제자들 가운데 서서 평강의 인사로 문안하신다. 막달라 마리아가 복음을 선포한 것에 대한 제자들의 반응을 요한복음은 기록하지 않는다. 그 대신 부활현현의 보도가 확장되어 덧붙여지고 있다.

20절 예수의 죽음 앞에서 또 유대인들의 출교 앞에서 절망하고 두려워하며 예수의 부활을 믿을 수 없었던 제자들을 향해 예수께서 십자가 고통의 상흔이 못 자국으로 남은 손과 창으로 찔린 자국이 남은 옆구리를 보이신다. 제자들이 예수 자신의 계시에 비로소 살아계신 예수를 알아보고 기뻐한다. 제자들이 조금 있으면 예수를 '보리라'는 예수의 약속이 성취되고 있다. 마리아가 예수를 보았듯이 제자들이 예수를 본다(18, 20, 25, 28, 29절).

21절 제자들을 향한 부활하신 주님의 평화의 선언이 반복된다(19, 21a절). 이어서 제자들을 파송하신다. 예수 자신에게 기원하는 참된 평화가 제자들을 세상으로 파송하는 동기이며 목적이 된다. 이 평화의 인사로 예수를 따르는 제자들은 죽음의 절망과 두려움에서 벗어나 닫힌 문을 열고 일어나 세상을 향해 참된 평화의 복음, 참 생명이신 예수의 부활을 증언해야 한다(17 : 18). 제자들을 향한 이 파송명령을 통해 하나님 아버지께 올라가신 예수께서(17절) 역사 가운데 교회 안에 성령으로 현재하시는 모습이 드러난다(22-23절).

22절 생명과 평화의 복음전파는 성령이 함께하심이 없이는 누구도 실행할 수 없다(14 : 16-17, 26 ; 15 : 26-27). 구약성경에서 입김을 불어 숨을 내쉬는 것은 생명의 수여를 나타낸다. 부활이후 교회의 탄생은 새로운 하나님의 창조의 사건이다(창 2 : 7 ἐνεφύσησεν ; 왕하 4 : 34 ; 겔 37 : 9). 이 성령 세례를 통해 제자들이 부활하신 예수의 사역에 동참할 수 있다. 예수의 부활 이후 교회의 제자파송은 성령의 선물과 연결된다(행 1 : 8 ; 8 : 29 ; 10 : 19 ; 13 : 2 ; 16 : 6 이하). 예수께서 제자들을 향해 숨을 내쉬며 성령을 받을 것을 명하신다. 부활하시고 승귀하신 주님께서 제자들을 파송하시며 직접 성령을 부여하신다. 이 말씀은 성령을 통한 거듭남, 중생을 말하는 요한복음 3 : 3, 5와도 긴밀하게 관련된다.

23절 이어서 죄사함의 권세가 부여된다. 예수의 부활의 증언, 평화의 복음의 선포를 전하는 제자 파송은 성령 세례와 연결되며, 성령 세례와 관련되는 종말적인 성령의 수여는 사람들에게 회개를 촉구하여 예수의 십자가의 보혈을 믿으므로 죄를 씻겨 정결하게 하고(겔 36 : 25-27), 죄 용서 사건을 통해 새로운 생명, 새로운 삶의 창조를 가능하게 한다(행 2 : 38 ; 딛 3 : 5 ; 요 3 : 5 ; 겔 36 : 25). 믿는 자들을 향하신 유일무이한 예수의 죄용서 사건으로 인해(비교. 1 : 29, 36 ; 3 : 16 ; 6 : 51c ; 10 : 11, 15, 17 이하 ; 11 : 47 이하 ; 12 : 24 ; 13 : 1 ; 18 : 14) 죄인들이 예수를 믿고 구원에 이르는 회개를 통해 용서받는 것이 가능해졌다. 따라서 성령으로 세례를 베푸는 권한에 함께 포함된 세례 받은 이후에 범하는 용서 받을 수 있는 죄들을 용서하는 권한이 제자들에게 함께 설명되고 있다. 제자들을 통한 죄용서는 용서받을 수 있는 죄, 곧 사망에 이르지 아니하는 죄와 관련된다(비교. 요일 1:8-10; 3:9; 5:16-18). 이 말씀의 배후에 요한일서에 등장하는 교회의 상황, 정통신앙에 반대하는 요한교회 안에 분쟁이 관련되었을 것으로 추정할 수도 있다.

3. 도마가 있을 때 제자들에게 나타나심(20 : 24-29)

24열두 제자 중의 하나로서 디두모라 불리는 도마는 예수께서 오셨을 때
에 함께 있지 아니한지라 25다른 제자들이 그에게 이르되 우리가 주를
보았노라 하니 도마가 이르되 내가 그의 손의 못 자국을 보며 내 손가락
을 그 못 자국에 넣으며 내 손을 그 옆구리에 넣어 보지 않고는 믿지 아
니하겠노라 하니라 26여드레를 지나서 제자들이 다시 집 안에 있을 때에
도마도 함께 있고 문들이 닫혔는데 예수께서 오사 가운데 서서 이르시
되 너희에게 평강이 있을지어다 하시고 27도마에게 이르시되 네 손가락
을 이리 내밀어 내 손을 보고 네 손을 내밀어 내 옆구리에 넣어 보라 그
리하여 믿음 없는 자가 되지 말고 믿는 자가 되라 28도마가 대답하여 이
르되 나의 주님이시요 나의 하나님이시니이다 29예수께서 이르시되 너
는 나를 본 고로 믿느냐 보지 못하고 믿는 자들은 복되도다 하시니라

[20:24-29] 요한복음만이 도마에게 나타나신 예수님의 부활현현을 보도한다(20:24-29). 예수님이 수난당하시기 전에 도마는 예수님께서 죽은 나사로를 일으키실 때에 생명의 부활에 관한 예수님의 말씀을 바로 잘 이해하지 못하였으나 베드로와 마찬가지로 죽기까지 예수님을 따를 것을 다짐하며 다른 제자들을 이끄는 제자였다(11:16; 참조. 막 14:31 병행구절). 예수님께

서 제자들에게 고별설교를 말씀하실 때도 베드로와 마찬가지로 예수님의 수난의 길을 잘 알지 못하고 오해하는 제자들의 대표로 등장하기도 한다(14:5; 참조. 13:33, 36 병행구절). 도마는 예수님의 부활현현을 목도한 다른 제자들의 부활의 목격을 부정하기까지 한다. 그러나 그는 직접 예수님의 부활을 목격한 이후 곧 바로 신앙을 고백하는 모범으로 제자들을 대표하게 된다. 요한복음 20:24에서 도마에게 명명된 '열두 제자 중의 하나'라는 수식어는 요한복음 12:4에서 예수님을 배신한 '제자 중 하나로서 예수를 잡아 줄 가룟 유다'에게 명명된 수식어와 동일하다. 그들은 둘 다 예수님을 매우 가깝게 뒤따른 제자 그룹에 속하였으나, 서로 다른 결과에 이른다. 유다의 모습을 통해 교회 공동체로부터 예수님을 부정하여 죽음에 이르는 신자가 나옴을 알려주듯이 도마의 모습을 통해 교회 공동체 안에 예수님을 주인으로 긍정하며 믿음을 고백하므로 참 생명에 이르는 신자가 있음을 설명하고 있다. 예수님께서 부활하시고 제자들에게 나타나신 날인 부활의 날에 제자들은 예배를 드리기 위해 한 장소에 모였다. 처음 제자들을 따라 후대의 교회가 '한 주간의 첫 날'인 주일 날 함께 모여 예배를 드리며, 부활하신 예수님의 임재를 믿음으로 확신한다(행 20:7; 마 18:20; 28:20; 막 16:2; 눅 24:33-36; 바나바서신 15:9). 본 단락은 도마의 불신앙(24-25절, 상황설명-도마의 부재: 24절; 제자들의 부활증언: 25a절; 도마의 불신앙: 25b절)과 예수님의 부활현현을 통한 도마의 신앙고백(26-29절, 상황설명-닫힌 방: 26a절; 예수님의 현현과 평강의 인사: 26b절; 도마를 향하신 예수님의 명령: 27절; 도마의 신앙고백: 28절; 예수님의 축복 선언: 29절)으로 구성된다.

24절 부활하신 예수께서 제자들에게 처음 나타나실 때(20:19-23) 열두 제자 중의 하나인 도마는 그곳에 함께 있지 못하였다.

25절 다른 제자들이 증거하는 예수의 부활을 그들이 보고 믿었다는 이유만으로 도마는 예수의 부활을 믿을 수 없었다. 도마는 자기의 눈으로 예수를 보고, 자신의 손으로 부활하신 분이 십자가에 손과 발을 못 박히시고 옆구리에 창으로 찔리신 그 예수이심을 확인하고 싶어 한다(참조. 눅 24 : 39 ; 요 19 : 34).

26절 예수께서 부활하신 후 한 주간이 지난 주일날(행 20 : 9) 도마를 포함한 제자들이 문을 닫고 함께 모여 있을 때 예수께서 그들에게 오신다(20 : 19). 처음 제자들에게 나타나셨듯이 닫힌 문은 제자들을 만나러 오시는 예수의 장애가 되지 않았다. 예수께서 제자들 가운데 서서 평강의 인사로 문안하신다.

27절 모든 것을 아시며(1 : 48 ; 2 : 24 이하; 4 : 17 이하) 도마가 예수의 부활에 대해 손에 잡히는 확증을 얻고자 함을 아시는 예수께서 도마에게 십자가에 못 박히신 예수의 몸의 상흔을 만져 보고 확증을 갖으라고 명하신다. 그러나 예수께서는 보고 확신하여 믿는 자가 될 것을 도마에게 경고하시며 손에 잡히는 확증에 대한 간구가 믿는 자에게 부적절한 것임을 비난하신다.

28절 예수의 말씀에 도마가 곧 바로 자신이 보는 예수가 주님이시고 하나님이심을 고백한다. 예수에게서 하나님 자신이 현재하시며 하나님 자신을 계시하신다(참조. 10 : 30 ; 12 : 45 ; 14 : 9). 이 믿음의 고백은 요한복음 1 : 1, 18과 수미상관을 이룬다. 예수의 부활의 사실성과 예수가 누구이신지 그 정체성에 관한 고백이다. 불완전한 인간의 감각을 통한 확인과 물증이 아니라 예수께서 부르시는 부르심이 믿음을 가능하게 한다(참조. 20 : 16).

29절 보는 것을 통하여 도마가 부활하신 예수를 주님으로 고백하는 믿음에 이르렀다. 그러나 눈으로 확인하며 보는 표적과 기적에 근거한 믿음이 아니라, 증언과 선포를 통하여 말씀에 근거한 믿음을 예수께서 축복하신다(비교. 13 : 17).

4. 첫 번째 요한복음의 결론과 기록목적(20 : 30–31, 에필로그)

[30]예수께서 제자들 앞에서 이 책에 기록되지 아니한 다른 표적도 많이 행하셨으나 [31]오직 이것을 기록함은 너희로 예수께서 하나님의 아들 그리스도이심을 믿게 하려 함이요 또 너희로 믿고 그 이름을 힘입어 생명을 얻게 하려 함이니라

30절 "이 책에 기록되지 아니한 다른 표적도 많이 행하셨으나 오직 이것을 기록한다"는 요한복음의 결론적 말씀으로 요한은 예수의 여러 역사적 사건에 대한 보도들, 아직도 써야할 내용이 많으나 그들 중 일부를 선택하여 기록했음을 밝힌다(요이 12 ; 요삼 13).

31절 요한복음의 기록목적이 밝혀진다(21 : 25). 성육신 하신 예수 그리스도 안에서 하나님이 자신을 계시하시고 그 예수를 믿는 자들에게 영원한 생명의 구원이 임한다는 것을 증언하고 알리는 것이 복음서의 기록 목적이다. 입으로 전달되는 구전이 아니라 문서로 쓰는 기록을 통하여 요한을 이를 확증하고자 한다.

C. 확장된 부활사화(21 : 1–25)

20장 '부활사화'의 확장으로 볼 수 있는 21장에서 총 21개의 요한의 하팍스레고메나(Hapaxlegomena)와 3개의 신약성경의 하팍스레고메나(Hapaxlegomena)가 발견되며 1~20장과 달리 2절에서 '세배대의 아들들(사람들)', 15~17절에서 3번 반복하여 '요한의 아들 시몬아'라는 이름이 등장한다. 그러나 제자 베드로의 소명과 죽음(1 : 35 ; 13 : 36–38 ; 21 : 19), 애제자(13 : 23 ; 21 : 20), 및 참된 증언(19 : 35 ; 21 : 24), 요한복음의 기록 목적(20 : 30–31 ; 21 : 25)에서 요한복음은 1~20장과 밀접하게 관련된다. 20 : 30~31에서 요한복음 1~20장이 일차적으로 종결되고 다시 21 : 24~25을 통해 부

차적으로 결론지어진다. 20 : 29에서 보지 못하고 믿는 자들에 대한 '복' 선언을 통해 예수의 부활 이후 믿는 자들이 성령의 은사를 받고 믿음이 성장되는 모습을 설명한다면 21장에서 다시 눈으로 보는 예수의 표적의 증거가 계속 이어지므로 부활 이후에도 예수 그리스도의 표적이 계속될 것을 증언한다(20 : 19-29 ; 21 : 14 이하). 본 단락은 디베랴 바닷가에서 제자들에게 나타나신 갈릴리 현현의 기적사화(1-14절), 베드로에게 목양을 위임하는 예수와 베드로의 대화(15-19절), 예수께서 사랑하셨던 제자의 운명에 대한 예수와 베드로의 대화(20-23절), 마지막 결론(24-25절)로 구성된다.

1. 디베랴 바닷가에서 제자들에게 나타나심(21 : 1-14, 갈릴리 현현)

1그 후에 예수께서 디베랴 호수에서 또 제자들에게 자기를 나타내셨으
니 나타내신 일은 이러하니라 2시몬 베드로와 디두모라 하는 도마와 갈
릴리 가나 사람 나다나엘과 세베대의 아들들과 또 다른 제자 둘이 함께
있더니 3시몬 베드로가 나는 물고기 잡으러 가노라 하니 그들이 우리도
함께 가겠다 하고 나가서 배에 올랐으나 그날 밤에 아무것도 잡지 못하
였더니 4날이 새어갈 때에 예수께서 바닷가에 서셨으나 제자들이 예수
이신 줄 알지 못하는지라 5예수께서 이르시되 얘들아 너희에게 고기가
있느냐 대답하되 없나이다 6이르시되 그물을 배 오른편에 던지라 그리
하면 잡으리라 하시니 이에 던졌더니 물고기가 많아 그물을 들 수 없더
라 7예수께서 사랑하시는 그 제자가 베드로에게 이르되 주님이시라 하
니 시몬 베드로가 벗고 있다가 주님이라 하는 말을 듣고 겉옷을 두른 후
에 바다로 뛰어 내리더라 8다른 제자들은 육지에서 거리가 불과 한 오십
칸쯤 되므로 작은 배를 타고 물고기 든 그물을 끌고 와서 9육지에 올라
보니 숯불이 있는데 그 위에 생선이 놓였고 떡도 있더라 10예수께서 이
르시되 지금 잡은 생선을 좀 가져오라 하시니 11시몬 베드로가 올라가서

그물을 육지에 끌어 올리니 가득히 찬 큰 물고기가 백쉰세 마리라 이같
이 많으나 그물이 찢어지지 아니하였더라 12예수께서 이르시되 와서 조
반을 먹으라 하시니 제자들이 주님이신 줄 아는 고로 당신이 누구냐 감
히 묻는 자가 없더라 13예수께서 가셔서 떡을 가져다가 그들에게 주시고
생선도 그와 같이 하시니라 14이것은 예수께서 죽은 자 가운데서 살아나
신 후에 세 번째로 제자들에게 나타나신 것이라

[21 : 1–14] 1절과 14절에서 각기 '그 후에', '세 번째'에 대한 언급과 '나타나셨다'(φανερόω)라는 동일한 표현으로 본 단락은 수미상관을 이룬다. 고기잡이 이적과 주님의 부활현현은 누가복음의 보도를 연상시킨다(눅 5 : 1–11, 예수의 엠마오 현현 눅 24 : 13–35). 한 편으로 애제자가 예수를 바르게 인식하는 자로 나타나며 다른 한편 부활현현 사건의 중심부에 주도자로 베드로가 위치한다. 베드로의 주도하에 제자들이 물고기를 잡으러 간다(3절). 베드로가 누구보다도 먼저 주님께 있기 위하여 바다로 뛰어든다(7절b). 가득 찬 망을 베드로 혼자 육지로 끌어 올린다(11절). 애제자와 베드로의 협력관계를 볼 수 있다.

2. 베드로를 향한 목양 위탁과 운명(21 : 15–19)

15그들이 조반 먹은 후에 예수께서 시몬 베드로에게 이르시되 요한의 아
들 시몬아 네가 이 사람들보다 나를 더 사랑하느냐 하시니 이르되 주
님 그러하나이다 내가 주님을 사랑하는 줄 주님께서 아시나이다 이르시
되 내 어린 양을 먹이라 하시고 16또 두 번째 이르시되 요한의 아들 시몬
아 네가 나를 사랑하느냐 하시니 이르되 주님 그러하나이다 내가 주님
을 사랑하는 줄 주님께서 아시나이다 이르시되 내 양을 치라 하시고 17
세 번째 이르시되 요한의 아들 시몬아 네가 나를 사랑하느냐 하시니 주

께서 세 번째 네가 나를 사랑하느냐 하시므로 베드로가 근심하여 이르
되 주님 모든 것을 아시오매 내가 주님을 사랑하는 줄을 주님께서 아시
나이다 예수께서 이르시되 내 양을 먹이라 18내가 진실로 진실로 네게
이르노니 네가 젊어서는 스스로 띠 띠고 원하는 곳으로 다녔거니와 늙
어서는 네 팔을 벌리리니 남이 네게 띠 띠우고 원하지 아니하는 곳으로
데려가리라 19이 말씀을 하심은 베드로가 어떠한 죽음으로 하나님께 영
광을 돌릴 것을 가리키심이러라 이 말씀을 하시고 베드로에게 이르시되
나를 따르라 하시니

15-19절 고기를 잡는 이적 이후 곧 바로 "나를 따르라" 주의 명령(18절)과 연결되는 베드로와 예수의 첫 번째 대화가 18~19절에 뒤따른다. 본 단락에서 이제 제자도로 부르심이 아니라 목양의 위탁이 베드로에게 주어진다. 예수께서 세 번 "나를 사랑하느냐" 질문하고(15, 16, 17절), 일찍이 예수를 위한 헌신과 배신을 반복했던 베드로는 "주께서 아신다"고 답변한다. '사랑하다'라는 동사 아가파오(ἀγαπάω)와 필레오(φιλέω 비교. 명사형 '친구' 3:29; 11:11; 15:13, 14, 15)는 동일한 의미를 갖는다. 베드로의 죽음이 예고되며 주후 64년 로마에서 기독교인들의 박해 때 죽은 베드로의 순교적 죽음을 요한복음 12:31~33에 비추어 예수의 죽음과 결합시킨다.

3. 애제자의 운명(21 : 20-23)

20베드로가 돌이켜 예수께서 사랑하시는 그 제자가 따르는 것을 보니 그
는 만찬석에서 예수의 품에 의지하여 주님 주님을 파는 자가 누구오니
이까 묻던 자더라 21이에 베드로가 그를 보고 예수께 여짜오되 주님 이
사람은 어떻게 되겠사옵나이까 22예수께서 이르시되 내가 올 때까지 그
를 머물게 하고자 할지라도 네게 무슨 상관이냐 너는 나를 따르라 하시

더라 [23]이 말씀이 형제들에게 나가서 그 제자는 죽지 아니하겠다 하였으나 예수의 말씀은 그가 죽지 않겠다 하신 것이 아니라 내가 올 때까지 그를 머물게 하고자 할지라도 네게 무슨 상관이냐 하신 것이러라

20~23절 베드로와 애제자의 경쟁관계가 아니라 협력관계를 읽을 수 있다. 애제자가 인식되고 있고 사건의 중심에 베드로와 함께 있다. 첫 번째 대화 18~19절에서 베드로의 운명이 언급된다면, 이제 애제자의 운명이 주제화되고 있다. 동시에 여기서도 대화는 제자들이 성령의 도우심이 아니고서 잘 깨달을 수 없는 예수의 말씀으로 연결된다(22절).

4. 두 번째 요한복음의 결론과 '애제자'의 증언(21 : 24-25, 에필로그)

[24]이 일들을 증언하고 이 일들을 기록한 제자가 이 사람이라 우리는 그의 증언이 참된 줄 아노라 [25]예수께서 행하신 일이 이 외에도 많으니 만일 낱낱이 기록된다면 이 세상이라도 이 기록된 책을 두기에 부족할 줄 아노라

24절 애제자는 요한복음에 기록된 사건을 증언할 뿐 아니라 이 일들을 기록한 요한복음의 저자로 소개된다. '우리' 교회도 애제자의 증거를 안다. 이 구절에서 애제자가 세배대의 아들 요한임을 알 수 있다(비교. 21 : 2). 요한은 늘 예수의 곁에서 예수와 동행하였으므로 그의 증언은 참되다(18 : 15-16; 19 : 25-27, 34-35).

25절 요한이 자신을 다시 1인칭으로 서술한다. 인간의 능력으로 예수의 구원사건을 모두 기술할 수는 없으나 그의 행하신 일을 증언하여 기록한다(20 : 30; 요이 12; 요삼 13; 비교. 롬 16 : 22).

| 참고문헌 |

본문

Eberhard et Erwin Nestle. Barabra et Kurt Aland. K., Karavidopolus. J., Martini. C. M., Metzger. M. hg. *Novum Testamentum Graece*. 28. Aufl. Stuttgart : Deutsche Bibelgesellschaft, 2012.

Aland. B., Aland. K., Karavidopolus. J., Martini. C. M., Metzger. M. hg. *The Greek New Testament*. 4. Aufl. Stuttgart, 1993.

Bible Works 9.0. Hermeneutika Software. (http://www.bibleworks.com/content/full.html)

Rüger, H. P., et al. ed. *Biblia Hebraica Stuttgartensia*, 4. Aufl. Stuttgart, 1990.

Ralfs, Alfred, ed. *Septuaginta*. Stuttgart, 1979.

Weber., et. al. ed. *Biblia Sacra*. 4. Aufl. Stuttgart, 1983.

공관복음 대조서

Aland. Kurt. hg. *Quattuor Evangelieorum*. Locis parallelis evangeliorum apocryphorum et patrum adhibitis edidit. 1996.

______. ed. *Synopsis of the Four Gospels : Completely Revised on the Basis of the Greek Text of the Nestle-Aland, 26th Edition, and Greek New Testament, 3rd Edition*. United Bible Societies;

1st edition, 1982.

사전류

단어사전

Bauer, Walter. *Griechisch-deutsches Wörterbuch zu den Schriften des Neuen Testaments und der früchristlichen Literatur*. (5. Aufl. 1958) 6. Aufl. Stuttgart : Walter de Gruyter, 1988. (= Frederick Willam Danker, ed. *A Greek-English Lexicon of the New Testament and Other Early Christian Literature*. Based on Walter Bauer's. Third ed. (Chicago : 2000). 서울 : 도서출판 KCBS (Korea Christian Book Service), 2005.

Lidell, H. G. and Scott, R. A. *Greek-English Lexicon*. revised and augmented by H. S. Jones with a supplement edited by E. A. Barber. Oxford. 9. Aufl. 1977. (초판 1940).

Lampe. G. W. H. *A Patristik Greek Lexicon*. Oxford, 1961.(초판 1987)

Menge, H. *Großwörterbuch. Altgriechisch-Deutsch*. 27. Aufl. Berlin, 1991.

통계사전

Aland, K. hg. *Vollständige Konkordanz zum Neuen Testament*. (ANTT4), I/1-2 : Gesamtwortbestand. Berlin-New York 1983. II : Spezialübersichten. Berlin-New York, 1978.

Konkordanz zum Novum Testamentum graece von Nestle-Aland. 26. Auflage und zum Greek New Testament, 3rd Edition. Berlin-New York, 1987.

Schmoller. A. *Handkonkordanz zum griechischen Neuen Testament*. nach dem Text von Nestle–Aland 26. Auflage. neu bearb. v. B. Köster. Stuttgart, 1989.

Hatch, E. and Redpath, H. A. ed. *A Concordance to the Septuaginta I–III*. 1897–1906, reprinted 1987.

Morgenthaler. R. *Statistik des neutestamentlichen Wortschatzes*. 3. Aufl. mit einem Beiheft. Zürich, 1982.

신학용어사전

Balz, H. und Schneider, G. hg. *Exegetisches Wörterbuch zum Neuen Testament*. Bd. I–III. Stuttgart–Berlin–Köln, 2. verb. Aufl. 1992.(초판 1980–1983). 영어역본 *Exegetical Dictionary of the New Testament*. New York, 1994.

Kause, G. und Müller, G., hg. *Theologische Realenzyklopädie*. Bd. I–XXXI. Berlin, 1976–2000.

Kittel, G. hg. *Theologisches Wörterbuch zum Neuen Testament*. Bd. I–X/2. Stuttgart, 1930–1979; tr. Geoffrey W. Bromiley. *Theological Dictionary of the New Testament*. New York, 1985.

Coenen. L., Beyreuther. E., Bietenhard. H. hg. *Theologisches Begriffslexikon zum Neuen Testament*. Studienausgabe in 2Bden. 5. Aufl. Wuppertal, 1990. (최신판 : Coenen. L., Haacker, K. 2Bde, Wuppertal, 1998/2000)

신구약 중간기 및 초기 기독교 관련 문서

Bruce M. Metzger. *The canon of the New Testament : its origin, development and significance*. Oxford 1987. 이정곤 역. 『新約政經形成史』. 기독교문사, 1993.

Hans F. von Campenhausen, *Die Entstehung der christlichen Bibel*. Tübingen 1968.

Schneemelcher, Wilhelm. *Neutestamentliche Apokryphen*. 6. Aufl. I. Evangelien, II. Apostolisches Apokalypsen und Verwandtes. Tübingen, 1990.

Strack, Hermann L., Billerbeck, Paul. *Kommentar zum Neuen Testament aus Talmud und Midrasch*. 1922.

요한문서와 관련된 사전의 소논문

Attridge, H. W. "Johannesevangelium." *Die Religion in Geschichte und Gegenwart(RGG)*. 4. Aufl. Bd. IV. Tübingen, 2001.

Bousset, W. "Johannesevangelium." *RGG III*, 1. Aufl. 1912 : 608-636.

Bultmann, R. "Johannesevangelium." *RGG III*, 3. Aufl. 840-850.

Thyen, H. "Johannesevangelium." *TRE 17* (1988) : 200-225.

참고자료 관련 책자 및 웹사이트

Malesta, E. St. *John's Gospel : 1920-1965*. AB 32. Roma, 1967.

Van Belle, G. *Johannine Bibliography 1966-1985*. BEThL 82. Leuven, 1988.

Mills, W. E. *The Gospel of John. Bibliographies for Biblical Research. New Testament Series.* Vol. IV. Lewiston, 1995.

Wagner, G. *An Exegetical Bibliography of the New Testament. Vol. 3 : John and 1, 2, 3 John*. Macon, 1983.

Just, Felix. *The Johannine Bibliograpby Web Pages*.
(compiled by Prof. Felix Just, S.J. – Loyola Marymount University)
웹페이지 http://catholic-resources.org/John/index.html

요한복음 연구사 및 참고문헌 보고

이상호. “요한 신학연구의 최근 동향.”『신학사상』, 13집 (1976) : 298-323.

성종현. “요한복음서에 대한 최근 연구동향 I.”『교회와 신학』, 22집 (1990) : 158-180.

Becker, J. “Aus der Literatur zum Johannesevangelium.” *ThR*, 47 (1982) : 279-301.305-347.

______. “Das Johannesevangelium im Streit der Methoden.” *ThR*, 51 (1986) : 1-78.

Beutler, J. “Literarische Gattungen im Johannesevangelium. Ein Forschungsbericht 1919-1980.” *ANRW II 25/3*. (1985) : 2506-2568.

Blinzer, J. *Johannes und die Synoptiker. Ein Forschungsbericht*. SBS 5. Stuttgart, 1965.

Frey, J. *Die johanneische Eschatologie I. Ihre Probleme im Spiegel der Forschung seit Reimarus*. WUNT 96. Tübingen, 1997.

Fuller, R. H. *The New Testament in Current Study*, New York, 1962 : 101-132. 황성규 역. “요한복음의 문제(2).”『현존』, 71호 (1976, 5) : 29-40; “요한복음의 문제(3).”『현존』, 72호 (1976, 6) : 34-40; “요한복음의 문제(完).”『현존』, 73호 (1976, 7.8) : 44-51.

Haenchen, E. “Aus der Literatur zum Johannesevangelium 1929-1956.” Theologische Rundschau, 23 (1955), 295-335

Kysar, R. “The Fourth Gospel. A Report on Recent Research.” *ANRW*

II 25/3. (1985) : 2389–2480.

Kysar, Robert. *The fourth evangelist and his gospel : an examination of contemporary scholarship*. Minneapolis, 1975.

Rengstorf, Karl Heinrich. Hg. *Johannes und sein Evangelium*. WdF 82. Darmstadt, 1973.

Schmithals, W. *Das Johannesevangelium und die Johannesbriefe. Forschungsgeschichte und Analyse* (BZNW 64). Berlin, 1992.

Schnackenburg, R. "Entwicklung und Stand der johanneischen Forschung seit 1955." *Johannesevangelium*. HThK IV/4. Freiburg etc. (1984) : 9–32.

Scholtissek, K. "Eine Renaissance des Evangeliums nach Johannes. Aktuelle Perspektiven der exegetischen Forschung." *Theologische Revue*, 97 (2001) : 267–288.

_____. "Neue Wege in der Johannesforschung. Ein Forschungsbericht I–II." *Theologie und Glaube, 89* (1999) : 263–295; 91 (2001) : 109–133.

Smalley, S. S. 김경신 역. "요한복음 연구의 새 시각." 『신약논단』, 1982(4) : 127–173.

Theobald, M. *Die Fleischwerdung des Logos*. NTA 20. Münster, 1988 : 1–162.

Thyen, H. "Aus der Literatur zum Johannesevangelium." *ThR*, 39 (1974) : 1–69. 222–253. 289–330; 42 (1977) : 211–270; 43 (1978) : 328–359; 44 (1979) : 97–134.

요한복음과 요한서신 연구사 및 참고문헌 보고

Bauer, W. "Johannesevangelium und Johannesbriefe." *ThR*, N. F. 1

(1929):135-160.

Haenchen, E. Neuere Literatur zu den Johannesbriefen." ders. *Die Bibel und Wir*. Gesammelte Aufsätze II. Tübingen, 1968 : 235-311.

Wengst, K. "Probleme der Johannesbriefe." *ANRW II*, 25,5 (1988) : 3753-3772.

Klauck, H.-J. *Die Johannesbriefe*. Erträge der Forschung 276. Darmstadt, 1991.

Schmithals, W. *Johannesevangelium und Johannesbriefe*, BZNW 64. Berlin-New York, 1992.

Vouga, F. "Johannesbriefe." *RGG*. 4. Aufl. Bd. IV. Tübingen, 2001.

참고도서 및 논문

김동수. 『요한신학 렌즈로 본 요한복음』. 서울 : 솔로몬, 2006.

김득중. 『요한의 신학』. 서울 : 컨콜디아사, 1994. [226.5 ㄱ429ㅇ, 1999년 판]

김문경 외. 『기독교 영성교육-하나님과 함께하는 길잡이』. 한국기독교교육교역연구원, 2006.

김문경 외. 『말씀으로 기도하기 2. 누가복음』. 한국기독교교육교역연구원, 2008.

김문경 외. 『말씀으로 기도하기 4. 예수 그리스도』. 한국기독교교육교역연구원, 2011.

김문경. "예수님은 누구이신가 (요 1:19-34)." 『성경연구』 (2002. 12).

______. "요한복음 서문과 헤라클레온 및 오리게네스의 해석." 미간행 신학석사학위논문, 독일 뮌헨대학교, 1996.

______. "요한복음에서 하나님의 구원과 예정." 『신약논단』, 제11권 제 2호

(2004. 여름).

______. “요한복음의 요한서신에 대한 관계-연구사에서 본 ‘요한’문서의 저자문제.” 성서학연구원 제 32회 심포지움. 2002.04.19.

_____. 『말씀의 성육신. 요한신학』. 2011.(교보문고 전자도서)

______. 박상진. 정성진. 『요한복음』. 장로회신학대학교 신약성경공부 교재/인도자용, 학습자용. 2012.

김문현. 『가슴으로 읽는 요한복음』.서울 : 영성네트워크, 2005.

김세윤. 『요한복음 강해』. 서울 : 두란노서원, 2001.

김춘기. “요한복음 21장 해석에 대한 문제.” 『신학과 목회』, 16집 (2001, 11) : 1-26.

_____. 『만남의 복음서 : 요한복음 주석』. 서울 : 한들출판사, 2007.

_____. 『요한복음 연구 : 신학과 주석』. 서울 : 한들출판사, 1998.

나채운. “요한복음의 구조에 관한 연구.” 『敎會와 神學』, 21집 (1989) : 36-68.

데이비드 E. 홀베르타. 류호준 역. 『요한복음(문학, 신학적 성경공부 시리즈)』. 서울 : 기독교문서선교회 1994.

박수암. 『요한복음』. 서울 : 대한기독교서회, 2002.

박호용. 『요한복음서 재발견』. 서울 : 쿰란, 2007.

성종현. “요한복음서의 주요신학사상.” 『교회와 신학』, 23집 (1991) : 113-135.

신성종. “요한복음 강해.” 『신약논단』 (1982, 4) : 23-104.

안병무. “구걸하는 초월자-요한신학의 일단면.” 『현존』, 13 (1970, 8) : 3-9.

이상근. 『요한복음』. 서울 : 예장총회교육부, 1983.

이상훈. 『요한복음』. 대한기독교서회 창립 100주년 기념주석. 서울 : 대한기독교서회, 1993.

이영헌. 『요한복음서』. 한국 천주교회 200주년 신약성서. 서울 : 분도출판사, 1999.

정양모. 『요한복음 이야기』. 서울 : 성서와 함께, 2002.

조석민. 『요한복음의 새 관점』. 서울 : 솔로몬, 2008.

지동식. 『요한복음』. 선교70주년 신약성서 주석. 서울 : 대한기독교서회, 1966.

최세창. 『요한복음』. 신약주석 시리즈. 서울 : 글벗사, 2001.

Ashton, J. *Understanding the fourth Gospel*. Oxford : Clarendon, 1991.

Barrett, C. K. *The Gospel according to St. John*. 2. Aufl. London, 1978; *Das Evangelium nach Johannes* (KEK Sonderband). übers. v. H. Balz, Göttingen, 1990. 『요한복음』. 국제성서주석. 한국신학연구소, 1984.

Barth, K. *Erklärung des Johannes-Evangeliums* (Kapitel 1-8). hg. v. W. Fuerst. Karl Barth Gesamtausgabe II/4, Zuerich 1976.

Bauer, W. *Das Johannesevangelium*. HNT 6, 3. Aufl. Tübingen, 1933.

Becker, J. *Das Evangelium des Johannes Kapitel 1-10* (ÖTK 4/1). Gütersloh-Würzburg 1979, 3. Aufl. 1991; *Das Evangelum des Johannes Kapitel 11-21* (ÖTK 4/2), Gütersloh-Würzburg 1981, 3. Aufl. 1991.

Bernard, J. H. A. *Critical and Exegetical Commentary on the Gospel according to St. John*. Bd. 1-2. ICC. 1928.

Betz, O. 전경연 편역. 『신약성서 해석의 열쇠』. 서울 : 향린사, 1963.

Blank, J. *Das Evangelium nach Johannes*. GSL. NT 4/1a.b.2.3,

Düsseldorf, 1977-1981.

Boismard, M.-E. et Lamouille. *A Synopse des quatre évangiles en français. III : L' Évangile de Jean.* 1977.

Bornkamm, G., "Zur Interpretation des Johannesevangeliums. Eine Auseinandersetzung mit Ernst Kaesemanns Schrift, Jesu letzter Wille (1968)." *Geschichte und Glaube I,* Ges. Aufs. III. BEvTh 48. (München, 1968) : 104-121; *Studien zum Neuen Testament* : 118-135. München, 1985.

Brown, Raymond E. *The Gospel according to John I-XII*. Anchor Bible Vol 29. Garden City/New York, 1966. *The Gospel accordng to John XIII-XXI*. Anchor Bible Vol 29A. Garden City/New York, 1971. 최흥진 역. 『요한복음』. 서울 : CLC, 2013.

Brown, Raymond. *An Introduction to the Gospel of John*. 2003. 최흥진 역. 『요한복음 개론 - 요한복음에 관한 유익하고 유용한 최근의 관점』. 서울 : CLC, 2010.

Brownlee, W. H. *Whither the Gospel according to John?*

Bruce, F. F. The gospel of John. 서문강 역. 『(주석사전) 요한복음』. 서울 : 로고스출판사, 2000.

Bultmann, Rudolf. *Das Evangelium des Johannes* (KEK II). 21. Aufl. Göttingen, [1941] 1986. [226. 507 B 939e]. The gospel of John : a commentary, Westminster, 1971. 허혁 역. 요한복음서 연구. 서울 : 성광, 1979.

_____. *Theologie des Neuen Testaments*. Tübingen 1953; 354-445. 9. Aufl. 1984. UTB 630. Hg. von Otto Merk.

Büttner, Gerhard. *Das Johannesevangelium im Religionsunterricht : Informationen, Anregungen und Materialien für die*

Praxis. Stuttgart : Calwer, 2007

Calvin, J. 『요한복음』. 신약성서주석 3. 4권. 서울 : 신교출판사, 1977.

Cassem, N. H. "A grammatical and contextual inventory of the use of in the Johannine corpus with some implicatons for a Johannine cosmic Theology." *NTS 19* (1972/73). 81–91.

Culpepper, R. A. *Anatomy of the Fourth Gospel : a study in literary design.* Philadelphia, 1983. 권종선 역. 『요한복음 해부』. 서울 : 요단, 2000.

_______. *Anatomy of the Fourth Gospel : a study in literary design.* Philadelphia, 1983. 권종선 역. 『요한복음 해부』. 서울 : 요단, 2000.

Davies, M. *Rhetoric and Reference in the Fourth Gospel*. Sheffield : JSOT Press, 1992.

Dietzfelbinger, C. *Das Evangelium nach Johannes Bd. I–II*. ZBK 4. Zürich, 2001.

Dodd, C. H. *The Interpretation of the Fourth Gospel*. Cambridge, 1953. reprinted 1970.

Du Rand, J. A. *Johannine Perspectives. Introduction to the Johannine Writings – Part I.* Pretoria, 1991.

Dunn, J. D. G. "Let John be John." Hg. von P. Stuhlmacher. *Das Evangelium und die Evangelien*. WUNT 28. Tübingen, 1983. 309–339.

Frey, J. *Die johanneische Eschatologie I. Ihre Probleme im Spiegel der Forschung seit Reimarus*. WUNT 96. Tübingen, 1997.

Gnilka, J. *Johannesevangelium.* 3. Aufl. 1989.

Haenchen, E. *Das Johannesevangelium, Ein Kommentar*. hg. v.

Busse, Tübingen, 1980. [226.5077 H135j] Translated R. W. Funk. John. A Critical and Historical Commentary on the Bible. Philadelphia, 1984.

Hahn, F. *Theologie des Neuen Testaments I* (Tübingen, 2002). 김문경 역. 『신약성서신학I/II』. 2007/2010.

Hengel, Martin. *Die vier Evangelien und das eine Evangelium von Jesus Christus : Studien zu ihrer Sammlung und Entstehung*. Tübingen, Mohr Siebeck, 2008

Hoegen-Rohls, Christina. *Der nachösterliche Johannes*. 1996.

Hofius, O., Kammler, H.-C. *Johannesstudien. Untersuchungen der Theoogie des vierten Evangeliums*. WUNT 88. Tübingen, 1996.

Käsemann, Ernst. *Jesu Letzter Wille nach Johannes 17*. Tübingen, 1966; 4. Aufl. 1980.

Keener, C. S. 정옥배 역. 『성경배경주석』. IVP, 1998.

Kim, Moon-Geoung. "Apocalyptic Literature and the Gospel according to John?" *Korea Presbyterian Journal of Theology*. Vol. 10 (2010. 11.30).

________. *Zum Verhältnis des Johannesevangeliums zu den Johannesbriefen : Zur Verfasserschaft der 'johanneischen' Schriften in der Forschung*. Frankfurt : Peter Lang, 2003.

Klaiber, W. "Die Aufgabe einer theologischen Interpretation des 4. Evangeliums." *Zeitschrift für Theologie und Kirche*, 82 (1985) : 300-324.

Köstenberger. A. J. *Encountering John*. Michigan : Baker Academic, 1999. 김광모 역.『요한복음 총론-역사적, 문학적, 신학적 관점』. 2005.

Kümmel, W. G. *Einleitung in das Neue Testament*. 12 Aufl. 1983. 박익수 역. 『신약정경개론』. 1988.

Kurz, William. *Farewell Addresses in the New Testament*. 1990.

Kysar, Robert. *John, the maveric Gospel*. Atlanta, 1976. 나채운 역. 『요한복음서 연구, 그 독자성을 중심으로』. 1996.

_______. *John.* Augsburg commentary on the New Testament, Minneapolis. 1986.

_______. *John's story of Jesus. Philadelphia*. 1984. 최흥진 역. 『요한의 예수 이야기』. 1995.

Loisy, A. *Le quatrieme évangile. Les épitres dites de Jean*. 2. Aufl. 1921.

Luther, M. 지원용 편역. 『루터선집』. 제 3,4권 : 『루터와 신약』. 서울 : 컨콜디아사, 1984.

Martyn, J. L. *History and theology in the fourth gospel*. 1979.

_______. *History and Theology in the Fourth Gospel, Revised and Expanded*. 2003.

_______. *The Gospel of John*. Sacra pagina 4, Minnesota : Liturgical press, 1998.

Morris, L. *The Gospel according to John*. 1972. 이상훈 역. 성경주석 뉴인터내셔널 : 요한복음 상, 하. 서울 : 생명의 말씀사, 1983.

Morris, Leon. *Jesus is the Christ – Studies in the Theology of John*. Grand Rapids, 1989. 홍찬혁 역. 『요한신학』. 서울 : 기독교문서선교회, 1995.

Murray, Beasley. *John*. World Biblical Commentary 36. 이덕신 역.『요한복음』. 서울 : 솔로몬, 2001.

Mutschler, Bernhard. *Das Corpus Johanneum bei Irenäus von Lyon :*

Studien und Kommentar zum dritten Buch von Adversus Haereses. Tübingen, Mohr Siebeck, 2006.

Noack, B. *Zur johanneischen Tradition*. Theologische Skrifter 3. Kopenhagen, 1954.

Olsson, B. *Structure and Meaning in the Fourth Gospel*. Uppsala, 1974.

Pink, A. W. 『요한복음 강해』. 서울 : 엠마오, 1987.

Raymond E. Brown, Francis J. Moloney ed. *An Introduction to the Gospel of John*. 최흥진 역. 『요한복음 개론』. 서울 : 기독교문서선교회, 2010.

Richter, G. *Studien zum Johannesevangelium*. Hg. v. J. Hainz. BU 13. Regensburg, 1977.

______. *Die literarische Einheit des Johannesevangelium*. Freiburg-Schweiz-Göttingen, 1951.

Ruckstuhl, E., Dschulnigg, P. *Stilkritik und Verfasserfrage im Johannesevangelium. Die johanneischen Sprachmerkmale auf dem Hintergrund des Neuen Testaments und des zeitgenössischen hellenistischen Schriftums*. Freiburg-Schweiz-Göttingen, 1991.

Schenke, L. *Das Johannesevangelium. Einführung-Text-dramatische Gestalt*. Stuttgart, 1992.

Schlatter, A. *Das Evangelium nach Johannes*. Erläuterungen zum Neuen Testament 3. 3. Aufl. Stuttgart, 1922.

______. *Der Evangelist Johannes. Wie er spricht, denkt und glaubt.* [Stuttgart 1930] Nachdr. 1948.

Schmithals, W. *Das Johannesevangelium und die Johannesbriefe*.

Forschungsgeschichte und Analyse (BZNW 64). Berlin, 1992.

Schnackenburg, R. (R. 셔낙켄부르그) 김병학 역. "요한복음의 신학적 경향." 『신학전망』, 23 (1973, 12) : 117-133.

Schnackenburg, Rudolf, *Das Johannesevangelium* (HThK IV/1-3), Freiburg-Basel-Wien, Band I 1965, 7. Aufl., 1992; Bd. II 1971, 5. Aufl., 1990; Bd. III 1975, 6. Aufl., 1992; Bd. IV Ergaenzende Auslegungen und Exkurse, 1984, 3. Aufl., 1994.

_____. *Das Johannesevangelium*.(HThK IV/1-3) Band I 1965, 7. Aufl. 1992; Bd. II 1971, 5. Aufl. 1990; Bd. III 1975, 6. Aufl, 1992; Bd. IV Ergaenzende Auslegungen und Exkurse, 1984, 3. Aufl, 1994.

Schnelle, U. *Das Evangelium nach Johannes* (ThHK 4). Leipzig, 1998.

_____. *Perspektiven der Johannesexegese*. SNTU 15 (1990), 59-72.

Schulz, S. *Das Evangelium nach Johannes*. 1983.

Schwank, Benedikt. *Evangelium nach Johannes : Praktischer Kommentar*. St. Ottilien : EOS Verl., 2007.

Schwankl, O. *Licht und Finsternis. Ein metaphorisches Paradigma in den johanneischen Schriften*. HBS 5. Freiburg, 1995.

Siegert, Folker. *Das Evangelium des Johannes in seiner ursprünglichen Gestalt : Wiederherstellung und Kommentar*. Göttingen : Vandenhoeck & Ruprecht, 2008

Sloyan, G. S. *A Bible Commentary for Teaching and Preaching. John Knox Press*, 1988. 한·미 공동주석편집/번역위원회 편. 요한복음. 현대성서주석. 목회자와 설교자를 위한 주석. 서울 : 한국장로교출판사, 2000.

Sloyan, G. S. *What are they saying about John.* 서성춘 역. 『요한복음

신학』. 서울 : 기독교문서선교회, 2000.

______. 1988. 김기영 역. 『요한복음』. 현대성서주석. 목회자와 설교자를 위한 주석. 서울 : 한국장로교출판사, 2000.

Smalley, Stephen S. *John : Evangelist and Interpreter. Exeter*, 1978. 김경신 역. 『요한신학』. 서울 : 풍만출판사, 1987.

Smith Moody Dwight. *The Theology of the Gospel of John*. Cambridge, 1995. 최흥진 역. 『요한복음의 신학』. 서울 : 한들출판사, 1999.

Smith, Jr. D. M. *The Composition and Order of the Fourth Gospel. Bultmann's Literary Theory*. New Haven and London, 1965.

Stefan, S., Stinmpfle Alois. *Johannes änigmaticus*. Festschrift für Herbert Leroz. Regensburg, 2000.

Stibbe, M. W. G. John. 2.ed. Sheffield, 1996.

Thyen, Hartwig. *Studien zum Corpus Iohanneum*. Tübingen : Mohr Siebeck, 2007

Van der Watt. Jan *G. Introduction to the Johannine Gospel and Letters*. T&T Clark Approaches To Biblical Studies. 2008. 황원하 역. 『요한문헌 개론(요한복음, 요한서신)』. 2011.

______. *Family of the King. Dynamics of Metaphor in the Gospel According to John*. Biblical Interpretation Series 47. 2000.

Van Tilborg, S. *Reading John in Ephesus*. NT.S. 83, 1996.

Weiss, B. *Kritisch exegetisches Handbuch ueber das Evangelium des Johannes von H. A. W. Meyer*. 7. Aufl. Goettingen, 1886.

Wellhausen, J. *Das Evangelium Johannis, Berlin 1908, Nachdr. in : J. Wellhausen, Evangelienkommentare*. mit e. Einl. v. Hengel. Berlin–New York, 1987.

Wengst, K. *Das Johannesevangelium*. 1. Teilband : K. 1–10, (ThKNT) 4,1. Stuttgart, 2001.

Wilckens, U. *Das Evangelium nach Johannes* (NTD 4). Göttingen, 1998.

William Kurz, William. *Farewell Addresses in the New Testament*, 1990.

Zahn, T. *Das Evangelium des Johannes*. 5/6. Aufl. [Leipzig–Erlangen, 1921], Nachdr. Wuppertal, 1983.

Zumstein, J. "Der Prozess der Relecture in der johanneischen Literatur." *NTS*, 42 (1996) : 394–411.

| 한국장로교총회창립 100주년기념 표준주석 |

구약

집필부분	집필자
창세기	김중은 박사
출애굽기	이종록 박사
레위기	정중호 박사
민수기	김진명 박사
신명기	김회권 박사
여호수아	강사문 박사
사사기/룻기	허성군 박사
사무엘상·하	김선종 박사
열왕기상·하	김태훈 박사
역대상	배희숙 박사
역대하	함 택 박사
에스라/느헤미야	민경진 박사
에스더	이미숙 박사
욥기	하경택 박사
시편	이승현 박사
잠언	천사무엘 박사
전도서	채은하 박사
아가	강승일 박사
이사야	조성욱 박사
예레미야	강성열 박사
예레미야애가	박동현 박사
에스겔	이은우 박사
다니엘	배정훈 박사
호세아/요엘	김정철 박사
아모스	최인기 박사
오바댜/요나	김유기 박사
미가	오택현 박사
나훔/하박국/스바냐	윤동녕 박사
학개/스가랴/말라기	김근주 박사

신약

집필부분	집필자
마태복음	최재덕 박사
마가복음	차정식 박사
누가복음	오덕호 박사
요한복음	김문경 박사
사도행전	이 달 박사
로마서	장흥길 박사
고린도전서	조광호 박사
고린도후서	박흥순 박사
갈라디아서	이종윤 박사
에베소서	석원식 박사
빌립보서/빌레몬서	김덕기 박사
골로새서	김철홍 박사
데살로니가전·후서	김형동 박사
디모데전·후서/디도서	박종기 박사
히브리서	소기천 박사
야고보서	이승호 박사
베드로전·후서	왕인성 박사
요한 1·2·3서/유다서	최흥진 박사
요한계시록	김춘기 박사

Presbyterian Church of Korea Standard Commentary

100

| 한국장로교총회창립 100주년기념 표준주석 |

요한복음

초판발행 2022년 2월 24일
기획·편찬 표준주석편찬위원회 김문경
편 집 인 대한예수교장로회총회교육자원부
펴 낸 이 박창원
발 행 처 한국장로교출판사
주 소 03129 / 서울시 종로구 대학로 19, 409호(연지동, 한국기독교회관)
편 집 국 (02) 741-4381 / 팩스 741-7886
영 업 국 (031) 944-4340 / 팩스 944-2623
홈페이지 www.pckbook.co.kr
인스타그램 pckbook_insta **카카오채널** 한국장로교출판사
등 록 No. 1-84(1951. 8. 3.)

책임편집 정현선
편집 이슬기 김은희 이가현 **디자인** 최종혜
경영지원 박호애 **마케팅** 박준기 이용성 성영훈

ISBN 978 - 89 - 398 - 9987 - 2 / 978 - 89 - 398 - 0681 - 8(세트)
값 21,000원

이 저서는 2021년 장로회신학대학교 연구지원처의
지원을 받아 수행된 연구임